LANCELLE, BOTTIER

Hans-Ulrich Thamer

Der Erste Weltkrieg

Europa zwischen Euphorie und Elend

PALM VERLAG

Inhaltsverzeichnis

no XVI. — Num. 27. 5 - 12 Luglio 1914. Centesimi 10 il nume

Einleitung

DIE POLITISCHE LAGE IN EUROPA 1914 UND DIE JULIKRISE

AM SONNTAG, DEM 28. JUNI 1914, EINEM WUNDERSCHÖNEN SOMMERTAG, STATTETEN DER ÖSTERREICHISCHE THRONFOLGER FRANZ FERDINAND UND SEINE GATTIN DER BOSNISCHEN HAUPTSTADT SARAJEVO EINEN BESUCH AB. ES WAR BEIDER HOCHZEITSTAG UND ZUGLEICH JAHRESTAG DER SCHLACHT AUF DEM AMSELFELD VON 1389, DER WICHTIGSTE GEDENKTAG DER SERBEN. AUF DIE SICHERHEIT DER HOCHRANGIGEN BESUCHER ACHTETE MAN WENIG; DER ERZHERZOG WAR NOCH TAGS ZUVOR OHNE ZWISCHENFÄLLE AUF EINEM PRIVATEN EINKAUFSBUMMEL DURCH DIE STADT VON EINER FREUNDLICHEN MENSCHENMENGE UMRINGT WORDEN. JEDERMANN WUSSTE ALSO VON DEM HOHEN BESUCH.

Eine Gruppe von Studenten und Lehrlingen, die einer nationalrevolutionären Organisation angehörten, die sich „Junges Bosnien“ nannte, war aus Serbien herübergekommen. Die serbische Geheimorganisation „Schwarze Hand“ bzw. das Militär hatte die jungen Männer zuvor mit Waffen ausgerüstet. Der Thronfolger sollte sterben. Der Anschlag auf Franz Ferdinand schien schon fehlgeschlagen, als die Bombe, die man auf den Wagen des Thronfolgers warf, diesen verfehlte und stattdessen einige Offiziere aus dem Gefolge und Passanten traf. Die festgelegte Fahrtroute wurde daraufhin kurzfristig geändert. An einer Kreuzung bog der Fahrer des Wagens falsch ab. Plötzlich bremste die Karosse des Erzherzogs ab, in unmittelbarer Nähe des Attentäters, des 19-jährigen Gavrilo Princip. Völlig überrascht, nutzte Princip die Situation und feuerte aus kürzester Entfernung auf den Erzherzog und dessen Gattin. Minuten später waren beide tot.

■ Die Ermordung des Thronfolgerpaars wurde in der zeitgenössischen Presse vielfach dargestellt.

Das Attentat löste eine neuerliche Balkankrise aus. Denn in Wien wie auch in anderen europäischen Hauptstädten ging man wie selbstverständlich davon aus, dass Serbien hinter dem Anschlag steckte. Auch war vorhersehbar, dass Österreich die sich bietende Gelegenheit nutzen würde, um Serbien politisch zu demütigen und durch einen militärischen Schlag die Ergebnisse des Friedens von Bukarest von 1913 gewaltsam rückgängig zu machen. Zu tief saßen in Wien die Demütigungen durch diesen Frieden, der den Zweiten Balkankrieg beendet hatte; zu tief saß die Furcht, dass die Bestrebungen der Südslawen, insbesondere der expansiven Serben mit ihren „großserbischen“ Ideologien, für ihr Volk einen eigenen Staat zu erlangen, den Bestand des habsburgischen Vielvölkerstaates über kurz oder lang gefährden könnten. Nur durch gemeinsame Interventionen der Großmächte hatten sich bisher die politisch-territorialen Verhältnisse auf dem Balkan trotz der permanenten Instabilität aufrechterhalten lassen. Seit 1912 waren die Gegensätze zwischen Russland und Österreich-Ungarn jedoch so groß ge-

ERZHERZOG FRANZ FERDINAND

* 18. DEZEMBER 1863 GRAZ
† 28. JUNI 1914 SARAJEVO

Der Neffe des österreichischen Kaisers Franz Joseph I. wurde nach dem Tod des Kronprinzen Rudolf (1889) und dem seines Vaters Karl Ludwig (1896), eines Bruders des Kaisers, selbst Thronfolger. Er erlangte in Militärfragen zunehmend Einfluss auf den Kaiser, der ihn 1898 zu seinem Stellvertreter beim Obersten Kommando und 1913 zum Generalinspektor der Armee ernannte.
Franz Ferdinand galt als vorsichtig – Kriege gegen Russland oder Serbien lehnte er ab. Das brachte ihn in Gegensatz zu Generalstabschef Conrad von Hötzendorf, der ihn in Militärfragen beriet. In anderen politischen Bereichen war der Einfluss Franz Ferdinands beschränkt. Seine nicht standesgemäße Ehe mit Sophie Gräfin Chotek, aus der vier Kinder hervorgingen, sorgte für eine Isolierung des Thronfolgers in der kaiserlichen Familie.

worden, dass der Status quo sich kaum noch länger garantieren ließ. Das österreichisch-ungarische Außenministerium und noch mehr die Militärs meinten daraufhin, die bedrohte Vormachtstellung nur durch militärische Mittel retten zu können, je früher, desto besser.

Als Erster reagierte der österreichische Generalstabschef Franz Conrad von Hötzendorf auf das Attentat und forderte einen harten Kurs gegenüber Serbien. Ihn unterstützte Kriegsminister Alexander Krobatin. Beide wussten jedoch um den schlechten Ausrüstungstand ihrer Armee, die eigentlich nur noch den Erfordernissen einer regionalen militärischen Auseinandersetzung genügen würde, nicht aber der Abwehr mehrerer anderer Angreifer. Wenn die Doppelmonarchie einen neuen Balkankrieg führen wollte, dann musste sie sich der Unterstützung durch Deutschland sicher sein, das den Österreichern den Rücken gegen Russland freihalten musste. Russland war noch 1909 nichts anderes übrig geblieben, als die Annexion Bosnien-Herzegowinas durch Österreich-Ungarn hinzunehmen. So eine Schmach sollte sich nicht wiederholen: Das Zarenreich rüstete seine Armee energisch auf. 1914 war sie doppelt so stark war wie das Heer von Österreich-Ungarn. Russlands Haltung musste darum im Sommer 1914 im Wiener Kalkül einen entscheidenden Faktor bilden. Außerdem erhoffte man sich vom Deutschen Reich diplomatische Unterstützung bei dem Versuch, Bulgarien als Verbündeten zu gewinnen.

Am Abend des 4. Juli 1914 bestieg der Chef des Kabinetts des österreichischen Außenministeriums, Alexander Graf von Hoyos, der zu den Falken im Ministerium gehörte, den Zug nach Berlin. Dort übergab er einen persönlichen Brief von Kaiser Franz Joseph und eine Denkschrift, die ursprünglich Franz von Matscheko ausgearbeitet hatte, ein ehrgeiziger Beamter im Außenministerium. Eine Überarbeitung des Entwurfs von Matscheko hob vor allem Russlands Aggressivität hervor und war damit nicht nur auf Wiener, sondern auch auf Berliner Erwartungen zugeschnitten.

Es wäre jedoch verfehlt, wenn man von einer einheitlichen Einstellung in Wien ausginge. Denn der ungarische Ministerpräsident Stefan Graf von Tisza, unterstützt von seinem österreichischen Kollegen Karl Graf Stürgkh, hatte nach der Nachricht vom Attentat zu einer sehr viel nüchterneren Haltung geraten. Der Kaiser, der greise Franz Joseph, der von dem Attentat auf den Kronprinzen unmittelbar betroffen war, stand zwischen den Flügeln. Zusammen mit dem Außenminister Leopold Graf von Berchtold hatte er den Falken mehrmals widersprochen, weil er sich nicht sicher war, ob das Deutsche Reich und die Rumänen im Ernstfall wirklich zu Habsburg stünden.

Auch in Berlin herrschte zwischen den Entscheidungsträgern keineswegs Einigkeit. Generalstabschef Helmuth von Moltke plädierte mit seinen Generälen für eine österreichisch-ungarische Strafexpedition gegen Serbien, auch auf die Gefahr oder gar in der Absicht, dass damit ein großer Krieg ausgelöst werden könnte. Er ging davon aus, dass sich die Machtverhältnisse in Mitteleuropa ab 1915/16 deutlich verschieben würden und dass danach ein siegreicher Krieg gegen Russland und seinen Bündnispartner Frankreich kaum noch vorstellbar wäre. Darum lautete sein Rat: „Jetzt oder nie“. Auch der Kaiser schien in einer ersten Reaktion auf das Attentat diese Einstellung zu teilen. Die Morde von Sarajevo hatten ihn zutiefst empört, und natürlich, erklärte er, müsse Österreich-Ungarn gegen Serbien vorgehen und könne dabei gewiss von der Unterstützung durch Deutschland ausgehen. Es müsse nur noch Kanzler Theobald von Bethmann Hollweg konsultiert werden. Das geschah bei einem Kronrat, den der Kaiser für den Nachmittag des 5. Juli einberief. Doch der Kanzler war vorsichtiger als Moltke und überzeugte den Kaiser offensichtlich davon, dass man Wien nur für eine begrenzte Aktion auf dem Balkan einen „Blankoscheck“ ausstellen dürfe. Obwohl es weder eine direkte Stellungnahme des deutschen Kaisers noch ein Protokoll seiner Unterredung mit Hoyos gibt, sprechen mehrere Berichte von militärischen Beratern, die den Monarchen unmittelbar nach dessen Gespräch mit Hoyos trafen, dafür, dass Hollweg den Kaiser tatsächlich auf einen begrenzten Konflikt festlegen konnte. Wilhelm II. habe gemeint, dass Österreich-Ungarn zwar nach einem Ultimatum an Serbien bei dessen Nichterfüllung in Serbien einmarschieren würde, dass aber Russland nicht eingreifen würde, um Serbien zu decken. Auch gab sich der Kaiser zuversichtlich, „dass sich die Situation in 8 Tagen durch Nachgeben Serbiens klären würde“. Bethmann Hollweg wollte den Konflikt offensichtlich lokalisieren, das heißt die anderen europäischen Mächte davon abhalten, sich in den Konflikt zwischen Österreich und Serbien einzumischen. Man wollte in Berlin zwar nicht ganz ausschließen, dass die anderen Großmächte, besonders Russland, auf ein österreichisches Ultimatum auch militärisch reagieren könnten, schätzte diese Gefahr aber als gering ein. So ging die militärische Führungsspitze erst einmal in den Sommerurlaub, und auch der Kaiser brach zu seiner Kreuzfahrt nach Norwegen auf.

Auch in Paris hatte man auf die Nachrichten aus Sarajevo zunächst gelassen reagiert. Die neuerliche Krise auf dem Balkan erschien zunächst nur als eine Fortsetzung bekannter Krisen und Konflikte. Zwar hatten die tödlichen Schüsse der serbischen Nationalisten auch die französische wie die übrige europäische Öffentlichkeit aufgeschreckt, doch sprach zunächst wenig dafür, dass deswegen ein europäischer Krieg ausbrechen würde. Schließlich hatten sich in den zurückliegenden Jahrzehnten seit dem Krim-

Le Petit Journal

ADMINISTRATION 5 CENT. SUPPLEMENT ILLUSTRÉ 5 CENT. ABONNEMENTS

DIMANCHE 12 JUILLET 1914

LA TRISTESSE DU VIEIL EMPEREUR

“ Rien ne m'aura été épargné sur cette terre ! ”

„Die Trauer des alten Kaisers“ titelte das französische Petit Journal am 12. Juli 1914.

Krieg (1853–1856) Krisen und bewaffnete Konflikte, auch dank der europäischen Diplomatie, regional begrenzen lassen. Die Großmächte kämpften nicht unmittelbar gegeneinander, sondern führten in anderen Gebieten Stellvertreterkriege, etwa auf dem Balkan oder in Ostasien. Es hatte seither keine bewaffneten Auseinandersetzungen mehr gegeben, an denen mehr als zwei der damaligen Großmächte beteiligt waren; immer wieder war es gelungen, Kompromisse zu finden. 1878 hatte man sich über die Aufteilung des Balkans, 1884/85 über diejenige Afrikas geeinigt. Am Ende des Jahrhunderts konnten England und Frankreich ihren gefährlichen Konkurrenzkampf um den schwarzen Kontinent beenden und fanden einen Weg zum Interessenausgleich, schließlich zur Entente von 1904. Auch England und Russland konnten sich 1907 über ihre Interessensphären in Afghanistan und Persien verständigen.

Es gibt jedoch kein erkennbares gleichförmiges Muster, nach dem die gefährlichen Krisen der Jahrzehnte zwischen 1856 und 1914 entschärft worden wären. Mehrere Faktoren bestimmten das Konfliktmanagement. Keinem der europäischen Staatsmänner von Bismarck bis Gladstone oder Lloyd George ging es darum, einen Krieg um jeden Preis zu vermeiden, sondern sie versuchten, ihre nationalen und machtpolitischen Interessen jeweils in einem begrenzten internationalen Kontext durch den „gezielten Einsatz von Machtmitteln" in einem Konflikt auszutragen, der sich nicht zum großen Krieg ausweiten würde. Auch wenn sich die Auseinandersetzungen auffällig häuften, konnten sie in der Regel regional begrenzt werden, ohne dass das Konfliktpotenzial wirklich entschärft worden wäre. Das gilt vor allem für die Balkanstaaten, die in lockerer Klientelverbindung zu den großen europäischen Mächten standen und nach der Vertreibung der Osmanen untereinander um die „Beute" stritten, die Territorien des sich auflösenden Osmanischen Reiches. Allerorten rüstete man auf dem Balkan auf, um für künftige Konflikte besser gewappnet zu sein.

Dennoch konnte der große Krieg bis 1914 vermieden werden. Die Art und Weise, wie Gegensätze gebremst und gelöst wurden, zeigt zugleich die Fragilität dieser Politik: Gesucht und gefunden wurden vorwiegend Kompromisse, sei es durch territoriale oder ökonomische Zugeständnisse, durch die Bildung von Gegen-Allianzen oder durch Abschreckung. Das Mittel der Vertrauensbildung oder gar der institutionellen Regelungen zur Konfliktdeeskalation, das im letzten Jahrzehnt des 19. Jahrhunderts immer wieder beschworen wurde, blieb hingegen ein zartes Pflänzchen.

Warum gelang es dann im Sommer 1914 nicht mehr, den Krieg zu verhindern? Eine einfache Erklärung dafür gibt es nicht. Dass innerhalb von wenigen Wochen aus dem regionalen Konflikt ein europäischer Krieg wurde, der bald die Dimension eines Weltkriegs annehmen sollte, hatte mehrere Ursachen: langfristige und damit tiefer liegende einerseits und

HELMUTH VON MOLTKE

*25. MAI 1848 RITTERGUT GERSDORF (MECKLENBURG)
†18. JUNI 1916 BERLIN

Der Neffe des gleichnamigen Generalfeldmarschalls (1800–1891), der über 30 Jahre lang Generalstabschef der preußischen Armee gewesen war, trat 1906 als Nachfolger Schlieffens in die Fußstapfen seines Onkels. Schlieffens Plan für die Operationen gegen Frankreich, der 1905 entwickelt worden war, wurde von Moltke (oft genannt „Der Jüngere") mehrfach auch gegen den Rat Schlieffens verändert und erwies sich schließlich als erfolglos, wie der Verlust der Marneschlacht Anfang September 1914 zeigte. Am 14. September 1914 wurde Moltke durch General Erich von Falkenhayn ersetzt.

kurzfristige andererseits, die in dem Verhalten von Politikern, Militärs, ebenso aber auch in den Einstellungen und Mentalitäten der Öffentlichkeit zu suchen sind.

Vor allem hatte sich das internationale Staatensystem seit dem Krimkrieg verändert. Seit den 1870er-Jahren hatten die außereuropäischen Konflikte deutlich zugenommen, europäische traten in den Hintergrund. Seit der Jahrhundertwende verbanden sich jedoch europäische und außereuropäische Wirkungslinien und Zusammenhänge immer häufiger, und es entstanden neue Konstellationen im politischen wie im wirtschaftlichen Bereich. Eine erste Phase der Globalisierung begann. Die USA und Japan spielten in der Weltpolitik, die bislang auf Europa beschränkt gewesen war, eine größere Rolle. Das klassische „europäische Konzert der Mächte“ bekam neue Mitspieler und mehr Dissonanzen, auch wenn diplomatische Mechanismen des Interessenausgleichs gelegentlich noch funktionierten. Eine Botschafterkonferenz in London 1912/13 hatte noch einmal, wenn auch nur vorübergehend, eine Lösung eines der vielen Balkankonflikte gebracht. Auch die zweite Marokko-Krise von 1911, die mit dem Auftauchen des deutschen Kanonenbootes „Panther“ in der Bucht von Agadir offen ausgebrochen war, hatte durch eine entschlossene englische Intervention entschärft werden können. In einem Abkommen vom 4. November 1911 erhielt Frankreich schließlich die vollständige Handlungsfreiheit in Marokko, dafür trat es Deutschland einige kleinere Territorien im französischen Kongo ab. Ein solcher Handel war im europäischen Imperialismus üblich.

„Seien Sie doch nicht so unruhig! Sie werden den Kahn noch zum Kentern bringen!“, rufen England, Frankreich, Österreich und Russland Kaiser Wilhelm II. zu. Diese Karikatur aus der britischen Zeitschrift „Punch“ von 1890 zeigt, wie instabil die europäische Politik schon Ende des 19. Jahrhunderts war.

Wenn Historiker dennoch die zweite Marokko-Krise als Beginn der „Vorkriegszeit“ betrachten, dann wegen des erkennbaren Wandels im politischen Denken, der danach eintrat. In Paris wie in Berlin schloss man immer weniger den Krieg als Reaktion auf die Gefährdung der eigenen Machtposition aus. Hinzu kam, dass auch in der Öffentlichkeit infolge der Marokko-Krise radikalnationalistische Gefühle und Wahrnehmungen aufkamen, und dass außenpolitische Konflikte und Entscheidungen nun auch über die Kreise der politischen Akteure hinaus politische Stimmungen auslösten. Auch in der Öffentlichkeit, der französischen wie der deutschen, sprach man nun davon, dass ein Krieg zwischen beiden Ländern jederzeit möglich wäre und dies die einzig denkbare politische Option darstelle. Diese Vorstellung gewann besonders in Deutschland eine breite Resonanz und Intensität, weil man sich zunehmend „eingekreist“ und von einem Verlust an internationaler Reputation bedroht sah.

Das war Folge der anderen wichtigen Veränderung im internationalen System, die sich seit dem letzten Jahrzehnt des alten Jahrhunderts abzeichnete – die Veränderungen in den Bündnissystemen und deren Verfestigung in zwei feindliche Blöcke: den Dreibund, bestehend aus Deutschland, Österreich-Ungarn und Italien, und die Triple-Entente mit Russland, Frankreich und England. So hatten sich die deutschen Beziehungen zu Russland und Frankreich noch vor der Thronbesteigung von Wilhelm II.

1888 allmählich verschlechtert, bis Paris und St. Petersburg 1892 eine Militärkonvention und ein Jahr später einen offiziellen Allianzvertrag miteinander abschlossen. Schließlich fühlte sich England um die Jahrhundertwende von der wilhelminischen „Weltpolitik“ in seinen politischen und wirtschaftlichen Interessen bedroht und gab seine klassische Politik der „splendid isolation“ zugunsten einer Annäherung bzw. Einigung mit Frankreich (1904) und schließlich drei Jahre später auch mit Russland auf. Parallel zu der Verfestigung der beiden Blöcke und der wachsenden Polarisierung des Staatensystems, was den Zusammenhalt der Bündnisse wichtiger machte als Versuche des Ausgleichs, häuften sich, wie schon oben dargestellt, die friedensgefährdenden internationalen Krisen. Damit war die Spaltung Europas in zwei Bündnisblöcke vollendet, die sich dann als gegnerische Lager im Weltkrieg gegenüberstehen sollten.

Vertieft und auch vorangetrieben wurden die politischen Antagonismen durch das Wettrüsten zwischen Deutschland und England, das um die Jahrhundertwende mit der deutschen Marinerüstung begann und dann im letzten Jahrzehnt vor 1914 eine erhebliche Beschleunigung erfuhr, bis es sich ab 1911/12 auf eine Hochrüstung beider Staatenbündnisse zu Lande

1897 besuchte Wilhelm II. den russischen Zaren in St. Petersburg. Die Darstellung der Ankunft des deutschen Flottenkonvois im Hafen von Kronstadt zeigt die wachsende Flottenbegeisterung der Zeit.

ausweitete. Die russischen Rüstungsanstrengungen waren nur ein besonders auffälliges Beispiel. Auch die französische Regierung legte im März 1913 mit dem „Drei-Jahres-Gesetz“ dem Parlament Pläne zur Vergrößerung der aktiven Armee vor. Durch die Verlängerung des aktiven Militärdienstes von zwei auf drei Jahre sollte die französische Armee eine größere Schlagkraft und Einsatzfähigkeit erreichen als dies eine stark auf Reservisten aufgebaute Armee garantieren konnte. Hinzu kamen veränderte Operationspläne des französischen Generalstabs, der auf einen deutschen Überraschungsangriff, von dem man allgemein ausging, nicht länger nur defensiv mit dem sofortigen Einsatz einer Reservistentruppe an der Grenze, sondern mit einer breit angelegten Offensive gut ausgebildeter Soldaten reagieren wollte. In der heftigen öffentlichen Debatte, nach der das französische Parlament dem Militärgesetz schließlich zustimmte, wurde mit einem deutschen Überraschungsangriff argumentiert, obwohl dieser militärstrategisch aufgrund der langen Vorlaufzeiten einer Mobilmachung praktisch kaum denkbar gewesen wäre. Für die Mobilisierung der öffentlichen Meinung aber spielten solche nüchternen Erwägungen keine Rolle. In Deutschland verhielt es sich nicht anders: Hier führte man die französischen Militärgesetze zur Begründung für eigene Aufrüstungspläne an, obwohl diese schon längst verabschiedet und umgesetzt worden waren.

Überall war die Aufrüstung begleitet von veränderten Operationsplanungen der Militärs. Die Armeeführungen waren überzeugt, dass nach dem Ausbruch eines Kontinentalkriegs beide Seiten sofort Offensiven starten würden. Langfristige Aufmarschpläne taten ein Übriges, die Interventionsmöglichkeiten und Flexibilität der Diplomatie einzuschränken. Unter diesen militärstrategischen Prämissen musste man möglichst bald losschlagen und konnte sich politische Verhandlungen, die vielleicht den Konflikt im letzten Moment noch begrenzt oder bereinigt hätten, nicht mehr leisten. Die Erwartung, dass ein großer Krieg bevorstünde, gewann nicht nur immer mehr Verbreitung, sondern wurde zu einer sich selbst erfüllenden Vorhersage.

Schon die öffentlichen Debatten über Aufrüstungspläne zeigen, dass Kriegserwartungen und nationalistische Erregungen weit über die politischen Eliten hinausreichten. Mit der Entstehung einer politischen Öffentlichkeit blieb auch Außen- und Kriegspolitik nicht länger nur ein privilegiertes Terrain politischer und militärischer Entscheidungsträger. Politische Ideologien und weltpolitische Parolen ergriffen bürgerliche Schichten und auch den bewussten Teil der Arbeiterschaft. Die politische Mobilisierung vollzog

Voller Zuversicht blicken die Stabschefs der russischen Armee am 30. Juli 1914 auf den bevorstehenden Krieg.

sich vor dem Hintergrund eines radikalen, teilweise sozialdarwinistisch argumentierenden Nationalismus und Imperialismus und wurde zum Thema politisch-sozialer Massen- und Agitationsbewegungen. Innen- und Außenpolitik verschränkten sich zunehmend miteinander. Auch wenn die Entscheidungsbefugnisse, nicht nur in einem halbautoritären System wie dem deutschen Kaiserreich, letztlich bei einem kleinen Kreis von gekrönten Häuptern, Militärs, Politikern und Diplomaten blieben, war es für sie immer schwieriger, unpopuläre Entscheidungen zu treffen – auch in der Außenpolitik. Die Eliten mussten zunehmend auf allgemeine Stimmungen Rücksicht nehmen und auch die Unterstützung breiter Bevölkerungskreise suchen. So waren Parolen von einer entschlossenen deutschen „Weltpolitik" im nationalliberalen wie im konservativen Lager nicht nur üblich, sondern sie dienten auch zur Abwehr der sozialdemokratischen Massenbewegung, deren Aufstieg man fürchtete. Auch das katholische Zentrum hätte es kaum hingenommen, wenn das Deutsche Reich das katholische Österreich-Ungarn politisch nicht unterstützt hätte. Seit der Marokko-Krise 1911 setzte sich auch in gemäßigten sozialdemokratischen Kreisen die Vorstellung durch, dass ein Krieg nicht nur bevorstünde, sondern dass er auch für Deutschlands Entwicklung notwendig sei. Man sprach als Folge des Rüstungswettlaufes plötzlich von einem französischen „Revanchismus" und fürchtete sich vor französischen Ambitionen, Elsass-Lothringen den Deutschen wieder zu entreißen. Der Nationalismus überlagerte gelegentlich den Internationalismus der Arbeiterbewegung.

Ausgeprägter war zweifelsohne die Furcht vor Russland und dem Panslawismus, von dem man die Gefährdung des europäischen Gleichgewichtes befürchtete. Das autokratische Russland galt als der Herd der panslawistischen Agitation und die Balkankriege als Ausdruck dieser auf Expansion angelegten Ideologie. Selbst Reichskanzler Bethmann Hollweg sprach gelegentlich in aller Öffentlichkeit von einem „unvermeidbaren Endkampf" zwischen Germanen und Slawen.

Überall in den europäischen Staaten sorgte man sich um die Erhaltung der bestehenden gesellschaftlich-

Le Petit Journal

ADMINISTRATION
61, RUE LAFAYETTE, 61
Les manuscrits ne sont pas rendus
On s'abonne sans frais dans tous les bureaux de poste

5 CENT. SUPPLÉMENT ILLUSTRÉ 5 CENT.
25me Année — Numéro 1.236
DIMANCHE 26 JUILLET 1914

ABONNEMENTS

	SIX MOIS	UN AN
SEINE et SEINE-ET-OISE	2 fr.	3 fr. 50
DÉPARTEMENTS	2 fr.	4 fr. »
ÉTRANGER	2 50	5 fr. »

PARIS A DANSÉ JOYEUSEMENT

Am 14. Juli 1914, dem französischen Nationalfeiertag, wird auf den Straßen von Paris getanzt. Der nationale Überschwang ist unverkennbar.

politischen Ordnung. Nationalistisch-imperialistische Propagandaformeln versprachen eine starke innere Integrationskraft, auch gegenüber Minderheiten. Auch die französische Bourgeoisie ließ sich von der nationalistischen und militaristischen Erregung erfassen. Seit 1912/13 häuften sich in Frankreich Zeitungsartikel, in denen von einem wachsenden Kriegsrisiko und von einer „nationalistischen Erneuerung" die Rede war. Aber die Reichweite der politisch diffusen und heterogenen nationalistischen und kriegstreibenden Bewegung hatte wohl Grenzen, denn die innerfranzösische Debatte um die Militärgesetze zeigte auch, dass es nach wie vor eine pazifistische Grundstimmung in Teilen des Landes

ALEXANDER GRAF VON HOYOS
* 13. MAI 1876 RIJEKA
† 20. OKTOBER 1937 SCHWERTBERG

Hoyos, der aus einer alten Adelsfamilie stammte, war der Schwager von Bismarcks Sohn Herbert. Seit 1905 österreichischer Diplomat, trat er während der Julikrise für eine „Abrechnung" mit Serbien ein. Das Ultimatum an Serbien wurde von ihm mitverfasst. Mit dem Zusammenbruch der Monarchie verließ er den diplomatischen Dienst. Später bezeichnete er seine Mission in Berlin 1914 als „unermessliches Unheil".

gab. Sogar einige Befürworter der Heeresvergrößerung gingen nicht davon aus, dass ein deutscher Angriff unmittelbar bevorstünde. Beiderseits des Rheins nahm man jedoch nur chauvinistische Töne des jeweils anderen Landes wahr.

Trotz der sich abzeichnenden politischen Massenmobilisierung blieb die Entscheidung über Krieg und Frieden, über die Mobilmachung von Millionen von Soldaten Sache der kleinen politisch-gesellschaftlichen Machtgruppen, zunächst und vor allem von den beiden Monarchen Franz Joseph I. und Wilhelm II. Das entsprach der Verfassungsordnung der beiden Reiche und auch der verbreiteten gesellschaftlichen Erwartung und Machtverteilung. Dass ihnen letztlich die unmittelbare und damit größere Verantwortung für den Ausbruch des Krieges zukam als den Regierungen in Paris, London und auch in St. Petersburg, hatte weniger mit einer langfristigen Kriegsplanung der deutschen Reichsleitung zu tun, wie man lange Zeit annahm, als vielmehr mit einer verbreiteten, mitunter fatalistischen Kriegserwartung. Hinzu kam das missratene Krisenmanagement der Mittelmächte.

Der Blankoscheck, den Graf Hoyos in seinen Gesprächen mit Wilhelm II. und mit Bethmann Hollweg am 5. Juli entgegennehmen konnte, war genau besehen die deutsche Zusage, Österreich-Ungarn bei einem Feldzug zu unterstützen, mit dem Serbien als politischer Machtfaktor auf dem Balkan ausgeschaltet werden sollte. Die deutsche Entscheidung, die nach den internen Beratungen eher einer Option für eine „mittlere Linie" als einer entschiedenen Kriegsplanung gleichkam, beruhte auf zwei Annahmen und Empfehlungen, die von Anfang an ein hohes Risiko in sich bargen und die sich sehr bald als falsch herausstellten. Das Risiko bestand darin, dass man mit der Rückendeckung, die man Österreich für eine Strafexpedition gegen Serbien bot, zugleich eine russische Intervention heraufbeschwor. Damit verband sich gleichsam ein Test der russischen Bereitschaft und Fähigkeit zur Konfliktregelung, von dem man nicht wissen konnte, wie er ausgehen würde. Außerdem begab man sich nun erst einmal politisch in die Hand des österreichisch-ungarischen Bündnispartners, von dem man annahm, dass er rasch ein Ultimatum stellen würde und dass man in Wien im Falle einer Weigerung Serbiens, die österreichischen Forderungen zu akzeptieren, dann auch zu einer sofortigen Militärintervention bereit wäre.

Hoyos benutzte die deutsche Zusage zu seinen Zwecken, indem er zu Hause vor dem Ministerrat von seinen Gesprächen in Potsdam so berichtete, als ob Deutschland zu raschem Handeln dränge. Doch der führende Mann Ungarns, Tisza, sprach sich gegen ein hartes Ultimatum aus, da er einen Angriff auf Serbien ablehnte. Er befürchtete, Russland könnte eingreifen und dass ein möglicher Sieg über Serbien das innere Gleichgewicht in der Doppelmonarchie zulasten Ungarns verändern könnte. Die Verhandlungen mit Tisza zogen sich über Tage hin, bis man endlich am 19. Juli den Text des Ultimatums im Ministerrat verabschiedete und dieses am 23. Juli in Belgrad überreichte. Die Chance, den Schock der europäischen Öffentlichkeit für die eigenen Ziele zu nutzen, war damit fast schon vertan.

Wien handelte auch deswegen nicht, weil die Habsburger Armee schlecht gerüstet war. Weniger als ein

Drittel der potenziell zur Verfügung stehenden Rekruten war wirklich militärisch ausgebildet. Unter denen, die 1914 dienten, waren viele Bauern, die gerade zu Hause mit der Ernte beschäftigt waren. Ihre sofortige Einberufung hätte möglicherweise die europäischen Nachbarn beunruhigt und die Strategie einer Lokalisierung des Konflikts gefährdet.

Eine diplomatische Panne zeigte, wie unvorbereitet man vorging: Man hatte in Wien übersehen, dass sich der französische Präsident Raymond Poincaré vom 20. bis zum 22. Juli zu einem lange angekündigten Staatsbesuch in St. Petersburg aufhalten würde. Eine Veröffentlichung des österreichischen Ultimatums hätte den Gedanken einer Konfliktbegrenzung zunichtegemacht, denn die beiden Bündnispartner hätten ihre Haltung auf höchster Ebene gleich ansprechen und damit auch die instabile französische Politik vor vollendete Tatsachen stellen können. Man wartete darum mit der Veröffentlichung des Ultimatums bis zum Ende des Staatsbesuchs, um Zeit zu gewinnen. Am 23. Juli um 18 Uhr übergab der österreichisch-ungarische Botschafter in Serbien das Ultimatum, das von der serbischen Regierung verlangte, Maßnahmen zu treffen, um zu verhindern, dass weiterhin Terrororganisationen von serbischem Gebiet aus operierten. Sie sollte weiterhin alle antiösterreichische Propaganda einstellen und zugestehen, dass auch Vertreter der österreichischen Regierung an den Untersuchungen des Mordanschlags von Sarajevo teilnähmen. Man erwarte eine Antwort Serbiens innerhalb von 48 Stunden. Wie man die Lage einschätzte, zeigte sich auch daran, dass der österreichische Botschafter bereits seine Koffer packte.

Obwohl Serbien nur die Kontrolle Österreichs über die Untersuchungen an dem Mordanschlag nicht annahm, wodurch die Regierung ihr Gesicht wahren wollte, titelte die Presse, die Forderungen seien abgelehnt worden.

Dadurch, dass die serbische Regierung das Ultimatum in nahezu allen Punkten annahm, drehte sich die Stimmung. Die Serben erzielten mit ihrer Nachgiebigkeit einen politisch-moralischen Erfolg, und plötzlich stand die Regierung in Wien als Angreifer da, und mit ihr die deutsche Diplomatie. Eine Kurskorrektur mit dem Ziel, auf Wien einzuwirken, um Österreich-Ungarn von Kriegshandlungen abzuhalten, lehnte man in Berlin aber ab. Zudem reagierte Serbien zwei Tage nach Übergabe des Ultimatums seinerseits mit einer Mobilmachung, das heißt militärisch, bevor weitere Mittel der Diplomatie eingesetzt wurden. Ein Vorschlag der britischen Regierung, nach bewährtem internationalen Muster eine Botschafterkonferenz zur Schlichtung des Konflikts einzuberufen, fand bei Bethmann Hollweg aus Rücksicht auf den Souveränitätsanspruch des österreichischen Bündnispartners kein Gehör. Tatsächlich war man sich intern, in der Politik und beim Militär, unsicher darüber, wie man das englische Verhalten einschätzen und darauf reagieren sollte. Würde England losschlagen oder abwarten? Stattdessen versuchte man in Berlin, Russland für eine Lokalisierung des Konflikts in die Verantwortung zu ziehen. Man war in allen politischen und militärstrategischen Überlegungen darauf fixiert, Russland als Protektor Serbiens zu betrachten – die Folgen eines Eingreifens Russlands für das französische Verhalten waren offenbar weniger durchdacht. Würde der Konflikt nicht begrenzt werden, dann würde das nach der bisherigen deutschen Kriegsplanung bedeuten, dass man im Falle einer Auseinandersetzung mit dem Zarenreich zunächst dessen Bündnispartner Frankreich angreifen müsste. Nach einem erhofften schnellen Sieg im Westen würden die deutschen Truppen dann im Osten gegen die „russische Dampfwalze" eingesetzt werden, deren Mobilisierung eine sehr viel längere Zeit in Anspruch nehmen würde. Es deutet also vieles darauf hin, dass die Strategie der Lokalisierung schon wenige Wochen nach der Ausstellung des Blankoschecks auf ihre eigenen Widersprüche stieß und dass die Diplomaten um Hollweg die Entwicklung nicht mehr kontrollieren konnten.

Erst als der Kaiser am 28. Juli von seiner Nordlandreise zurückkehrte, änderte der Reichskanz-

THEOBALD VON BETHMANN HOLLWEG

* 29. NOVEMBER 1856 HOHENFINOW (BEI EBERSWALDE)
† 2. JANUAR 1921 HOHENFINOW

Bethmann Hollweg wurde 1909 auf Vorschlag des Reichskanzlers Bernhard von Bülow zu dessen Nachfolger ernannt. Zwar wirkte er vor Kriegsbeginn auf eine Aufstockung der militärischen Macht des Reiches hin, aber andererseits versuchte er, zumindest mit Großbritannien einen Ausgleich zu erreichen. In der Julikrise versuchte er, Russland als den eigentlich Schuldigen darzustellen und die deutsche Kriegszieldiskussion im Ungefähren zu halten, um die Chancen auf separate Friedensschlüsse zu erhöhen.
Im Verlauf des Krieges sank Bethmann Hollwegs Einfluss beträchtlich, vor allem seit Paul von Hindenburg und Erich Ludendorff die Oberste Heeresleitung führten. Auch seinen Widerstand gegen den uneingeschränkten U-Boot-Krieg konnte er nicht durchsetzen. Am 13. Juli 1917 wurde Bethmann Hollweg schließlich gestürzt.

ler seinen Kurs und appellierte an Österreich, man möge in direkte Verhandlungen mit Russland treten, um dessen Verhalten gegenüber Serbien zu erkunden und einen allgemeinen Krieg zu verhindern. Doch zeigte man sich in Wien nicht bereit, sich die Gelegenheit zum Schlag gegen das verhasste Serbien nehmen zu lassen. Am 28. Juli um 11 Uhr hatte Österreich-Ungarn Serbien den Krieg erklärt. Auch der deutsche Generalstabschef von Moltke hatte seinem österreichischen Kollegen mittlerweile geraten, hart zu bleiben und die Annahme sämtlicher Forderungen des Ultimatums zu verlangen. Während sich Hollweg also noch bemühte, den großen Konflikt zu vermeiden, sahen der Kaiser und auch Moltke dessen Plan vom 5. Juli als gescheitert an und hielten den Krieg mit Russland und Frankreich für unvermeidlich. Bethmanns Position war mit dem Scheitern seines eigenen Konzepts deutlich geschwächt, und er musste dem Drängen des Generalstabs, aus strategischen Notwendigkeiten den Kriegsfall tatsächlich auszulösen, nachgeben. Am Abend des 29. Juli erfuhr der Kanzler vom britischen Botschafter Goschen, dass mit einer Neutralität Englands im Kriegsfall nicht zu rechnen sei, sondern dass London wahrscheinlich Frankreich und Russland unterstützen würde. Alle weiteren politisch-diplomatischen Initiativen der deutschen Regierung dienten seit dem 30. Juli weniger der Konfliktvermeidung als vor allem dem Ziel, die deutsche Politik und Bevölkerung, aber auch die Weltöffentlichkeit vom deutschen Friedenswillen und von der moralischen Berechtigung aller Entscheidungen des Monarchen zu überzeugen. Protesten und Friedensdemonstrationen in deutschen Städten, die sich vor allem gegen Österreich als dem vermeintlich Verantwortlichen für den drohenden Krieg richteten, versuchte man mit dem Hinweis auf die drohende britische Intervention und vor allem mit dem düsteren Bild eines Angriffs Russlands auf das unschuldige Deutschland entgegenzuwirken. Damit war der Kanzler in den Augusttagen und auch für längere Zeit durchaus erfolgreich, denn auch die Führung der Sozialdemokratischen Partei ließ sich davon überzeugen, dass die Reichsleitung sich um die Erhaltung des Friedens bemühe und dass der eigentliche Aggressor das zaristische Russland sei. Der Chef des Marinekabinetts, Karl Alexander von Müller, schrieb in sein Tagebuch: „Stimmung glänzend. Die Regierung hat eine glückliche Hand gehabt, uns als die Angegriffenen hinzustellen.“

Am 31. Juli 1914 verliest ein Leutnant vor dem Zeughaus in Berlin vor einer Menschenmenge eine Verlautbarung über den „Zustand drohender Kriegsgefahr“.

Für diese politische Strategie war es wichtig, dass man den Russen bei der Veröffentlichung der Mobilmachungsorder den Vortritt ließ. Als die russische Teilmobilmachung vom 29. Juli im Laufe des 30. Juli auf Drängen der Generalität zu einer Generalmobilmachung erweitert wurde, war spätestens am Morgen des 31. Juli die Entscheidung gefallen. In Wien verkündete man am 31. Juli um 12 Uhr die Generalmobilmachung. In Berlin reagierte man am Nachmittag des 1. August mit der eigenen Mobilmachung.

Mobilmachung bedeutete noch nicht unbedingt Krieg. Was in früheren Krisen noch eine letzte Chance für Verhandlungen, also noch ein Spiel mit dem Risiko bedeutete, bedeutete unter den militärisch-politischen Umständen des Jahres 1914 aber eine Eskalation, die nicht mehr zu stoppen war. Der Krieg hatte begonnen. In St. Petersburg übergab man die deutsche Kriegserklärung an Russland, am folgenden Tag erklärte man Frankreich den Krieg. In beiden Fällen lautete die Begründung, dass das Deutsche Reich eine Erklärung der anderen Seite nicht mehr abwarten wolle. Aus militärischen Erwägungen konnte man dies auch nicht – man brauchte einfach eine gewisse Zeit, um eine Mobilmachung zu organisieren. Schließlich bemühten sich alle beteiligten Regierungen, ihr Handeln, das in den Krieg führte, als berechtigtes Vorgehen zur Wahrung der eigenen Interessen zu rechtfertigen und damit auch auf die jeweilige innenpolitische Situation Rücksicht zu nehmen. Österreich verwies darauf, dass Serbien nicht bedingungslos bereit gewesen sei, an der Aufklärung des Mordes am österreichischen Thronfolger mitzuwirken. Die deutsche Regierung bemühte sich nach innen und nach außen darum, die russische Mobilmachung als den eigentlichen Kriegsgrund darzustellen. Frankreich wartete mit seiner Mobilmachung auf die deutsche Kriegserklärung an Russland. Die englische Regierung, die mit Problemen in Irland beschäftigt war, plädierte für ein Eingreifen in den Krieg, um eine drohende deutsche Hegemonie zu verhindern, und wartete darum mit ihrer Entscheidung bis zum Einmarsch deutscher Truppen in Belgien.

Nationale Ideologien und Rechtfertigungen bestimmten für Jahrzehnte die erbitterte Diskussion um die Kriegsschuldfrage. Heute ergibt sich ein differenziertes Bild, auch wenn es nach wie vor Unterschiede in der Bewertung gibt. Grundsätzlich gilt jedoch, dass Deutschland keineswegs eine Alleinschuld am Ersten Weltkrieg trägt. Aber von einer Hauptschuld oder einer besonders großen Verantwortung des Deutschen Reichs muss man ausgehen. Die deutsche Rückendeckung in Form des Blankoschecks gehört dazu wie die wechselseitige Verstärkung und Unterstützung der jeweiligen Kriegsparteien in den politischen Entscheidungsgremien in Berlin und Wien. Beide wiederum gaben den russischen Kriegstreibern Aufwind. Überall fiel die leichtfertige Entscheidung zum Krieg auch auf Druck von neuen Massenbewegungen: von

der panslawistischen Bewegung auf Serbien und Russland, von den radikalnationalistischen Agitationsverbänden auf die deutsche Reichsleitung. Und überall begünstigte eine wachsende Kriegserwartung die politischen Entscheidungsprozesse und schwächte die Versuche, zu einem politischen Ausgleich zu kommen.

Dass man in den Krieg „hineingeschlittert" sei, wie das lange Zeit gültige Bild nahelegte, lässt sich dennoch nicht behaupten. Ungeachtet der politischen und mentalen Mitverantwortung und einseitigen, überstürzten Handlungsweise der anderen europäischen Staaten ist die deutsche Verantwortung größer als die der Nachbarn. Die deutsche Seite setzte konsequent, wohl auch in Verkennung der tatsächlichen Dramatik und Dynamik, immer deutlicher auf eine Eskalation des Konfliktes; überdies war die ursprüngliche Strategie der Reichsleitung wenig durchdacht und unvorsichtig. Das hatte vermutlich auch damit zu tun, dass man bewusst, oder wie Bethmann Hollweg mehr aus einem gewissen Fatalismus heraus, den vermeintlich unvermeidlichen Konflikt besser früher als später austragen wollte. Die inneren Legitimations- und Integrationsschwächen der eigenen Verfassungsordnung wollte man mit einer militärischen Mobilisierung überwinden – was mit Abstrichen auch für andere Länder galt. Militär und Bürgertum träumten noch immer von einer deutschen Vorherrschaft in Europa. Die Chance dazu, meinte man, war nun gekommen.

Am 4. August, nachdem Deutschland die belgische Neutralität verletzt hatte, erklärte Großbritannien Deutschland den Krieg. Hier verliest ein Stadtrat in London die Erklärung.

Kapitel 1

KRIEGSAUSBRUCH 1914: EUPHORIE UND ERNÜCHTERUNG

AM NACHMITTAG DES 4. AUGUST 1914 LIESS DER FRANZÖSISCHE PRÄSIDENT RAYMOND POINCARÉ VOR DEM ABGEORDNETENHAUS UND IM SENAT EINE BOTSCHAFT VERLESEN: „IM NUNMEHR BEGINNENDEN KRIEG WIRD FRANKREICH DAS RECHT AUF SEINER SEITE HABEN ... FRANKREICH WIRD VON ALLEN SEINEN SÖHNEN HELDENHAFT VERTEIDIGT WERDEN, DEREN HEILIGE EINHEIT (UNION SACRÉE) ANGESICHTS DES FEINDES NICHTS ZU BRECHEN VERMAG, SIE ALLE SIND HEUTE BRÜDERLICH GEEINT IN DER ENTRÜSTUNG VOR DEM AGGRESSOR UND IN PATRIOTISCHEM GLAUBEN."

Fast gleichzeitig hatte sich der deutsche Kaiser Wilhelm II. in einer eindrucksvollen Rede an das Volk gewandt und gefordert, Deutschland müsse einem Feind entgegentreten, der durch „verbrecherische Anschläge das Unheil dieses Krieges veranlasste". Auch er forderte die innere Einheit der Deutschen und erklärte: „Ich kenne keine Parteien mehr, ich kenne nur noch Deutsche!"

Auf beiden Seiten sah man sich als Opfer eines Angriffs der jeweils anderen Seite und war davon überzeugt, dass man sich und das Vaterland verteidigen müsse. Dieser Kampf erforderte die nationale Einheit, die ausgerechnet im laizistischen Frankreich mit dem Begriff „heilig" umschrieben wurde, in Deutschland bald mit dem mittelalterlichen Begriff „Burgfrieden", der während des Kampfes allen Streit innerhalb der Befestigungsmauern verbietet.

Millionen von Soldaten und Zivilisten erlebten den Kriegsbeginn auf unzähligen Massenkundgebungen und Demonstrationen als spontane und unvorhersehbare Bekundung nationaler Einheit. Die sozialen und politischen Gräben, welche die französische wie die deutsche Gesellschaft gespalten hatten, schienen wenigstens für einen Moment überwunden. Nun ging die Saat auf, die Intellektuelle und Publizisten spätestens seit der Marokko-Krise von 1911 und der Bosnien-Krise von 1912 gesät hatten. Die Unausweichlichkeit eines kommenden Krieges, verbunden mit schroffem Nationalismus, war auf beiden Seiten allgegenwärtig. Spätestens seit diesen Krisenerfahrungen und seit der Gewitterschwüle der unmittelbaren Vorkriegsjahre erschien vielen Angehörigen bürgerlicher Schichten und jungen Intellektuellen der Krieg weniger als Bedrohung denn als Befreiung. Er schien das zu bringen, was man lange ersehnt hatte: Eine Befreiung von der bürgerlichen Saturiertheit und Normalität eines angeblich „Goldenen Zeitalters", von den Bedrohungen durch Klassenkämpfe und durch Rassenkriege, von den Verkrustungen der wilhelminischen und viktorianischen Gesellschaften des Fin de Siècle. Es war ein widersprüchliches Gemisch von apokalyptischen Bedrohungen und Hoffnungen, von subjektiven Erwartungen und Sehnsüchten, das sich am Ende mit dem Glauben an die Notwendigkeit und Unausweichlichkeit eines Krieges mischte, mit der Vorstellung vom Krieg als einer großen Bewährungsprobe.

■ Am 1. August spricht Kaiser Wilhelm II. vom Balkon des Berliner Stadtschlosses. Eine große Menschenmenge hat sich im Lustgarten versammelt.

DIE VORKRIEGSGESELLSCHAFT UND DER KRIEG

Der Krieg wurde von Militärs und auch von konservativen Politikern des Kaiserreichs nicht mehr nur als Abwehr einer drohenden Gefahr, sondern als Ausweg aus einer politischen Sackgasse, als bevorstehende Wirklichkeit und als Vorbeugung vor künftigen Gefahren im Interesse Deutschlands betrachtet.

■ Wilhelms Satz „Ich kenne keine Parteien mehr, ich kenne nur noch Deutsche" diente als Vorlage für Propagandapostkarten aller Art.

Einer der wirkungsvollsten Propagandisten dieses „Kriegsfatalismus" war der schriftstellernde General Friedrich von Bernhardi. Er hatte Anfang 1912 in seinem Buch „Deutschland und der nächste Krieg" aus einem radikalnationalistischen und sozialdarwinistischen Ansatz heraus Deutschland das Recht und die Aufgabe zugesprochen, sich auszudehnen. Er hatte festgestellt, dass dieser „Krieg um Weltgeltung unter keinen Umständen" vermeidbar sei und es darum falsch sei, ihn „möglichst lange hinauszuschieben". Darum empfahl er einen Präventivschlag gegen Frankreich, das sich schon immer deutschen Interessen entgegengestellt habe und das nun nach dem Amtsantritt von Präsident Poincaré ein „nationales Wiedererstarken" erlebe und bedrohliche militärische Energie zeige.

Nach der sozialdarwinistischen Argumentation musste Deutschland in den Krieg ziehen: Das junge, wachsende Reich, das industrielle und kraftstrotzende Deutschland brauche nach seinem „Jugendstreich" der Reichsgründung zur Herstellung seiner inneren Einheit und zu seiner weiteren Ausdehnung Krieg und Raumeroberung. Die Nation müsse darum auf den künftigen Kampf vorbereitet werden, der für ihr Überleben von zentraler Bedeutung sei. Darum könne man sich, so die Ängste im konservativen Sozialmilieu, nicht länger eine angeblich schlappe Politik der „Diagonale", also des Ausgleichs der Parteien, leisten, wie sie von Reichskanzler Bethmann Hollweg betrieben wurde, vor allem nachdem die Sozialdemokraten bei den Reichstagswahlen von 1912 noch einmal an politischer Macht dazugewonnen hatten. Alldeutsche Träume von einem Staatsstreich und der Ausschaltung der Linken sowie der „Judenpresse" wurden vom alldeutschen Führer Dr. Heinrich Claß unter dem Pseudonym Daniel Frymann in seiner Schrift „Wenn ich der Kaiser wär'" laut- und auflagenstark geträumt. Nur so könne man die bevorstehende „Endzeitschlacht" siegreich bestehen und die gebührende Weltmachtstellung mitsamt einem „Führerstaat" erobern.

Repräsentanten einer konservativen Grundstimmung, die jedoch nicht die antigouvernementale Einstellung von Claß teilten, erblickten in dem kommenden Krieg erst einmal die Chance, die patriarchalische Ordnung wieder zu stärken, die sie bedroht oder schon aufgelöst sahen. Der Herzog von Ratibor, der Zugang zu den Berliner Zentren der Macht hatte, formulierte sein rückwärtsgewandtes gesellschaftliches Wunschbild, das hinter seinem Willen zum Krieg stand, noch deutlicher: „Die Kriege von '64, '66 und '70 hätten das Militär und die agrarischen Parteien konsolidiert und den Bestrebungen der kommerziellen Klassen ein Ende geboten." Inzwischen seien aber die „bourgeoisen Klassen im Begriff, die Oberhand zu gewinnen, zum Schaden der Militärs

RAYMOND POINCARÉ

* 20. AUGUST 1860 BAR-LE-DUC
† 15. OKTOBER 1934 PARIS

Der Vetter des berühmten Mathematikers Henri Poincaré wurde 1887 Abgeordneter der französischen Nationalversammlung und in den 1890er-Jahren mehrfach Minister. 1912/13 war er Ministerpräsident und Außenminister. Poincaré erkannte die Gefahr, die von Deutschland für sein Land ausging, und forcierte die Aufrüstung der französischen Armee. Als Präsident (1913–1920) lehnte er jedes Zugeständnis an Deutschland ab, auch in den 1920er-Jahren, in denen er mehrfach wieder als Ministerpräsident und Außenminister amtierte, galt er in Reparationsfragen als kompromissloser Gegner deutscher Interessen.

und der agrarischen Klassen. Krieg sei darum geboten, um die Dinge wieder in Ordnung zu bringen."

Sehr viel zerrissener stellten sich Gesellschaft und politische Kultur in Frankreich dar. Aus deutscher Perspektive wurde den Franzosen immer Revanchismus unterstellt. Diese Sicht ging zwar an der politischen Wirklichkeit Frankreichs vorbei, war aber auch als Fehlwahrnehmung für die politischen Einstellungen und Verhaltensformen jenseits des Rheins umso wichtiger. Es gab in Frankreich tatsächlich nicht nur einen unbändigen Revanchismus, sondern auch einen starken Republikanismus, der patriotisch und pazifistisch eingestellt war und sich in schroffem Gegensatz zum radikalen und antisemitischen Nationalismus von rechts um die „Action française" befand. Das Klima änderte sich mit den diplomatischen Vorkriegskrisen von 1911 und 1912 allerdings auch in Frankreich schrittweise. Nun sprach man auch in Frankreich vom drohenden Krieg und man pries die junge Generation, die wieder „Gefallen am Krieg" fände. Nationalismus und Revanchismus drangen in die politische Mitte vor und erreichten vor allem die städtische Bourgeoisie.

Auch der Krieg der „kleinen Leute", d. h. die Kriegserinnerung der Veteranen und Reservisten, hatte in der jüngeren Generation vor allem Deutschlands ein neues Gesicht erhalten. Nicht mehr die Glorifizierung der Einigungskriege und der Reichsgründung, wie sie die Veteranen in den Kriegervereinen betrieben, war Leitlinie für die junge Generation, sondern Aufbruch und neue Bewährung, was aber nur in einem neuen Krieg denkbar schien. Schlagworte wie „Streben nach Weltmacht" und „Platz an der Sonne" erhielten in der jungen Generation einen neuen Klang. Es bildete sich eine Mentalität heraus, die den Krieg als unvermeidlich ansah und ihn als Bewährungsprobe verstand. Besonders ausgeprägt war dieses Denken und Empfinden im Bildungsbürgertum. Durch das wachsende Gewicht von Technik und Wirtschaft, aber auch durch das Anwachsen der Arbeiterbewegung hatten die Bildungsbürger an Einfluss verloren. In diesen Kreisen war die Furcht vor der Polarisierung der Gesellschaft und der Bedrohung des eigenen Wertesystems mit Händen zu greifen. Man begegnete ihr mit heftiger Zivilisationskritik und der Sehnsucht nach neuer Gemeinschaft. Aus dieser Perspekti-

■ Diese Propagandapostkarte des Alldeutschen Verbandes zeigt die Großmachtträume, die viele in Deutschland 1914 hegten.

■ „Elsass – Frankreich will deine Befreiung" steht unter der französischen Propagandapostkarte von 1914. Oben rechts ist ein deutscher Soldat zu sehen, der ein Mädchen mit dem Gewehrkolben erschlagen will.

ve erhielt der künftige Krieg eine ganz andere Bedeutung: Er wurde zum Kampf zwischen den materialistischen Werten der westlichen Zivilisation und den idealistischen Werten der deutschen Kulturnation interpretiert und sollte zu einer neuen „Herrschaft des Geistes" führen. Nach Kriegsbeginn haben deutsche Professoren in Aufrufen und Broschüren diese Position unterstützt und pseudowissenschaftlich begründet. Der Krieg wurde zu einem Kreuzzug für die wahre Kultur stilisiert.

Auch wenn es von diesen Positionen bildungsbürgerlicher Zivilisationskritik sicherlich einen direkten Weg zu den „Ideen von 1914" und dem „Augusterlebnis" von 1914 gibt, übersieht diese Deutung allerdings die Vielschichtigkeit der bildungsbürgerlichen Erfahrungen und Reaktionen. Denn mit der bildungsbürgerlichen Kritik an dem erstarrten Wilhelminismus und dem modernen Materialismus der industriellen Welt waren auch Entwürfe eines kühnen Aufbruchs aus dem erstarrten Jetzt verbunden, welche die Lebensreform- und Jugendbewegung anstellten. Von diesen Überlegungen führte keine Einbahnstraße zum Krieg. Der Wandervogel verstand sich vielmehr als Ausbruch aus der erstarrten Welt der Erwachsenen und ihrer Konventionen, als Suche nach Autonomie und Selbstgestaltung. Mit seinem romantischen Impuls beflügelte er neue künstlerisch-ästhetische Gestaltungs- und soziale bzw. pädagogische Daseinsformen, die untrennbar zur Moderne des 20. Jahrhunderts gehören. Zwar waren Kriegsspiele und die Einübung militärischer Haltung auch in der (partiellen) Gegenwelt der bürgerlichen Jugendbewegung des Wandervogels durchaus gebräuchlich, aber dennoch wandten sich die älteren Wandervögel in der Akademischen Freischar in einem Telegramm im letzten Moment gegen den Krieg und forderten den „Friedenskaiser" auf, „den Krieg im letzten Augenblicke mit allen nur irgend möglichen Mitteln zu bannen". Das änderte aber nichts daran, dass viele Wandervögel, nachdem der Krieg ausgebrochen war, sich der großen „Bewährungsprobe" stellten und meinten, im Krieg ein „gesteigertes Leben" und jene höhere Form von Gemeinschaft zu erfahren, die man bisher nur im Kleinen beim Wandern erlebt und erträumt hatte. Die Erfahrung gesellschaftlicher Zerrissenheit im Kaiserreich hatte mithin zu unterschiedlichen Formen der Kriegsbegeisterung geführt, von der Erfüllung imperialistischer und sozialdarwinistischer Allmachtbedürfnisse bis zur Suche nach einer harmonischen Gemeinschaft und einer Steigerung der Lebenserfahrung.

Das waren Bedürfnisse, die auch die jungen Intellektuellen in Europa, Schriftsteller und bildende Künstler, erfüllten, die wie die Lebensreformer und die Jugendbewegung aus der Enge und dem Materialismus der bürgerlichen Welt entfliehen wollten und den Krieg als die große Befreiung herbeisehnten. Seit dem Ende des 19. Jahrhunderts fühlten sie sich aufgerufen, nach den schöpferischen Kräften des Lebens zu suchen, sich ihnen anzuvertrauen. Kunst erschien nur dadurch wahrhaftig und ehrlich, dass sie sich nicht vom gewöhnlichen Leben unterschied. Das sollte sie über die Endlichkeit hinaus zum Überzeitlichen und Wirklichkeitsüberschreitenden treiben. Der Krieg wurde ein Übermensch, er wurde zum Hauptträger der Hoffnung auf Überwindung und Zertrümmerung der sozialen Wirklichkeit. Das ließ so viele Dichter und Maler begeistert dem Krieg applaudieren. Ernst Toller hatte 1911 als Schüler geschrieben: „Wir Jungen wünschen den Krieg herbei, der Friede ist eine faule und der Krieg eine große Zeit, sagen die Professoren, wir sehnen uns nach Abenteuern, vielleicht werden uns die letzten Schuljahre erlassen, und wir sind morgen in Uniform, das wird ein Leben." Thomas Mann schrieb damals: „Krieg! Es war Reinigung, Befreiung, was wir empfanden, und eine ungeheure Hoffnung." Rainer Maria Rilke, ein völlig unpolitischer Mensch, war von der Stimmung des August 1914 tief bewegt: „Heil mir, dass ich Ergriffene sehe." Die meisten waren bald von ihrer Kriegsbegeisterung geheilt: Rilke erschrak über seinen Enthusiasmus, Toller wurde Pazifist. Andere versuchten ihr Entsetzen durch Schreiben oder Malen zu verarbeiten.

Sehr viel düsterer stellte sich für August Bebel, der Vaterfigur der deutschen Sozialdemokratie, zur selben Zeit in seiner berühmten Reichstagsrede von 1911 die Krisensituation nach der Marokko-Krise dar: „So wird man eben von allen Seiten rüsten und wieder rüsten, man wird rüsten bis zu dem Punkt, dass der eine oder andere Teil eines Tages sagt: Lieber ein Ende mit Schrecken als ein Schrecken ohne Ende. [...] Dann kommt die Katastrophe. Alsdann wird in Europa der große Generalmarsch geschlagen, auf den hin 16 bis 18 Millionen Männer, die Männerblüte der verschiedenen Nationen, ausgerüstet mit den besten Mordwerkzeugen, gegeneinander als Feind ins Feld rücken. [...] Die Götterdämmerung der bürgerlichen Welt ist im Anzuge."

Auch solche düsteren Ahnungen konnten nicht verhindern, dass die Friedenszeichen schwächer und ihre Maßstäbe zu Mustern ohne Wert wurden. Freilich führten sehr unterschiedliche Wege zu der Kriegsbegeisterung vom August 1914, und diese war längst nicht so weit verbreitet, wie es die Propagandisten und Ideologen sowie die Bilder, die sie verbreiteten, behauptet haben. Während die bürger-

■ In der Wandervogelbewegung wurde ein Gemeinschaftsgefühl ausgelebt, das in vielem den starren Konventionen des wilhelminischen Kaiserreichs entgegenstand.

■ „Der rote Siegfried" – voller Stolz blickten die Sozialdemokraten auf die Wahlen 1912, aus denen sie als stärkste Partei hervorgegangen waren.

lichen Eliten, die konservativen Politiker und die Intellektuellen in ihrer großen Mehrheit schon seit Jahren zu einem „Kriegsfatalismus" neigten – wenn auch in unterschiedlicher Ausprägung –, war die Haltung der europäischen Sozialisten sehr viel widersprüchlicher.

Noch im Juli 1914 war es auf den Boulevards der Pariser republikanischen Quartiers zwischen Place de la Bastille und Place de la République zu Massenkundgebungen gegen den Krieg gekommen. Ein Jahr zuvor hatte die französische Linke noch vehement gegen die Verlängerung der militärischen Dienstzeit gestimmt. Nicht sehr viel anders verhielt es sich in Deutschland. Die deutsche Sozialdemokratie stellte seit den Wahlen von 1912 die stärkste Fraktion im Reichstag und galt als die mächtigste sozialistische Partei Europas. In Reden und Kundgebungen hatte sie immer wieder vor der Kriegstreiberei der nationalistischen Rechten und vor den katastrophalen Folgen eines europäischen Krieges gewarnt. Das setzte sich fort bis in die Tage nach dem Ultimatum an Serbien, als der Parteivorstand der SPD die Massendemonstrationen gegen den Krieg unterstützte und Hunderttausende dem Aufruf gefolgt waren.

Auch die entschiedene Antikriegsstimmung französischer Sozialisten sowie der Sozialistischen Internationale war nicht gegen das Gift des Nationalismus gefeit. Sicherlich war der französische Sozialismus zutiefst vom Pazifismus und dem Glauben an den Internationalismus geprägt. Das kam allein schon bei der Vereinigung sozialistischer Gruppen 1905 zum „Parti socialiste unifié" (PSU) zum Ausdruck, als man dem Parteinamen den Zusatz „Section française de l'Internationale ouvrière" (SFIO) gab. Der Gedanke der Landesverteidigung war aber auch den französischen Sozialisten nicht fremd, auch wenn ihn nicht alle Parteiführer teilten und für einen strikten Antimilitarismus und Antipatriotismus plädierten. Doch blieb das eine Minderheitenposition, auch wenn sie sich immerhin auf den Internationalismus als Gegengewicht zum Nationalismus stützen konnte. Im Ernstfall verlor diese Position jedoch an Rückhalt. Trotz ihrer antiimperialistischen und antikapitalistischen Theorie, die im Kapitalismus die alleinige Ursache für Kriege sah, mussten die europäischen Sozialisten einsehen, dass mit dem Kriegsausbruch nicht nur der Nationalismus als Integrationsideologie sich fast überall durchsetzte, sondern dass sie auch in ihrer Theoriebildung dessen Gewicht und damit die drohende Kriegsgefahr unterschätzt hatten. Gemeinsame internationalistische Abwehrmaßnahmen gegen den Krieg wurden damit immer wirkungsloser.

DIE WIDERSPRÜCHE DES „AUGUSTERLEBNISSES“

Wie sich die Arbeiterbewegung verhalten sollte, wenn tatsächlich ein Krieg ausbräche, darüber war man sich auch vor 1914 nicht einig. August Bebel, bis zu seinem Tod am 13. August 1913 nicht nur Integrationsfigur der Sozialdemokratie, sondern auch angesehener Repräsentant der Sozialistischen Internationale, war überzeugt, dass ein Generalstreik, wie ihn die französischen Sozialisten vorschlugen, nach Ausbruch eines Krieges keinen Sinn ergäbe, weil dann die Arbeiter bereits zu den Fahnen gerufen worden seien und den Aktivisten Gefängnishaft drohe. Alles käme darauf an, durch eigene Stärke die Regierung zur Mäßigung anzuhalten. Auch hatte er durch geheime Kontakte mit dem englischen Generalkonsul in Zürich versucht, England die Furcht vor dem deutschen Militarismus zu nehmen und die englische Regierung über den Stand der deutschen Rüstung zu informieren. Das hätte ihm bei Bekanntwerden sicherlich eine Zuchthausstrafe eingebracht. Seine Nachfolger in der Parteiführung suchten eine Annäherung an Kanzler Bethmann Hollweg, von dessen Friedenswillen man überzeugt war. Obwohl beide Parteien, die französischen wie die deutschen Sozialisten, sich immer wieder auf Kongressen der Internationale für Resolutionen gegen den Krieg aussprachen und vor den Gefahren des Rüstungswettlaufes warnten, unterschätzten sie die Kriegsgefahr und waren vom Friedenswillen ihrer Regierungen überzeugt. Darum vertrauten die Parteiführungen, die deutsche stärker als die französische, auch noch im Juli 1914 den Behauptungen der jeweiligen Regierung, man setze sich bis zuletzt für die Erhaltung des Friedens ein. Hugo Haase, einer der Führer der sozialdemokratischen Linken, gab sich noch am 29. Juli sicher, dass die deutsche Regierung versuchen würde, den Frieden zu erhalten. Diese Fehleinschätzung musste allerdings die verzweifelten Bemühungen der Sozialistischen Internationale, auf einem Treffen in Brüssel am 29. Juli noch einmal zum Frieden aufzurufen, wirkungslos machen.

Das galt auch für die Massenkundgebungen zu beiden Seiten des Rheins. Während die SPD Ende Juli 1914 in vielen deutschen Städten zu Antikriegsdemonstrationen aufrief, verhandelte die Reichsleitung

AUGUST BEBEL

* 22. FEBRUAR 1840 DEUTZ (BEI KÖLN)
† 13. AUGUST 1913 PASSUGG (BEI CHUR)

Der Drechslermeister gründete 1866 zusammen mit Wilhelm Liebknecht die Sächsische Volkspartei und wurde bald darauf Mitglied des Reichstages des Norddeutschen Bundes. Als Marxist trat er gegen Ferdinand Lassalle und seinen Allgemeinen Deutschen Arbeiterverein auf. 1869 gründete er gemeinsam mit Liebknecht die Sozialdemokratische Arbeiterpartei. 1875 spielte er eine entscheidende Rolle bei der Vereinigung seiner Partei mit dem Arbeiterverein zur Sozialistischen Arbeiterpartei. 1892 wurde er Vorsitzender der Sozialdemokratischen Partei Deutschlands. Bis 1913 war er Mitglied des Reichstages.

Der „Vater der Sozialdemokratie“ führte die Partei auf ihrem Weg zu einer Massenpartei. Stets der internationalen Solidarität verpflichtet, blieb er bis zu seinem Tod kritisch gegenüber der allgemeinen Kriegsbegeisterung.

Gratis! **Extra-Ausgabe.** Gratis!

Nr. 210a. 31. Jahrg.

Abonnements-Bedingungen:
Abonnements-Preis pränumerando: Vierteljährl. 3,30 Mk., monatl. 1,10 Mk., wöchentlich 28 Pfg. frei ins Haus. Einzelne Nummer 5 Pfg. Sonntagsnummer mit illustrierter Sonntags-Beilage „Die Neue Welt" 10 Pfg. Post-Abonnement: 1,10 Mark pro Monat. Eingetragen in die Post-Zeitungs-Preisliste. Unter Kreuzband für Deutschland und Oesterreich-Ungarn 2,50 Mark, für das übrige Ausland 4 Mark pro Monat. Postabonnements nehmen an: Belgien, Dänemark, Holland, Italien, Luxemburg, Portugal, Rumänien, Schweden und die Schweiz.

Erscheint täglich.

Vorwärts

Berliner Volksblatt.

Zentralorgan der sozialdemokratischen Partei Deutschlands.

Die Insertions-Gebühr
beträgt für die sechsgespaltene Kolonelzeile oder deren Raum 60 Pfg., für politische und gewerkschaftliche Vereins- und Versammlungs-Anzeigen 30 Pfg. „Kleine Anzeigen", das fettgedruckte Wort 20 Pfg. (zulässig 2 fettgedruckte Worte), jedes weitere Wort 10 Pfg. Stellengesuche und Schlafstellenanzeigen das erste Wort 10 Pfg., jedes weitere Wort 5 Pfg. Worte über 15 Buchstaben zählen für zwei Worte. Inserate für die nächste Nummer müssen bis 5 Uhr nachmittags in der Expedition abgegeben werden. Die Expedition ist bis 7 Uhr abends geöffnet.

Telegramm-Adresse: „Sozialdemokrat Berlin".

Redaktion: SW. 68, Lindenstrasse 69. Fernsprecher: Amt Moritzplatz, Nr. 1983. | Dienstag, den 4. August 1914. | Expedition: SW. 68, Lindenstrasse 69. Fernsprecher: Amt Moritzplatz, Nr. 1984.

Die Sozialdemokratie und der Krieg!

Die sozialdemokratische Reichstagsfraktion bewilligte in der heutigen Sitzung des Reichstages die von der Regierung geforderten Kriegskredite. Gleichzeitig gab sie nachfolgende Erklärung über ihre Stellung ab:

Wir stehen vor einer Schicksalsstunde. Die Folgen der imperialistischen Politik, durch die eine Aera des Wettrüstens herbeigeführt wurde und die Gegensätze zwischen den Völkern sich verschärften, sind wie eine Sturmflut über Europa hereingebrochen. Die Verantwortung hierfür fällt den Trägern dieser Politik zu, die wir ablehnen.

Die Sozialdemokratie hat diese verhängnisvolle Entwicklung mit allen Kräften bekämpft und noch bis in die letzten Stunden hinein hat sie durch machtvolle Kundgebungen in allen Ländern, namentlich im innigen Einvernehmen mit den französischen Brüdern, für die Aufrechterhaltung des Friedens gewirkt. Ihre Anstrengungen sind vergeblich gewesen.

Jetzt stehen wir vor der ehernen Tatsache des Krieges. Uns drohen die Schrecknisse feindlicher Invasionen. Nicht für oder gegen den Krieg haben wir heute zu entscheiden, sondern über die Frage der für die Verteidigung des Landes erforderlichen Mittel.

Nun haben wir zu denken an die Millionen Volksgenossen, die ohne ihre Schuld in dieses Verhängnis hineingerissen sind. Sie werden von den Verheerungen des Krieges am schwersten getroffen. Unsere heißen Wünsche begleiten unsere zu den Fahnen gerufenen Brüder ohne Unterschied der Partei.

Wir denken auch an die Mütter, die ihre Söhne hergeben müssen, an die Frauen und Kinder die ihres Ernährers beraubt sind, denen zu der Angst um ihre Lieben die Schrecken des Hungers drohen. Zu ihnen werden sich bald zehntausende verwundeter und verstümmelter Kämpfer gesellen.

Ihnen allen beizustehen, ihr Schicksal zu erleichtern, diese unermeßliche Not zu lindern, erachten wir als zwingende Pflicht.

Für unser Volk und seine freiheitliche Zukunft steht bei einem Sieg des russischen Despotismus, der sich mit dem Blute der Besten des eigenen Volkes befleckt hat, viel, wenn nicht alles auf dem Spiel. Es gilt, diese Gefahr abzuwehren, die Kultur und die Unabhängigkeit unseres eigenen Landes sicherzustellen. Da machen wir wahr, was wir immer betont haben: Wir lassen in der Stunde der Gefahr das Vaterland nicht im Stich. Wir fühlen uns dabei im Einklang mit der Internationale, die das Recht jedes Volkes auf nationale Selbständigkeit und Selbstverteidigung jederzeit anerkannt hat, wie wir in Uebereinstimmung mit ihr jeden Eroberungskrieg verurteilen.

Wir hoffen, daß die grausame Schule der Kriegsleiden in neuen Millionen den Abscheu vor dem Kriege wecken und sie für das Ideal des Sozialismus und des Völkerfriedens gewinnen wird.

Wir fordern, daß dem Kriege, sobald das Ziel der Sicherung erreicht ist, und die Gegner zum Frieden geneigt sind, ein Ende gemacht wird durch einen Frieden, der die Freundschaft mit den Nachbarvölkern ermöglicht. Wir fordern dies im Interesse nicht nur der von uns stets verfochtenen internationalen Solidarität, sondern auch in dem Interesse des deutschen Volkes.

Von diesen Grundsätzen geleitet bewilligen wir die geforderten Kredite.

Verantwortlicher Redakteur: Albert Wachs, Berlin. — Druck und Verlag: Vorwärtsbuchdruckerei und Verlagsanstalt Paul Singer & Co., Berlin. SW.

gleichzeitig mit dem sozialdemokratischen Parteivorstand, um die Loyalität der Arbeiterbewegung zu sichern. Am 29. Juli ließ ihr Sprecher, der Reichstagsabgeordnete Albert Südekum, den Reichskanzler wissen, dass im Falle eines Krieges die SPD keine weiteren Massenaktionen organisieren und dass man stillhalten werde. Dabei schwang auch die Furcht mit, dass die Partei andernfalls unterdrückt und ihre Mitglieder verfolgt werden könnten. Darum mahnte die Parteiführung die Redaktionen der sozialdemokratischen Zeitungen auch zur Vorsicht.

Trotz der Protestdemonstrationen zeichnete sich seit Ende Juli eine Entwicklung ab, die schließlich zum nationalen Konsens und zur Zustimmung der Sozialdemokraten zu den Kriegskrediten am 4. August 1914 führte. Entscheidend für diesen scheinbaren Sinneswandel waren langfristig wirkende Mentalitäten und aktuelle politische Wahrnehmungen. Die Reichsleitung hatte erfolgreich den Eindruck vermittelt, dass nicht Deutschland, sondern Russland der Kriegstreiber war – schließlich hatten die Russen ja auch mit den Mobilmachungen begonnen. Damit ließ sich die tiefe Abneigung der Sozialdemokratie gegen den russischen Despotismus und den „blutdurstigen" Zaren mobilisieren. Für die Mehrheit der Sozialdemokraten stand fest, dass man vom Zarenreich angegriffen worden und nun zur Landesverteidigung aufgerufen sei. Dazu hatte sich die Partei von jeher bekannt, vor allem wenn das zaristische Russland als Kriegsgegner und Aggressor ausgemacht werden konnte. Auch wenn die radikale Linke die parteiinterne Entscheidung für die Kriegskredite bald als Bruch mit den Ideen des Internationalismus und als Verrat an der internationalen Arbeiterbewegung anprangerte, hatte im August 1914 für die große Mehrheit der Sozialdemokraten die Nation den Vorrang.

Schon am 30. Juli waren in sozialdemokratischen Zeitungen Stellungnahmen von Parteiführern zu lesen, die sich für die Verteidigung von „Vaterland, Kultur und Menschlichkeit" einsetzten. Man verwahrte sich gegen die Unterstellung, dass die Proletarier kein Vaterland hätten, und der SPD-Reichstagsabgeordnete Ludwig Frank, der bald als Kriegsfreiwilliger fallen sollte, war sich sicher, dass man in Deutschland „über alle Klassenunterschiede und Weltanschauungen, über alle sonstigen Divergenzen hinweg – ein einiges, allseitig geschlossenes Volk finden [werde], bereit, mit dem letzten Blutstropfen die Unabhängigkeit und Größe Deutschlands gegen jeden Feind zu verteidigen."

Das Prinzip der Landesverteidigung wurde auch von den meisten Vertretern der linken Minderheit akzeptiert. In der Erklärung der sozialdemokratischen Reichstagsfraktion vom 4. August 1914, die der in der vorausgegangenen Abstimmung unterlegene Hugo Haase verlas, wurden die „drohenden Schrecknisse feindlicher Invasionen" und die Furcht vor einem „Sieg des russischen Despotismus" beschworen. Darum werde in der „Stunde der Gefahr" die Sozialdemokratie „das eigene Vaterland nicht im Stich lassen". Denn man verurteile jeden Eroberungskrieg, aber jedes Volk habe das Recht auf nationale Selbstverteidigung. Als sich auch die Sozialdemokraten nach der Abstimmung über die Kriegskredite von ihren Plätzen erhoben, schien für einen Augenblick der Traum von der nationalen Einheit erfüllt: Es gab stürmischen Beifall im Hause und auf den Tribünen. Als Kanzler Bethmann Hollweg auf die Sozialdemokraten zuging, löste er noch einmal „minutenlangen jubelnden Beifall" aus.

Die Kriegsbegeisterung wurde überall spätestens durch die Mobilmachung ausgelöst. Nun ging massenhaft auf, was zuvor von einer jahrelangen offiziellen und inoffiziellen Beeinflussung der öffentlichen Meinung durch nationalistische Parolen der Presse, der Agitation von Flotten- und Wehrvereinen und der Schullehrer vorbereitet worden war, was sich im langsamen Wandel der Mentalitäten in die Gefühlswelt eingepflanzt hatte: die Vorstellung nämlich vom Krieg als Befreiung und Bewährung. Zu den Voraussetzungen für die wachsende Kriegseuphorie in Deutschland, Österreich, Russland und auch in Frankreich gehörte aber auch ein falsches Bild vom künftigen Krieg. Die Mehrzahl derer, die bei den öffentlichen Versammlungen und Kundge-

■ Die Parteizeitung „Vorwärts" bemühte sich am 4. August 1914, die Zustimmung der SPD zu den Kriegskrediten zu rechtfertigen.

Paris
3

bungen die Kriegserklärungen ihrer Regierungen hörten, und die mit meist verhaltenem Jubel darauf reagierten, wussten nicht, was für ein Krieg ihnen bevorstand. Ihre Vorstellungen, ob sie nun zu den Veteranen oder zur jungen Generation gehörten, waren meist von den Erfahrungen mit dem deutsch-französischen Krieg von 1870/71 oder von Kolonialkriegen geprägt. Auch wenn viele den Krieg von 1870/71 gar nicht mehr miterlebt haben dürften, lebte er doch in der Erinnerungskultur weiter: durch Heldenerzählungen in Kriegervereinen und Erinnerungsliteratur, durch heroische Schlachtengemälde und durch Denkmäler. Man erwartete folglich einen kurzen Zusammenstoß zwischen zwei Armeen, aus denen dann eine als Sieger hervorgehen würde. Man ging davon aus, dass man Weihnachten 1914 wieder zu Hause sein würde.

Viele Deutsche und Franzosen hatten vergessen, dass es auch schon 1871 zu Formen eines Volkskrieges vor allem in Frankreich gekommen war und, was noch schwerer wog, dass man mittlerweile von einem industrialisierten Krieg mit modernster Waffentechnik und der wirtschaftlichen Macht der Großmächte Europas auszugehen hatte – von einem Krieg, der nicht nur an der Front toben, sondern auch die gesamte Gesellschaft erfassen würde. Gewiss hatten Militärschriftsteller schon längst darauf verwiesen. Auch hatten die deutschen Sozialdemokraten – und mit ihnen auch andere europäische Sozialisten – von dem drohenden „großen Kladderadatsch" gesprochen, doch dabei dachten sie vor allem an die gesellschaftlichen Veränderungen oder gar die sozialen Revolutionen, die ein künftiger Krieg mit sich bringen könnte. An die Stammtische war die Vorstellung von einem technisch-industriellen Krieg und der Zerstörungskraft moderner Waffen nicht gedrungen.

Zu den Legenden mit Langzeitwirkung gehört vor allem die Vorstellung von der allgemeinen Kriegsbegeisterung der jubelnden Massen, die sich auf den Straßen und Plätzen aller europäischen Städte versammelt hätten; von den blumengeschmückten Soldaten und Reservisten, die ernst, aber mit Zu-

■ Freudig brechen die ersten Soldaten Anfang August in Richtung Frankreich auf.

■ Otto Götze fing mit seiner Grafik „Kriegsfreiwillig" (1915) die allgemeine Stimmung ein: Die junge Frau begleitet den Freiwilligen, lächelt ihm aufmunternd zu und trägt ihm das Gewehr.

versicht in den Krieg gezogen wären. Sicherlich gab es auch in der Arbeiterschaft, von der man es nicht unbedingt erwartet hätte, vielfach Zeugnisse des selbstverständlichen Willens zur vaterländischen Pflichterfüllung und auch der Begeisterung. Von Kindern, die ihre einberufenen Väter auf dem Weg von der Einkleidung zur Kaserne begleiteten, ihnen die Stiefel oder die Pickelhaube trugen. Von Arbeitervierteln, in deren Hinterhöfen plötzlich Fahnen vor allem in Schwarz-Weiß-Rot zu sehen waren. Die Zahl der Kriegsfreiwilligen, die im August und September in die Meldebüros drängten und anfangs von den Ersatzeinheiten gar nicht aufgenommen werden konnten, ist sicherlich ein untrügliches Zeichen dafür, dass die Mehrheit der Bevölkerung die patriotische Stimmung teilte und sich, auch wenn das im Sog der Massenbegeisterung geschah, den Aufforderungen zur nationalen Loyalität nicht verschließen konnte und wollte.

Ob die Massenbegeisterung, die in erregten Versammlungen durch patriotische Reden und durch den mitreißenden Beifall der anderen Teilnehmer hervorgerufen wurde, wirklich anhielt oder nicht eher dem massenmobilisierenden Augenblick geschuldet war, lässt sich schwer entscheiden. Oft kamen nach dem ersten Begeisterungsausbruch Nachdenklichkeit und Furcht auf. Das drückte sich in Hamsterkäufen und einer wachsenden Unruhe auf Straßen und Plätzen aus. Vor allem in Süddeutschland und in ländlichen Gebieten war von Kriegsbegeisterung noch weniger zu spüren. Die Nachricht von der Mobilmachung löste in den Dörfern oft Angst und Schrecken aus, und das nicht nur, weil man sich mitten in der Erntezeit befand, während der die arbeitsfähigen Männer dringend benötigt wurden, sondern auch weil man Sorge hatte, dass die Pferde zum Kriegseinsatz requiriert werden könnten.

Auch im ländlichen Frankreich war die Stimmung eher bedrückt und ernst und keineswegs voller patriotischer Begeisterung. Feierliche Aufrufe zu den Waffen gab es nicht. Proteste gegen den Krieg kamen aber ebenfalls nicht vor, man fügte sich den Einberufungsbefehlen. Im burgundischen Thénissey kündigten, nach einem zeitgenössischen Bericht, „die Glocken das schreckliche Ereignis an. Die ganze Bevölkerung begriff den Ernst der Stunde. Viele weinten, aber niemand dachte daran, sich seiner Pflicht zu entziehen."

In London hatte man im Juli 1914 noch sehr gelassen auf die Krisenmeldungen vom Kontinent reagiert. Neben den innenpolitischen Krisen, verursacht durch die heftigen Streikwellen und das militante Auftreten der radikalen Frauenbewegung, war die britische Öffentlichkeit

im Sommer 1914 vor allem mit der konfliktreichen, auf einen Bürgerkrieg zutreibenden Situation in Irland beschäftigt. Zudem klangen die Nachrichten von einem drohenden europäischen Krieg in einem Land, das keine Wehrpflicht kannte, zunächst nicht so bewegend. Das änderte sich in den ersten Augusttagen, als sich die Meldungen über Ultimaten und Mobilmachungen auf dem Kontinent in den Zeitungen überschlugen. Es kam zu Demonstrationen gegen und für den Krieg, wirkliche Kriegsbegeisterung ließ aber nur eine Minderheit von jungen Männern der middle-class erkennen. Die meisten Menschen, die sich zu Zehntausenden auf Straßen und Plätzen versammelten, wurden ähnlich wie in Berlin und Paris durch die angespannte Atmosphäre und das Bedürfnis nach Information nach draußen getrieben. Die Aufregung erreichte ihren Höhepunkt, als am späten Abend des 4. August das britische Ultimatum an Deutschland ablief. Mit dem letzten Glockenschlag von Big Ben um 23 Uhr entlud sich die ungeheure Spannung in Jubel und das Absingen der Nationalhymne, bis sich die Massenansammlungen von bis zu 14 000 Menschen wieder zerstreuten und eine nüchterne Entspannung eintrat. Der Kriegsausbruch wurde in den meisten englischen Städten weder mit großer Begeisterung

■ Zahlreiche junge Männer meldeten sich auch in Großbritannien im August 1914 freiwillig zu den Waffen.

noch mit Verzweiflung aufgenommen. Es herrschte vielmehr, wie die englische Sozialreformerin Beatrice Webb beobachtete, eine „widerwillige Akzeptanz des Unvermeidlichen und ein gutes Stück ruhiger Entschlossenheit". Erst die riesige Welle von Freiwilligen, die sich vor den Meldebüros in den nächsten Wochen und Monaten einfanden und mit einer Million Soldaten die größte je aufgestellte Freiwilligenarmee bildeten, veränderte diesen Eindruck. Auch wenn die Woge des Patriotismus, die sich schließlich auch in England mit den Kriegsnachrichten ausbildete, von Kommentatoren aus dem nationalen Bürgertum und den Medien gefeiert wurde, hielt sie sich doch im Vergleich zum Kontinent in engen Grenzen.

BURGFRIEDEN UND UNION SACRÉE

Der deutsche Burgfrieden und die französische Union sacrée waren Stillhalteabkommen oder auch politische Kompromisse auf Zeit, die die politisch-gesellschaftlichen Gegensätze vorübergehend überdeckten und die Kriegspolitik legitimierten. Sie gründeten auf der Vorstellung von einem Verteidigungskrieg, den man gegen den Angreifer und dessen Verbündete führen musste. Vor allem war der „Waffenstillstand der Parteien" zunächst auch deswegen durchsetzbar, weil man davon ausging, dass der Krieg nur von kurzer Dauer sein würde und dass man in dieser Zeit militärische und politische Entscheidungen ohne längere Diskussionen würde treffen können. Noch hielt man sich an die Erwartung, dass man bald – noch vor Einbruch des Winters, ganz bestimmt aber Weihnachten – zu Hause sein würde. Diese Vorstellung half auch noch im folgenden Jahr, doch noch länger durchzuhalten als man erwartete hatte. Ein junger Lehrer, der sich freiwillig gemeldet hatte, schrieb am 1. Januar 1915 aus der Champagne an seine Familie: „In diesem Jahr wird ja wohl die Entscheidung fallen. Es geht langsam, aber es geht." Ähnlich ein französischer Berufsoffizier, der etwas südlicher an der Front lag: „Wir zweifeln nicht daran, dass dieser Krieg, der schon fünf Monate dauert, im nächsten Jahr enden wird. Aber wie wird das Ende sein?"

Hinter allen Gemeinschaftsformeln und allen späteren Beschwörungen des „Geistes von 1914" oder der neuen „Volksgemeinschaft" existierten tief sitzende Einstellungen und Differenzen weiter. Denn sowohl die deutsche als auch die französische Gesellschaft blieben Klassengesellschaften, die sich nur im Ausnahmezustand des Krieges befanden.

Die auf beiden Seiten bestehende Hoffnung, man könne mit der neuen nationalen Einmütigkeit im Inneren zu einem „Waffenstillstand der Parteien" kommen und die Politik für die kurze Zeit des Krieges gleichsam einfrieren, setzte eine Koexistenz von militärischer und ziviler Gewalt voraus, deren Ausprägung und Erfolgsaussicht jedoch von dem jeweiligen Verfassungssystem abhing. Im halbautoritären Deutschen Kaiserreich schien der Primat der Exekutive und vor allem der militärischen Gewalt ohne größere Schwierigkeiten durchsetzbar. Das Parlament schwieg, nachdem es die Kriegskredite bewilligt hatte; es musste auch nicht eigens vertagt werden, wie das in Frankreich geschah. Man überwies die wichtigsten Entscheidungen direkt an die Haushaltskommission. Das entsprach ohnehin den begrenzten Kompetenzen des Reichstags, der nur über das Budget Einfluss auf die Regierungspolitik nehmen konnte. Folglich nutzte Reichskanzler Bethmann Hollweg auch den Weg über diese Kommission, um mit den Parteiführern inoffizielle Gespräche aufzunehmen.

Aber auch der Handlungsspielraum der Reichsregierung selbst war in Zeiten des Krieges eingeschränkt. Denn die exekutive Gewalt unterstand nun den Kommandanten der Armeekorps in den 25 Armeebezirken, die in Friedenszeiten nur für die regionale Ausbildung der Truppen verantwortlich waren. In Zeiten des Belagerungszustandes, wie er im Artikel 68 der Reichsverfassung geregelt und nun in Kraft getreten war, erhielten sie die vollziehende Gewalt in ihrem Territorialbezirk und waren nur dem Kaiser direkt unterstellt und verantwortlich, ohne dass Kriegsminister oder Reichskanzler einbezogen wa-

■ Dieses Propagandaplakat mit einem Zitat Wilhelms II. vom August 1914 deutet die Macht an, über welche die deutschen Generäle schon zu Beginn des Krieges verfügten.

ren. Der Reichskanzler konnte Erlasse und Befehle an die ausführenden Organe nicht direkt, sondern nur über den Umweg des Kriegesministers erteilen. Die Zuständigkeit der Generalkommandeure umfasste alle Bereiche der inneren Sicherheit und der Polizeiaufsicht. Hinzu kam die Überwachung des öffentlichen Lebens von der Postzensur bis zur Pressekontrolle. Das war ein Rückfall in vorkonstitutionelle Zeiten, und es war überdies wenig effizient. Zudem konnten die Generäle kaum die notwendige politisch-soziale Neutralität aufbringen, die von der Burgfriedenspolitik suggeriert wurde. Mit Fortdauer des Krieges wurde die beinahe unbegrenzte Macht der Kommandeure zunehmend Gegenstand von politischer Unzufriedenheit und Kritik.

Ganz anders geregelt war das Verhältnis von ziviler und militärischer Gewalt in Frankreich. Auch wenn das französische Parlament, dem in der Verfassungskultur der Dritten Republik eine führende Rolle zukam, für den Kriegsfall seine Kompetenzen an die Regierung abtreten musste und sich am 4. August auf unbestimmt vertagt hatte, lag die „Führung des Krieges" bei der Regierung und damit nach dem Text der Verfassung bei den zivilen Gewalten, während die „Führung der Operationen" Sache des militärischen Oberkommandos sein sollte. Das verschaffte dem Generalstab eine starke Stellung, die auch deswegen akzeptiert wurde, weil man auch in Frankreich von einer kurzen Dauer des Krieges ausging. Als schließlich noch der Sitz der Regierung wegen des drohenden deutschen Vormarsches auf Paris am 2. September nach Bordeaux verlegt wurde, wuchs die Macht der Militärs, die von der Kompetenz der Politiker ohnehin eine geringe Meinung hatten. Spätestens mit der Verhängung des Belagerungszustandes und der damit verbundenden Kontrolle der Presse und Informationspolitik durch die Armee befand sich auch die französische Politik de facto unter der Kontrolle der Militärs. Im Unterschied zu Deutschland war aber damit die demokratisch-re-

■ Am 5. August 1914 erneuerte Wilhelm II. die Stiftung des Eisernen Kreuzes, das erstmalig 1813 in den Befreiungskriegen verliehen worden war.

publikanische Tradition nicht abgebrochen, sondern sie meldete sich bald zurück. Das Parlament tagte ab Dezember 1914 zunächst in außerordentlichen Sitzungen und im Jahre 1915 regelmäßig und in Permanenz. Militärisch sensible Themen wurden seit dem deutschen Angriff auf Verdun im Juni 1916 in „geheimen Komitees" des Parlaments unter Ausschluss der Öffentlichkeit verhandelt, nachdem die Regierung zunächst versucht hatte, dieses parlamentarische Kontrollorgan auszumanövrieren. Die innenpolitischen Belastungen dieser Krisensituation aber machten eine parlamentarische Legitimation der Kriegspolitik unumgänglich, auch wenn die Militärs versuchten, die Arbeit der Kommissionen, die sich auch Informationen aus dem militärischen Bereich verschaffen wollten, immer wieder zu behindern. Konflikte zwischen ziviler und militärischer Gewalt waren an der Tagesordnung und ihr Verhältnis konnte auch bis 1918 nicht endgültig geregelt werden. Dennoch herrschte in Frankreich allenfalls für eine kurze Zeit eine Militärdiktatur. Die demokratische Tradition hingegen war und blieb stark genug, um auch während der militärisch und politisch extrem krisenhaften Phasen politische Debatten und Pluralismus zu erhalten bzw. ein Abgleiten in eine Diktatur, auch in eine zivile, zu umgehen. Was nicht vermieden werden konnte, war die starke Einschränkung persönlicher Freiheiten, vor allem der Informations- und Meinungsfreiheit. Das tatsächliche Ausmaß der Zensur sollte sich kaum von dem in Deutschland unterscheiden.

Je deutlicher die politischen und sozialen Gegensätze und Spannungen im Laufe des Krieges in allen Kriegsgesellschaften wieder hervorbrachen, desto heftiger reagierten in Deutschland konservative Propagandisten und traditionelle Eliten auf die von ihnen als Gefährdung ihrer Macht verstandenen Tendenzen einer Politisierung der Bevölkerung und Parlamentarisierung der Politik mit der Beschwörung der „Ideen von 1914" und mit der Formulierung von expansiven Kriegszielen. Aus den Kriegsplänen wurden schließlich Pläne für einen Expansions- und Siegfrieden.

DIE ILLUSION DES KURZEN KRIEGES

Entscheidend waren zunächst die Kriegspläne der Generäle und der Regierenden, denn sie trafen in Deutschland wie in Frankreich die Entscheidungen und trugen dafür die Verantwortung. Freilich wurde der Kreis der Entscheidungsträger im Laufe des Krieges größer, was mit der Massenmobilisierung und dem Übergang zum totalen Krieg bzw. zur Militarisierung der Gesellschaft zu tun hatte. Am Ende waren auch Parteien, Unternehmer und Gewerkschaften in die Organisation der Kriegswirtschaft mit eingebunden.

Zunächst war jedoch bei allen Krieg führenden Mächten der Krieg die Sache der Generäle, auf deren Schultern die Verantwortung für strategische und taktische Planungen bzw. Entscheidungen, aber auch für das Leben und Überleben von Millionen von Soldaten lagen. Auch ihr Bild vom Krieg war an der Vergangenheit orientiert, hatten sie doch ihre Ausbildung und ihre Karriere in Zeiten begonnen, als sich ein „Volkskrieg" und ein technischer Massenkrieg gerade erst abzeichneten. Zwar ahnten einige von ihnen, dass ein solcher Massenkrieg die Staaten vor völlig neue Herausforderungen stellen könnte und dass darum der Friedenssicherung Vorrang zukäme, doch sollte es dennoch zum Krieg kommen, dann musste er nach Meinung der führenden Militärs schnell und mit dem Einsatz aller zur Verfügung stehender technischer Mittel und gesellschaftlicher Kräfte geführt werden. Falls dadurch kein Durchbruch und rascher Sieg zu erzielen wäre, drohe ein Ermattungskrieg, der alle Ressourcen aufbrauchen könnte und keine Sieger, sondern nur Verlierer kennen würde. Generalstabschef Helmuth von Moltke, seit 1905

Nachfolger von Alfred von Schlieffen, hatte die Gefahren eines solchen Volkskrieges, der nicht mit einer entscheidenden Schlacht abzumachen wäre, sondern sich lange hinziehen könnte, dem Kaiser eindringlich beschrieben. Es käme zu einem „langen, mühevollen Ringen mit einem Land, das sich nicht eher überwunden geben wird, als bis seine ganze Volkskraft gebrochen ist, und das auch unser Volk, selbst wenn wir Sieger sein sollten, bis aufs äußerste erschöpfen wird". Auch die Gefahr, dass ein solcher Krieg zu einer Revolution im eigenen Lande führen könnte, wollte Moltke nicht ausschließen. Hatte der Generalstabschef seinem Kaiser in seinem Szenario zunächst noch den Krieg eines Staates gegen einen anderen Staat beschrieben, so hatten im Laufe der Jahre die Veränderungen im internationalen System mit der Bildung von festen Bündnissen die Chancen auf einen raschen, entscheidenden Sieg immer geringer werden lassen. Auch die Modernisierung der Waffensysteme als Folge der Industrialisierung sowie der Ausbau von Befestigungs- und Verteidigungssystemen, die Angriffe häufig in einen Belagerungskrieg münden ließen, trugen dazu bei, dass die Militärs vor der übertriebenen Erwartung schneller und entscheidender Siege warnten.

Der Ausweg aus diesem Dilemma konnte für Schlieffen und seinen Nachfolger Moltke, die sich in ihrer Prognose eines künftigen Krieges weitgehend einig waren, nur darin liegen, dass mit allen Mitteln ein schneller Sieg errungen werden musste. Mit einem gewaltigen Schlag – man sprach gerne von einem „Hammerschlag" – sollte der Feind militärisch vernichtend geschlagen und auch wirtschaftlich so sehr geschwächt werden, dass für längere Zeit die eigene Vorherrschaft gesichert wäre. Die Deutschen wollten Frankreich in einem Blitzkrieg innerhalb weniger Wochen schlagen, um dann mit ganzer Wucht im Osten einen ähnlichen Krieg gegen Russland führen zu können.

Auch in Frankreich dachten die Generäle an eine „attaque brusque". In Österreich verfolgte man ein ähnliches Konzept für den Balkan, und auch in der englischen Generalität sah man in einem kraftvollen und raschen Angriff die einzige Möglichkeit zum Erfolg. Die „Illusion des kurzen Krieges" beherrschte also die Köpfe der Militärs und der Politiker auf allen Seiten, bevor sie durch die Wirklichkeit des Maschinengewehrs und der Flammenwerfer wie der Massenheere eines Besseren belehrt wurden. Gerade die moderne Militärtechnologie zu Kriegsbeginn gab den Verteidigern militärische Vorteile, die Sturmangriffe des Feindes erschwerten oder aussichtslos machten – bis 1916 die ersten Tanks eingesetzt wurden. Auch musste die europäische Militärkaste bald erkennen, dass Faktoren wie operative Führungskunst und solda-

ALFRED GRAF VON SCHLIEFFEN
*28. FEBRUAR 1833 BERLIN
†4. JANUAR 1913 BERLIN

Alfred Graf von Schlieffen, Sohn des preußischen Generalmajors Magnus von Schlieffen, machte ab 1854 Karriere in der preußischen Armee. Von 1891 bis 1905 war er Chef des Generalstabs der preußischen Armee. Seit 1903 Generaloberst, wurde er 1911 ehrenhalber zum Generalfeldmarschall ernannt. 1905 entwickelte Schlieffen den nach ihm benannten Plan zur militärischen Niederwerfung Frankreichs. Der Plan sah vor, den linken Flügel der französischen Truppen zu umfassen. Noch auf dem Totenbett soll Schlieffen gesagt haben: „Macht mir den rechten Flügel stark!"

■ Moltke änderte den Schlieffen-Plan erheblich ab.

tisches Können ihren besonderen Wert verloren und dass nun im technisch-industriellen Krieg die Quantität von Mensch und Material den Ausschlag gaben.

Zunächst aber waren sich die deutschen militärischen Planer bewusst, dass sie sich keinen langen Krieg gegen ein Bündnis leisten konnte, das ihm auch nach herkömmlichen Kategorien zahlenmäßig überlegen war. Sie hatten vor allem mit Frankreich und Russland zu rechnen, aber auch mit der Gefahr einer britischen Landung auf dem Kontinent. Doch waren die britischen professionellen Landstreit-

kräfte zunächst schwach und erst im Kriegsfall zu mobilisieren. Als entscheidender und bedrohlicher wurde die Royal Navy gesehen, die Deutschland von seinem Außenhandel und vor allem von den lebens- und kriegsnotwendigen Rohstofflieferungen abschneiden könnte. Die Lösung konnte nur in einem kurzen Krieg liegen, und die Voraussetzungen dafür lagen aus operativer Sicht nur in einem Einfall in Frankreich, der über die Niederlande erfolgen sollte. Moltke verwarf 1911 diesen Plan, weil ihm die wirtschaftliche Bedeutung der Niederlande als Einfuhrweg für Wirtschaftsgüter zu groß war. „Es muss unsere Luftröhre bleiben"; äußerte er seine Bedenken, „damit wir atmen können."

Die Invasion der Niederlande war Teil der 1905 entwickelten Operationsplanung gewesen, die als Schlieffen-Plan in die Militärgeschichte einging. Der Plan sah vor, dass man einen Angriff auf Frankreich nicht über den französischen Befestigungsgürtel, der von Verdun über Toul und Nancy bis Belfort reichte, führen könne, sondern dass man von Norden her über Belgien bei Lüttich und Namur sowie über die Niederlande bei Maastricht einmarschieren müsse. Der Plan wurde jährlich den veränderten politischen Bedingungen angepasst und vor allem in einer Serie von Manövern und Kriegsszenarien auf seine Schlüssigkeit hin überprüft. 1914 war von dem Konzept Schlieffens nicht mehr viel übrig. Die militärische Führung war sich nun nicht mehr sicher, ob sich der ursprüngliche Plan, nach einem Vernichtungssieg an der Front im Westen den Krieg an der Ostfront tatsächlich so einfach zu führen oder abkürzen zu können wie einmal gedacht, durchführen ließe. Man fürchtete vielmehr, dass angesichts der zunehmenden militärischen Stärke der russischen Armee die deutsche Armee im Osten mit Russland konfrontiert sein könnte, während die Kampfhandlungen im Westen noch anhielten. Denn das Zarenreich hatte sich allmählich von der Niederlage im Krieg gegen Japan und von der Revolution von 1905 erholt und aufgerüstet. Auch meinte Moltke, nicht mehr davon ausgehen zu können, dass man ungehindert und ohne französische Gegenmaßnahmen durch Belgien in Richtung Nordfrankreich und Paris vorstoßen könnte.

Die Tatsache, dass der deutsche Generalstab zunächst den Einsatz primär im Westen vorsah, führte dazu, dass Russland in den militärischen Planungen von Österreich-Ungarn eine größere Rolle spielte. Nach einer Absprache zwischen dem Deutschen Reich und Österreich-Ungarn von 1909 sollte die Armee der K.-u.-k.-Monarchie vor allem an der Grenze zu Russland in Galizien aufmarschieren. Weitergehende Verabredungen über die Operationsräume gab es jedoch nicht, so dass bei beiden Verbündeten jeweils unabgesprochene Erwartungen bezüglich der Planungen des Partners bestanden. Diese Versäumnisse sollten im Herbst 1914 katastrophale Folgen haben.

Zu den Veränderungen und Anpassungen des Schlieffen-Plans gehörte auch, dass man nun sehr viel mehr Soldaten zur Verfügung haben musste, nämlich 94 Divisionen – in den ursprünglichen Planungen von 1905 waren kaum 60 dieser zwischen 10 000 und 20 000 Mann starken Einheiten vorgesehen gewesen. Darum sollten in den Planungen von 1914 von Anfang an alle Reservisten, auch diejenigen mittleren Alters, eingezogen werden. Auch in Frankreich begriff man, dass der Krieg zu einem Problem der menschlichen Ressourcen führen würde. 1910 gab es vierzig Millionen Franzosen, denen sechzig Millionen Deutsche gegenüberstanden. Wollte man auf dem Schlachtfeld nicht schon zahlenmäßig hoffnungslos in die Minderzahl geraten, mussten mehr Männer im wehrfähigen Alter einberufen werden. Das war der Grund dafür, dass in Frankreich 83 Prozent der wehrfähigen Männer eingezogen wurden, in Deutschland aber nur 57 Prozent. Außerdem verlängerte man trotz heftiger innenpolitischer Kontroversen 1913 den Wehrdienst von zwei auf drei Jahre.

Auch der deutsche Generalstab drängte seit Langem auf eine Intensivierung der Rekrutierung. So hatte Moltke 1912/13 eine Verstärkung um 300 000 Soldaten gefordert, aber nur 136 000 erhalten. Der Chef des Planungsamtes im Großen Generalstab, Erich Ludendorff, verlangte sogar die allgemeine Wehrpflicht, um alle wehrfähigen Männer militärisch auszubilden. Aber die Generäle stießen mit ihren Forderungen, die allein operativen

Gesichtspunkten folgten, auf den Widerstand von Kaiser und Kriegsminister, die der Armee noch eine ganz andere Aufgabe zuwiesen, nämlich eine Polizeifunktion zur Aufrechterhaltung von Ruhe und Ordnung. Bei einer Rekrutenvereidigung hatte der Oberste Kriegsherr 1891 von dem Potsdamer

■ „Defenders of the Empire“: So stellte der Maler Harry Payne um 1914 die Uniformen der britischen Armee dar.

Garderegiment gefordert, sie müssten gegebenenfalls bereit sein, ihre „eignen Verwandten, Brüder, ja Eltern niederzuschießen“. Darum war man in Sorge, dass bei einer Erweiterung der Wehrpflicht die Qualität und Loyalität der Soldaten geschwächt werden könnte. Bisher kamen nur 5,8 Prozent der Reservisten aus Großstädten, die man als Brutstätten sozialistischer Ideen mit beträchtlichem Unruhepotenzial fürchtete.

Den Kriegsplänen der Franzosen lag die Annahme zugrunde, dass das eigene Land zum ersten Ziel eines deutschen Angriffs werden würde. Genauere Kenntnisse über die Kriegsplanungen des deutschen Gegners hatte man aber nicht. Darum ging der französische Generalstab in seinem Plan XVII von einer dreifachen Überlegung aus: Erstens musste die französische Mobilmachung so rasch durchgeführt werden wie die deutsche, und das sollte ohne Chaos geschehen. Das gelang tatsächlich. Zweitens mussten die eigenen Kräfte so verteilt werden, dass man sie je nach der Stoßrichtung des deutschen Angreifers rasch dort konzentrieren konnte, wo der deutsche Hauptangriff tatsächlich erfolgen würde. Drittens sollten Vorausabteilungen aufgestellt und eingesetzt werden, die sehr früh auf den Gegner stoßen und dessen Angriffswucht und -taktik in Erfahrung bringen sollten.

Über den Einsatz einer englischen Expeditionsarmee gab es keine längerfristigen Planungen, denn der französische Generalstab konnte nur auf die Entsendung britischer Soldaten hoffen, wenn die britische Öffentlichkeit davon überzeugt war, dass man sich in einem gerechtfertigten Verteidigungskrieg befände. Für diesen Fall galt es aber als sicher, dass die beiden britischen Korps vor allem die Front gegenüber Belgien verstärken sollten.

Während Großbritanniens Kriegsplanung also für Frankreich große Bedeutung hatte, war man sich innerhalb des britischen Heers in den Jahren vor dem Ausbruch des Krieges überhaupt nicht sicher, welchen Sinn ein verstärktes Engagement auf dem europäischen Kontinent machen würde. Das hing auch mit den jeweiligen militärischen Erfahrungen und Schwerpunkten der beteiligten Offiziere zusammen. Kam es den auf den britischen Inseln stationierten Vertretern des Heeres in erster Linie auf die militärische Situation in Europa an, so legten die Offiziere, die in der Indian Army gedient hatten, und vor allem die Repräsentanten der Marine, ihren Schwerpunkt auf die britischen Interessen außerhalb Europas. Ihnen ging es um die Sicherung der Seewege und der Besitzungen in Übersee sowie um die Erhaltung der Einflusssphären des Empires in aller Welt. Dazu kam auch die Frage, ob man koloniale Einheiten für einen Krieg in Europa mobilisieren könnte, sowie die Zusage der Marine, durch die Blockade der Seewege den deutschen Außenhandel lahmzulegen. Davon erhoffte sich der französische Generalstab eine wesentliche Schwächung Deutschlands. Die eigenen modernen Großkampfschiffe konzentrierte die Navy darum in der Nordsee, auch weil man die deutsche Flottenrüstung, die von Admiral Alfred von Tirpitz mit großem Propagandaaufwand betrieben worden war, als die größte Bedrohung britischer Interessen betrachtete.

Sehr viel weniger wissen wir über die militärischen Vorbereitungen und Kriegspläne auf russischer Seite. Sicher ist nur, dass es innerhalb der russischen Militärführung und der politischen Führung erhebliche Meinungsverschiedenheiten und Kommunikationsstörungen gab. Bis 1910 waren die russischen Operationspläne auf eine Defensive ausgerichtet, danach wurden aber zunehmend Offensivpläne geschmiedet. Denn auch in Moskau ging man davon aus, dass ein moderner europäischer Großkrieg nicht lange geführt werden könnte, und dass darum die Mittelmächte versuchen würden, eine rasche Entscheidung herbeizuführen. Von russischer Seite wollte man darauf mit einer veränderten Form der Mobilisierung reagieren und selbst baldmöglichst in die Offensive gehen. Die Festungswerke in Polen und Weißrussland sollten mit moderner Artillerie ausgerüstet werden, so dass sie einen deutschen Vormarsch stoppen und die Möglichkeit der raschen Mobilisierung der eigenen Armee eröffnen sollten. Nicht entschieden war bis 1914 jedoch die Frage, gegen wen die im Westen des Reiches stationierten Kräfte eingesetzt werden sollten – gegen die Habsburgermonarchie oder gegen das Deutsche Reich – und was das für die eigene Operationsplanung bedeuten würde.

Bilanziert man die Kriegspläne der Krieg führenden Großmächte, so ergibt sich ein widersprüchlicher Eindruck. Einmal stimmte der Erfahrungshintergrund, von dem die Generäle bei den Mittelmächten wie bei den Achsenmächten ausgingen, kaum noch mit den aktuellen Herausforderungen überein. Das führte zwar zu dem ständigen Versuch, wie im Falle der deutschen Kriegsplanung deutlich zu erkennen, sich den veränderten politisch-diplomatischen und militärpolitischen Konstellationen anzupassen, aber Fehlplanungen und tatsächliche Fehler konnten kaum ausbleiben. Andererseits war man nicht bereit, trotz besseren Wissens oder schlimmer Ahnungen die Vorstellung von einem kurzen Krieg aufzugeben. Die Vorbereitung auf den Krieg war damit unzureichend. Die Militärs hielten starr an früheren Plänen und Dogmen fest, das Umlernen war mühsam. Dass dies für Hunderttausende und bald für Millionen von Soldaten den Tod auf dem Schlachtfeld bedeuten sollte, davor verschlossen nicht wenige der höheren Offiziere ihren Blick.

DIE „IDEEN VON 1914"

Nicht ein kurzer Krieg, sondern ein Volkskrieg stand bevor. Das wurde für alle Krieg führenden Mächte bald zur nicht zu leugnenden Wirklichkeit. Der Massenkrieg verlangte die Integration der Völker in den Krieg und veränderte folglich deren Denken, Handeln und Empfinden. Die Anpassung der Mentalitäten an die Erfordernisse und Erfahrungen des Krieges verlief in den Krieg führenden Staaten sehr unterschiedlich. Das hing von der geografischen Situation ab: War das eigene Territorium Schauplatz der militärischen Aufmärsche und Grabenkämpfe, oder fand der Krieg an der Hunderte von Kilometern entfernten Front statt? In den kriegsnahen oder zerstörten Gebieten Frankreichs gab es eine sehr viel unmittelbarere Wahrnehmung, die von der Propaganda allenfalls noch verstärkt wurde. Anders verhielt es sich in Deutschland, auch wenn man durch das Leiden und Sterben der Angehörigen an der Front dem Krieg sehr nahe war.

Auch die unterschiedlichen Formen von Verfassung und politischer Kultur bedingten zunächst unterschiedliche Formen der Mobilisierung und der Wahrnehmung des Krieges. In einer demokratischen Verfassung war die Notwendigkeit politischer Propaganda und Mobilisierung von Anfang an größer und wirkte sich direkter aus, bis in die Schulstuben hinein. Das halbautoritäre deutsche Regime, das nun verstärkt in den Händen der Militärs lag, ging mit den Wahrnehmungen des Krieges und den Mobilisierungspraktiken zunächst zurückhaltender, patriarchalischer um. Kinder sollten aus dem emotionalen und propagandistischen „Kampfgetümmel" zunächst herausgehalten werden. Dafür bestimmten Intellektuelle, Schriftsteller, Professoren und Pfarrer, was die Deutschen denken, wie sie den schrecklichen Erfahrungen des Krieges einen Sinn geben sollten. Die Professoren verfassten aus eigener Initiative „Aufrufe an die Kulturwelt", hielten Reden und schrieben Broschüren, in denen sie den Krieg zu einem „Krieg des Geistes" und der „Kultur" gegen den niederen Materialismus der westlichen Zivilisation stilisierten, zum Kampf der „Helden" gegen die „Händler". Gebündelt wurden diese Sinndeutungen und Diskurse in dem wirkungsmächtigen Begriff der „Ideen von 1914", die als deutsche Antwort auf die „Ideen von 1789" propagiert wurden. Das Konzept grenzte deutsche Organisationskraft und deutsches Gemeinschaftsdenken vom internationalistischen Sozialismus wie vom „seelenlosen" Kapitalismus ab und entwickelte Vorstellungen von einer „Volksgenossenschaft des nationalen Sozialismus". Mit diesen „Ideen von 1914" wähnte sich Deutschland

■ Die russische Artillerie war 1914 auf einen Kriegseinsatz vorbereitet.

auf eine neue Stufe gesellschaftlicher Entwicklung gestellt. „Unsere Ideen werden die Lebensziele der Menschheit bestimmen“, verkündete der Nationalökonom Johann Plenge und fand damit zunächst breite Zustimmung – aber auch Kritik. Der „Kampf der Kulturen“ fand vor allem in den Köpfen der Sinndeuter und Propagandisten statt. Das, was sich als „Kriegskultur“ auf beiden Seiten der Front entwickelte, hatte andere Züge, die teilweise von Ängsten, politisch-religiösen Phantasmen und chauvinistischen Hassgefühlen, von Extremismen und Gewalt geprägt waren.

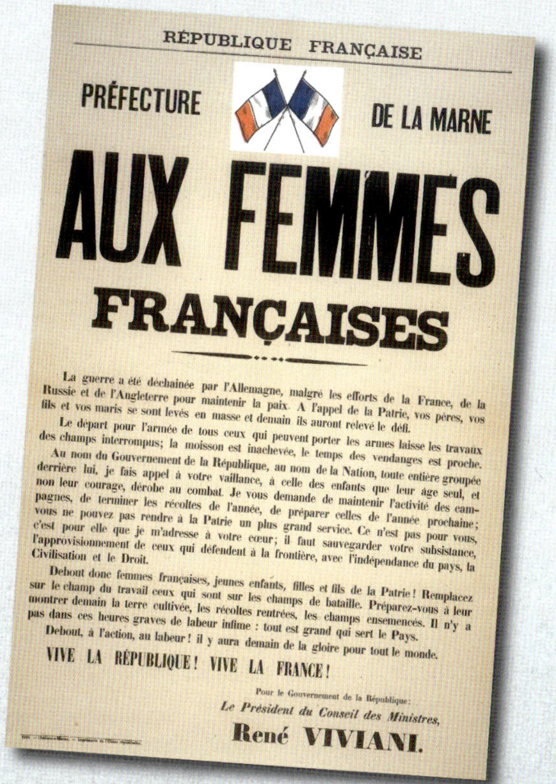

RÉPUBLIQUE FRANÇAISE

PRÉFECTURE DE LA MARNE

AUX FEMMES

FRANÇAISES

La guerre a été déchainée par l'Allemagne, malgré les efforts de la France, de la Russie et de l'Angleterre pour maintenir la paix. A l'appel de la Patrie, vos pères, vos fils et vos maris se sont levés en masse et demain ils auront relevé le défi.

Le départ pour l'armée de tous ceux qui peuvent porter les armes laisse les travaux des champs interrompus; la moisson est inachevée, le temps des vendanges est proche.

Au nom du Gouvernement de la République, au nom de la Nation, toute entière groupée derrière lui, je fais appel à votre vaillance, à celle des enfants que leur âge seul, et non leur courage, dérobe au combat. Je vous demande de maintenir l'activité des campagnes, de terminer les récoltes de l'année, de préparer celles de l'année prochaine; vous ne pouvez pas rendre à la Patrie un plus grand service. Ce n'est pas pour vous, c'est pour elle que je m'adresse à votre cœur; il faut sauvegarder votre subsistance, l'approvisionnement de ceux qui défendent à la frontière, avec l'indépendance du pays, la Civilisation et le Droit.

Debout donc femmes françaises, jeunes enfants, filles et fils de la Patrie! Remplacez sur le champ du travail ceux qui sont sur les champs de bataille. Préparez-vous à leur montrer demain la terre cultivée, les récoltes rentrées, les champs ensemencés. Il n'y a pas dans ces heures graves de labeur infime : tout est grand qui sert le Pays.

Debout, à l'action, au labeur! il y aura demain de la gloire pour tout le monde.

VIVE LA RÉPUBLIQUE! VIVE LA FRANCE!

Pour le Gouvernement de la République:

Le Président du Conseil des Ministres,

René VIVIANI.

■ Volkskrieg in Frankreich: Mit diesem Plakat von 1914 wurden die französischen Frauen aufgerufen, die Männer auf dem „Feld der Arbeit“ zu ersetzen, während diese auf den Schlachtfeldern kämpfen. „Alles ist groß, was dem Lande dient“, schließt der Aufruf.

Kapitel 2

SEPTEMBER 1914: DER STELLUNGSKRIEG BEGINNT

DIE VERBINDUNG EUROPÄISCHER KONFLIKTE UND KRIEGSPLANUNGEN MIT ÜBERSEEISCHEN KOLONIALEN INTERESSEN UND RESSOURCEN ZEIGTE SICH SCHON MIT KRIEGSBEGINN IM AUGUST 1914. GROSSBRITANNIEN, DEM DIE AUSWEITUNG DES KONFLIKTES AUF DIE KOLONIALE WELT GELEGEN KAM, NUTZTE DEN VÖLKERRECHTSWIDRIGEN DEUTSCHEN ÜBERFALL AUF DAS NEUTRALE BELGIEN AM 4. AUGUST, UM BEREITS AM 5. AUGUST DEN ANGRIFF AUF ALLE DEUTSCHEN KOLONIEN MIT HILFE INDISCHER UND SÜDAFRIKANISCHER SOWIE FRANZÖSISCHER UND BRITISCHER TRUPPEN ZU BESCHLIESSEN.

Gleichzeitig sollten die deutschen Besitzungen in China und im Pazifik von australischen, neuseeländischen und japanischen Truppen attackiert werden.
Am Nachmittag des 1. August ordneten das Deutsche Reich und Frankreich die allgemeine Mobilmachung an. Das Deutsche Reich erklärte am selben Tag Russland den Krieg. Am 3. August folgte die deutsche Kriegserklärung an Frankreich. Die Deutschen versuchten, die zahlenmäßige Unterlegenheit gegenüber der Entente durch eine offensive Kriegführung auszugleichen und möglichst bald die strategische Initiative zu erringen. Frankreich sollte durch eine große Umfassungsoperation innerhalb von wenigen Wochen besiegt werden, noch bevor die Masse der russischen Armee voll einsatzfähig wäre. So wollte man den erhofften „kurzen Krieg“ trotz der mittlerweile sehr viel ungünstigeren Ausgangssituation verwirklichen. Dazu musste man die deutschen Reservisten rasch mobilisieren und darauf hoffen, durch die größere Schlagkraft und Beweglichkeit der eigenen Truppen einen entscheidenden Vorteil erzielen zu können. Auch wenn man den Schlieffen-Plan, der diesem Konzept zugrunde lag, verändert hatte, indem man die neutralen Niederlande schonen wollte, um England außer Zugzwang zu setzen, war und blieb das ein kühner Feldzugsplan, der alles auf die Karte der strategischen Initiative setzte. Damit begab sich der deutsche Generalstab von Anfang an unter einen ungeheuren Zeitdruck und nahm auch das bewusste Risiko in Kauf, die belgische Neutralität zu verletzen.

■ Bereits 1914 verhärteten sich die Fronten, der geplante „kurze Krieg“ wurde aus den Schützengräben heraus geführt.

ERSTE KÄMPFE AN DER WESTFRONT

Der deutsche Aufmarsch vollzog sich planmäßig. Die 1. Armee versammelte sich unter dem Oberbefehl des Generalobersten von Kluck im Raum Krefeld-Jülich, die 2. Armee unter Generaloberst von Bülow im Raum Düren-Aachen, die 3. Armee unter Generaloberst Freiherr von Hausen in der Eifel. Die 4. Armee stand im Raum Trier unter dem Kommando von Herzog Albrecht von

Württemberg, südlich davon lag die 5. Armee unter Kronprinz Wilhelm, bei Saarburg die 6. Armee unter Kronprinz Rupprecht von Bayern und im Elsass schließlich die 7. Armee unter Generaloberst von Heeringen. An der Ostgrenze war nur die sehr viel schwächere 8. Armee unter Generaloberst von Prittwitz und Gaffron in Ostpreußen aufgestellt.

Den Oberbefehl über die deutschen Streitkräfte hatte der Kaiser inne, doch spiegelte sich bereits in ihrer Aufstellung die föderative Struktur des Reiches. Bayern, Württemberg und Sachsen stellten je einen Armeeführer und demonstrierten damit ihren Anspruch auf Eigenständigkeit, der sich nirgends so deutlich zeigte wie im militärischen Bereich. Im Auftrag des Kaisers führte im Großen Hauptquartier der Chef des Generalstabes, Generaloberst Helmuth von Moltke, die Operationen. Das Oberste Hauptquartier, in dem sich in den ersten Monaten des Krieges u. a. auch der Reichskanzler und die Staatssekretäre des Auswärtigen und des Reichmarineamtes, der preußische Kriegsminister, die Kabinettschefs, die persönlichen Berater des Kaisers in allen Personalangelegenheiten, die Stäbe der Obersten Heeresleitung und die Militärbevollmächtigten der Bundesländer aufhielten, spiegelte die komplizierte Verfassung des Kaiserreichs. Das Oberste Hauptquartier war Abbild des kaiserlichen Hofes wie militärischer Führungsstab zugleich. In seiner Zusammensetzung und Arbeitsweise geriet es mehr und mehr in Widerspruch zur politischen Realität. Wer die verantwortliche militärische Führung besaß, war und blieb bis zum Ende des Krieges unklar. Außerdem lag das Hauptquartier, obwohl es je nach Schwerpunkt der Fronten und Kampfhandlungen immer wieder verlegt wurde, meistens zu weit von den Kampfhandlungen entfernt, zumal die Telegrafen- und Fernsprechverbindungen noch nicht so leistungsfähig waren, dass man die verschiedenen Operationen von einer zentralen Stelle aus hätte lenken können.

Die deutsche Westoffensive begann in den Morgenstunden des 4. August auf breiter Front mit dem Schwerpunkt in Luxemburg und dem südlichen Belgien. Der Angriff auf das neutrale Belgien wurde mit einem Handstreich auf die Festung Lüttich eröffnet.

Am 2. August hatte das Deutsche Reich aus militärstrategischen Interessen Belgien in einem Ultimatum aufgefordert, innerhalb von 12 Stunden die Erlaubnis zum Durchmarsch deutscher Truppen durch das neutrale Land zu erteilen. Das kleine Königreich lehnte dies mit starker Unterstützung der eigenen Bevölkerung ab. Umgekehrt kam die deutsche Drohung den Interessen Großbritanniens gelegen, und London nutzte sie, um ein eigenes Ultimatum zu stellen. Die Briten forderten die Wahrung der belgischen Neutralität durch Deutschland und gaben eine Frist bis zum 4. August um Mitternacht. Danach war der Vormarsch nicht mehr aufzuhalten.

Die Belagerung von Lüttich, das von zwölf Forts umgeben war, stieß auf den erbitterten Widerstand der belgischen Armee. Erst durch einen kühnen Vorstoß von General Erich Ludendorff, der das Kommando über die Verbände in Lüttich nach dem Tod seines Vorgängers übernommen hatte, und durch den Einsatz schwerer Mörser konnte die Belagerung zu einem deutschen Erfolg geführt werden. Die belgischen Truppen, die entkommen konnten, setzten sich nach Westen ab, erfuhren aber keine direkte militärische Unterstützung durch französische oder britische Truppen. Am 20. August konnten deutsche Einheiten Brüssel besetzen, am 23. August Namur. An jenem Tag wurde das Generalgouvernement Belgien mit Generalfeldmarschall von der Goltz an der Spitze gebildet. Goltz hatte den Auftrag, Belgien als Etappengebiet für die deutschen Armeen zu organisieren. Die zahlenmäßig schwachen deutschen Besatzungstruppen mussten es jedoch hinnehmen, dass belgische Truppen immer wieder in bereits besetzte Gebiete vordrangen.

Der ins Stocken geratene Vormarsch und der Widerstand der belgischen Truppen steigerten bei den deutschen Truppen die Nervosität. Belgische und französische Sabotageakte, die zur Zerstörung vieler Bahngleise führten, taten ein Übriges, um die seit dem Krieg von 1870/71 tief in der deutschen Mentalität verwurzelte Furcht vor unbekannten (belgischen) Freischärlern erneut zu wecken. So wurden diese „Francs-tireurs" als Vorwand genommen, um

■ Der deutsche Vormarsch 1914

NIEDERLANDE
Nordsee
Rotterdam
N
S
Rhein
DEUTSCHES REICH
belgische Armee
Antwerpen
Ostende
Brügge
Gent
Maas
Maastricht
Aachen
Köln
Löwen
Brüssel
Eupen
Ypern
Schelde
BELGIEN
Lüttich
Koblenz
Ourthe
Lille
Namur
Mons
Charleroi
Douai
Maubeuge
Rhein
Mosel
Cambrai
Le Cateau
Neufchâteau
Oise
LUXEMBURG
St. Quentin
Sedan
Arlon
Luxemburg
1. Armee
Mézières
La Fère
ontdidier
Laon
Diedenhofen
(Thionville)
2. Armee
3. Armee
5. Armee
Soissons
Reims
Metz
LOTHRINGEN
4. Armee
Verdun
Morhange
6. Armee
3. Armee
Châlons-sur-Marne
St. Mihiel
Saarburg
St. Gond Sümpfe
6. Armee
ris
Toul
Nancy
Lunéville
4. Armee
9. Armee
2. Armee
britisches Expeditions-korps
5. Armee
7. Armee
Provins
Seine
Marne
Épinal
1. Armee
FRANKREICH
deutscher Vormarsch
17. August 1914
5. September 1914
deutsche Stellungen
Langres
Mülhausen
Belfort
französische
britische
belgische
alliierte Stellungen
(5. September 1914)
militärische Befestigungen
Montbéliard
Saône
Dijon
Besançon
0
20
40
60
80
100 km

Verluste auf deutscher Seite zu kaschieren, die beim eiligen Vormarsch häufig durch Beschuss aus den eigenen Reihen entstanden waren. Vor allem aber dienten die „Francs-tireurs" der Rechtfertigung von Aktionen und angeblichen Präventivmaßnahmen gegen die belgischen Freischärler und die Zivilbevölkerung, die aus deutscher Sicht hinter der Front einen ungerechtfertigten, illegalen Krieg führten oder Widerstand leisteten. Bei einem Massaker in Dinant wurden von sächsischen Soldaten auf Befehl ihres Kommandeurs 674 Zivilisten erschossen, nachdem deutsche Truppen vom gegenüberliegenden Ufer der Maas beschossen worden waren. Wahrscheinlich hatten jedoch französische Soldaten die Schüsse abgefeuert. Schrecklicher Höhepunkt der deutschen Politik, in deren Rahmen man auf vermeintliche Widerstandshandlungen mit Übergriffen auf die Zivilbevölkerung reagierte, war die Brandschatzung der Universitätsstadt Löwen, bei der auch wertvolle Bibliotheksbestände zerstört wurden.

Es war nicht verwunderlich, dass solche Vergeltungs- und Gewaltakte, denen in Belgien insgesamt 5521 Zivilisten, darunter auch Frauen und Kinder, zum Opfer fielen, von der Propaganda der Alliierten als Beleg für die deutsche Barbarei gewertet wurden. In England übersteigerte man die Nachrichten über die Übergriffe zu Gräuelgeschichten über deutsche Grausamkeiten, auch um den eigenen Feldzug wirkungsvoll zum Kreuzzeug gegen den barbarischen deutschen Militarismus zu stilisieren. Die Übergriffe auf die Zivilbevölkerung sowie die Zerstörung der Bibliothek der Universität von Löwen waren die ersten Gewaltakte, für die sich bald der Begriff des „Kriegsverbrechens" einbürgerte und denen ab 1915 noch weitere folgen sollten: von Serbien über den Angriff auf die „Lusitania" bis zum Völkermord an den Armeniern.

In den Grenzschlachten an der Westfront verliefen die Kämpfe zunächst „nach Plan". Die deutschen Armeen bestimmten die Situation. Nach drei Wochen befanden sich die französischen und britischen

■ Die Eroberung von Lüttich – hier eine Farbzeichnung der Kämpfe in einem Vorort – verhalf General Ludendorff zu großem Ansehen in der deutschen Bevölkerung.

ERICH LUDENDORFF

*9. APRIL 1865 KRUSZEWNIA (BEI POSEN)
†20. DEZEMBER 1937 MÜNCHEN

Der preußische General gehörte im Ersten Weltkrieg als Erster Generalquartiermeister unter Paul von Hindenburg der 3. Obersten Heeresleitung an und war so Teil der militärischen Führungsspitze, die die Kriegsgeschicke lenkte. 1917 setzte er den uneingeschränkten U-Boot-Krieg durch. Nach Kriegsende wurde er am 26. Oktober 1918 entlassen und beteiligte sich an der Verbreitung der Dolchstoßlegende. Zudem verfasste er militärtheoretische Schriften. Als Mitglied der völkischen Bewegung beteiligte er sich 1923 am Hitlerputsch, wurde aber in einem anschließenden Prozess freigesprochen.

Truppen auf dem Rückzug. Der französische Oberkommandierende, General Joseph Joffre, reagierte auf den deutschen Vormarsch in Nordfrankreich mit einer Umstellung seiner Truppen. Er hatte ursprünglich fünf Armeen aufmarschieren lassen. Die nördlichste, die fünfte, war westlich von Sedan-Charleville bereitgestellt, in nordwestlicher Richtung sollte das britische Expeditionskorps aufmarschieren. Die französische Südgruppe sollte in Lothringen vorstoßen. Im Unterschied zu seinem deutschen Gegenüber von Moltke verlor Joffre nicht seine Ruhe und Gelassenheit, er konnte auch wirklich führen. Zudem besaß er die günstigeren militärisch-organisatorischen, operativen und kommunikativen Voraussetzungen: Er stand im ständigen Kontakt mit seinen Armeeoberbefehlshabern und hatte ein genaues Bild von der Lage an der Front und dem Leistungsvermögen seiner Soldaten. Überdies verfügten seine Truppen über den Vorteil ungestörter Eisenbahnverbindungen, was ein rasches Verlegen der Einheiten erlaubte.

Joffre hatte seine Truppen anfangs, ganz im Sinne des Planes XVII, des Einsatzplanes des französischen Generalstabes gegen Deutschland, weiter südlich nach Elsass-Lothringen gelenkt, um die französische Öffentlichkeit zufriedenzustellen, für die die Rückeroberung des Gebietes westlich des Rheins eine Frage des nationalen Prestiges war. Anschließend wollte Joffre nordwärts in die deutsche Flanke vorstoßen. Mit der Besetzung der Stadt Mulhouse konnte wenigstens ein Teil Elsass-Lothringens den Deutschen entrissen werden. Der deutsche Vorstoß über Belgien nach Nordfrankreich zwang den Marschall jedoch, einige seiner Truppen zurückzuziehen und in den Norden von Paris zu verlegen. Zwischen dem 9. und 14. August hatten auch britische Truppen Frankreich erreicht. Unter General John French kamen sie im belgisch-französischen Grenzgebiet zum ersten Mal zum Einsatz.

Dort waren sie in der Nähe von Mons auf den aus der 1. und der 2. Armee gebildeten rechten Flügel der deutschen Streitkräfte gestoßen, der westlich der Linie Brüssel–Namur einen Schwenk zur Umfassung des Gegners vollzogen hatte. Der alliierte Gegner konnte zwar auf der ganzen Länge des Schwenkflügels geschlagen werden, doch konnte er sich überall absetzen, ohne wirklich an Kampfkraft zu verlieren. Beide deutsche Armeen stießen zunächst über die Marne vor. Das deutsche Flanken- und Umfassungsmanöver schien erfolgreich zu verlaufen, auch wenn sich bald herausstellen sollte, dass die militärische Führung den Überblick über das elanvolle Vorrücken gelegentlich verlor und der Nachschub ins Stocken geriet. Die französischen Armeen befanden sich auf der gesamten Frontlänge im Rückzug. Am 27. August standen die deutschen Armeen bereits an der Oise. Teile des rechten Flügels, die 1. Armee

■ Ein französischer Soldat erobert die Flagge einer deutschen Einheit. Postkarten wie diese aus dem Jahr 1914 waren ein beliebtes Mittel der Propaganda.

des Generals von Kluck, drangen am 2. September schon bis in die Vororte von Paris vor. Die französische Regierung verließ am selben Tag die Hauptstadt in Richtung Bordeaux. Die französische Führung ging weiterhin davon aus, dass die deutsche Armee auf Paris vorstoßen wollte. Verschiedene Informationen, auch zum ersten Mal aus der Luft, wiesen jedoch das französische Oberkommando auf eine Veränderung der deutschen Marschrichtung hin.

Am 3. September war zu erkennen, dass die deutschen Truppen die Umfasssungskonzeption von Schlieffen, der die Masse des rechten Flügels westlich um Paris hatte führen wollen, aufgegeben hatten. Der rechte deutsche Flügel war stärker geschwächt als vorgesehen, so dass der ursprüngliche Plan, Paris einzukreisen und zugleich die französischen Truppen nach Osten abzudrängen, nicht mehr zu verwirklichen war. Der Operationsplan wurde geändert. Statt südlich an Paris vorbeizumarschieren, bog die 1. Armee südöstlich ab und ließ die französische Hauptstadt zu ihrer Rechten liegen. Nach Meldungen über die eigenen Positionen und die des Gegners präzisierte die Oberste Heeresleitung (OHL) den neuen Plan. Die 2. Armee sollte die Franzosen über die Marne nach Südwesten abdrängen, während die 1. Armee den Flankenschutz gegen Paris übernehmen sollte. Die Entscheidung der OHL zur Richtungsänderung war das Ergebnis falscher Informationen. Die 1. Armee war nicht mehr zwischen Oise und Marne, wo die OHL sie vermutete. Kluck besaß keine Nachrichten über die Rückschläge der 4. Armee unter Führung von Prinz Ruprecht von Bayern, der von Moltke leichtfertig die Genehmigung zu einer Offensive in Lothringen erhalten hatte, da man schon von dem großen Sieg in einer Umfassungsschlacht träumte. Außerdem hatte Moltke zugestimmt, dass zwei Armeekorps nach Ostpreußen abkommandiert wurden, wo die Russen einzurücken drohten. Zur Schlacht von Tannenberg kamen sie jedoch zu spät, an der Marne sollten sie bald fehlen.

Das war die Situation, die einen französischen Gegenangriff in die Flanke der deutschen Flügelarmee erlaubte und Joffre veranlasste, am 4. September den Befehl zur Marneschlacht auszugeben. Mit dem Flankenstoß wollte er einen allgemeinen Angriff verbinden. Mittlerweile war das zahlenmäßige Kräfteverhältnis für die deutsche Seite ungünstiger geworden: Die französische Infanterie konnte um 100 000 Soldaten verstärkt werden, so dass etwa eine Million französischer und britischer Soldaten noch 750 000 deutschen Soldaten gegenüberstanden.

Die Kämpfe dauerten vom 6. bis 9. September. Die Front erstreckte sich über beinahe 300 Kilometer, von Meaux bis Verdun. Beide Seiten kämpften mit äußerstem Einsatz, doch waren die deutschen Truppen zunächst der gegnerischen Artillerie unterlegen. Die deutsche Infanterie erlitt schwere Verluste. Die gewaltigen Märsche, die der deutschen Truppe in den heißen Augusttagen mit einer Tagesleistung von bis zu 40 Kilometern abverlangt worden waren, zeigten inzwischen ihre Wirkung; es entstanden immer wieder Lücken zwischen den deutschen Armeen. Auch die Kommunikation zwischen den Einheiten und dem Generalstab ließ zu wünschen übrig. Die OHL hatte inzwischen die Strategie der Umfassung zugunsten eines Durchbruchs in der Mitte der Front aufgegeben. Doch fanden die entscheidenden Kämpfe in einem Abschnitt statt, an dem der neu aufgestellten französischen 6. Armee ein erneuter Vorstoß in die Flanke Klucks gelang. Dieser konnte durch einen neuerlichen Schwenk die Franzosen zunächst abwehren, doch hatte sich die Lücke zwischen der 1. Armee, die nach Westen vorstieß, und der 2. Armee des Generals von Bülow, der im Süden Widerstand leistete, auf 40 Kilometer erweitert. Ohne ein klares Bild zu haben, stießen nun englische und französische Truppen in diese Lücke vor und bedrohten damit gleichzeitig die Flanke der 2. Armee sowie den Rücken der 1. Armee.

Moltke, der nur bruchstückhaft Informationen von der dramatischen Situation erhielt, schickte den Chef seines Nachrichtendienstes, Oberst Richard Hentsch, mit umfassenden Vollmachten an die Front, wo in beiden deutschen Armeehauptquartieren einige Konfusion bestand. Hentsch betrachtete die Lage als extrem gefährlich und befahl beiden Armeen, ihre Angriffsbemühungen einzustellen. Damit kam die Offensive auf dem gesamten rechten Flügel zum Erliegen. Die deutschen Truppen wurden zum Rückzug über 50 bis 75 Kilometer bis hinter die Aisne gezwungen. Dort nahm man neue Stellungen ein. Die Franzosen und Briten rückten vorsichtig nach, und man richtete sich in Stellungen auf einer Linie Noyon – Soissons – Reims – Verdun ein, die in den folgenden vier Jahren erfolgreich verteidigt wurde und im Wesentlichen den Frontverlauf ausmachte.

Mit der folgenschweren Entscheidung des deutschen Generalstabchefs waren der ursprüngliche Angriffsplan für den Westen und damit die Illusion eines kurzen Krieges gescheitert. Die deutsche Militärführung musste sich auf einen langen Krieg einstellen, der nur noch unter den veränderten Bedingungen eines industrialisierten Volkskrieges zu führen war. Die Ablösung von General Helmuth von Moltke, der einen Nervenzusammenbruch erlitten hatte, als Oberbefehlshaber wurde zum Symbol für diese entscheidende Veränderung. Die Allliierten hatten die Schlacht gewonnen und Frankreich konnte dank des „Wunders an der Marne“ die eigene Lage zunächst stabilisieren. Die Front im Westen erstarrte allerdings erst Mitte November endgültig, nachdem auch der letzte Versuch eines Durchbruchs in Flandern gescheitert war. Beide Seiten versuchten nach der Schlacht an der Marne, wieder in die Offensive zu gelangen und doch noch bis Weihnachten die Entscheidung herbeizuführen. Nun setzte ein „Wettlauf zum Meer“

■ Dieses 75-mm-Feldgeschütz wurde von den Franzosen während der Marneschlacht eingesetzt.

■ Das Gefecht bei Dixmude im März 1915, wo eine deutsche Nachschubkolonne von den Franzosen angegriffen wurde, inspirierte sogar zu einem Schulwandbild.

ein. Mit diesen parallelen Armeebewegungen sollte der jeweilige Gegner aus westlicher Richtung umfasst werden. Erich von Falkenhayn, der nach Moltkes Ausscheiden das Kommando übernommen hatte, gelang es dank eines effizienten Einsatzes der Eisenbahn, alle verfügbaren Einheiten nach Westen zu verschieben, um möglichst viel von den ursprünglichen Angriffsplanungen zu retten und um die Alliierten an ihrer nördlichen Flanke anzugreifen. Diese hatten ihrerseits den Nordabschnitt, so gut es ging, verstärkt und unter das Kommando von General Ferdinand Foch gestellt, der als der begabteste Truppenkommandeur der Franzosen galt und 1918 schließlich zum „Marschall von Frankreich" ernannt wurde. Bis zum September wurde die Küste von den letzten Resten der belgischen Armee gehalten, welche die britische Expeditionsstreitmacht nun verstärkte. Diese hatte gerade noch Zeit, rund um Ypern Stellung zu beziehen, bevor der deutsche Angriff am 30. Oktober begann. Die Belgier hatten den Vormarsch der deutschen Truppen dadurch gestoppt, dass sie durch die Sprengung von Dämmen das Gebiet rund um den Yser-Kanal überflutet hatten. Die Uferzonen waren darum kaum zugänglich, und alle Bewegungen erstarrten im Schlamm.

Beide Seiten wussten, dass es sich um eine möglicherweise entscheidende Schlacht handeln würde. In der deutschen Reichsleitung war man beunruhigt darüber, dass die geheimen Planungen für einen Waffenstillstand zu deutschen Bedingungen, das sogenannte „Septemberprogramm" vom 9. September, erst einmal vertagt werden mussten. Die Briten hatten fast ihre gesamte reguläre Armee an die Front geschickt, die mit ihrer Ausrüstung und

mit ihrer guten Ausbildung ihre zahlenmäßige Schwäche ausgleichen konnte. Falkenhayn griff, nachdem alle Umfassungsbewegungen gescheitert waren, mit vier neu aufgestellten Armeekorps an, von denen viele Einheiten aus unzureichend ausgebildeten und völlig unerfahrenen Reservisten, teilweise aus Schülern und Studenten, bestanden. Sie rückten in verlustreichen Operationen mit dem Mut der Verzweiflung vorwärts und wurden schließlich beim Sturm auf Bixschoote von britischen Maschinengewehren niedergemäht. Der gescheiterte Angriff wurde rasch zum Mythos. Bereits am folgenden Tag verbreitete das deutsche Generalhauptquartier eine die Wirklichkeit verklärende Nachricht: „Westlich Langemarck brachen junge Regimenter unter dem Gesange ‚Deutschland, Deutschland über alles' gegen die ersten Linien der feindlichen Stellungen vor und nahmen sie." Tatsächlich wurden die britischen Stellungen nicht eingenommen, und der Name der nahe bei Bixschoote gelegenen kleinen Ortschaft Langemarck wurde nur deswegen zur Bezeichnung der Schlacht ausgewählt, weil dieser Name für deutsche Zungen besser auszusprechen war. Gleichwohl, auch wenn es sich eigentlich um keine Schlacht handelte, wurde dieser verlustreiche Angriff zu einem deutschen Mythos. Auch auf französischer Seite fand man bald seine Helden: die Marineinfanteristen von Admiral Ronarch, die bei Dixmude gekämpft hatten.

Die Zahl der Toten und Verletzten auf beiden Seiten war so groß, dass man nach einer Sinndeutung verlangte. An der Westfront waren laut Sanitätsbericht seit Kriegsbeginn ca. 150 000 Soldaten gefallen, rund 540 000 waren verwundet. Auf der französischen Seite musste man bis Weihnachten bereits 300 000 Tote beklagen.

Die Kämpfe in Flandern wurden vom deutschen Kommando am 17. November eingestellt – die Front war nun endgültig erstarrt. Man grub sich ein, die Fronten krallten sich in einem doppelt gestaffelten Grabensystem von der Küste Flanderns bis zur Schweizer Grenze fest.

Im Osten wurden die Kämpfe mit unverminderter Härte geführt. Der Zweifrontenkrieg, den man in den deutschen Planungen unbedingt hatte vermeiden wollen, war nun endgültig Realität geworden. Rasch suchte man auf deutscher Seite nach Schuldigen und machte Moltke, Hentsch, Bülow oder Kluck verantwortlich, auch um von den generellen Risiken des eigenen strategischen Vorgehens abzulenken. Die Frage, wie Deutschland den Zweifrontenkrieg führen sollte, musste neu beantwortet werden. Militärische Führungskrisen waren die Folge und auch die Politik musste reagieren. Immerhin hatten die Deutschen zwei Gewinne gemacht: Erstens waren fast ganz Belgien und das Industriegebiet von Nordostfrankreich in ihrem Besitz. Dort wurden 74 Prozent der französischen Kohle gefördert und 81 Prozent des Roheisens des Landes produziert. Zweitens hielten die Deutschen Stellungen, die sich sehr gut verteidigen ließen.

DER KRIEG IM OSTEN

Die militärische Lage an der Ostfront war noch unübersichtlicher als die im Westen. Die relativ wenigen Truppen, die im Osten verblieben waren, sollten nach den deutschen Planungen gegenüber den zahlenmäßig weit überlegenen Russen zunächst defensiv bleiben. Auf der taktischen Ebene wurden jedoch auch kurze Angriffe geplant, um die „russische Dampfwalze" zu stoppen. Damit hatte man jedoch die Stärke der russischen Armeen, die über ein riesiges Reservoir an Soldaten verfügten, fahrlässig unterschätzt. Zudem brachte die deutsche Entscheidung, bei Kriegsbeginn im Osten grundsätzlich erst einmal in der Defensive zu bleiben, die Armee der Donaumonarchie in eine gefährliche Lage. Sie musste nun die Hauptlast der Kämpfe gegen die Russen tragen, obwohl der ursprüngliche Anlass des Krieges einen österreichisch-ungarischen Angriff auf Serbien nahegelegt hätte. Auch die Russen wären nach der Logik des Krieges wiederum schnellstmöglich nach Süden vorgestoßen, um die Serben zu retten. Doch es kam anders. Die französische Regierung drängte die Regierung des Zaren schon bald nach Eröffnung der Kämpfe im Westen zu einem Angriff auf Ostpreußen. Um die Erwartungen des Verbündeten nicht zu enttäuschen und auch um der Stimmung in den stark westlich ausgerichteten politisch-gesellschaftlichen Eliten, die einer Unterstützung Frankreichs das Wort redeten, gerecht zu werden, befahl das russische Oberkommando den von den Franzosen gewünschten Angriff. Zwar waren die eigenen Armeen noch nicht vollständig einsatzbereit, aber sie konnten sehr viel schneller mobilisiert werden, als man auf deutscher Seite angenommen hatte. Die russischen Armeen mit ihren zehn Divisionen waren der 8. deutschen Armee unter General Maximilian von Prittwitz und Gaffron im Verhältnis von 2:1 deutlich überlegen. Dennoch blieb der deutschen militärischen Führung kein anderer Weg, als den Feind möglichst lange aufzuhalten. Nach dem erwarteten Sieg gegen Frankreich sollte dann Verstärkung aus dem Westen herangeführt werden. Doch weder die militärische Lage im Westen entwickelte sich seit dem September 1914 so wie geplant, noch waren die empfindlichen Rückschläge, welche die österreichisch-ungarische Armee allein schon beim Angriff gegen Serbien erleiden sollte, in das planerische Kalkül mit einbezogen.

Der russische Angriff begann am 12. August 1914. Die Russen konnten die ersten Gefechte für sich entscheiden. Die russische 1. Armee unter General Paul von Rennenkampf war von Osten her in Ostpreußen eingefallen und fügte den Deutschen fünf Tage darauf bei Gumbinnen eine schwere Niederlage zu. Am selben Tag rückte General Alexander Wassiljewitsch Samsonow von Süden her vor und bedrohte die rechte Flanke der Deutschen. Während der Schlacht von Gumbinnen erhielt Prittwitz einen Bericht der Luftaufklärung, nach dem Teile der russischen 2. Armee bereits in Mlawa stünden und General Rennenkampf in Richtung Königsberg ohne großen Widerstand hätte vorrücken können. Prittwitz reagierte panisch. Am 20. August befahl er der 8. Armee, sich zur Weichsel zurückzuziehen. Das war militärisch-taktisch unüberlegt und politisch äußerst unsensibel. Denn damit drohte die Preisgabe von Ostpreußen, dem preußischen Kernland. Prittwitz wurde daraufhin seines Kommandos enthoben. Den Oberbefehl übernahm nun der General der Infanterie Paul von Beneckendorff und von Hindenburg, der mit 66 Jahren aus dem Ruhestand zurückgeholt wurde. Zu seinem Stabschef wurde Erich Ludendorff ernannt, dem man als einem bürgerlichen Karriereoffizier das Kommando nicht allein anvertrauen wollte. Er hatte sich als der Eroberer der Zitadelle von Lüttich einen Namen gemacht. Hindenburg war diplomatisch geschickt genug, die ungestümen militärischen und auch politischen Vorstöße seines Stabschefs zu unterstützen oder gelegentlich zu bremsen, um dabei immer den eigenen Ruhm zu mehren.

Nun konnte Ludendorff einen Manöverplan nutzen, den andere entwickelt hatten. Oberstleutnant Max Hoffmann, Stabschef des unglücklichen Generals von Prittwitz, hatte noch den Plan entwickelt, den Vormarsch von Rennenkampf durch Hinhaltemanöver zu verzögern. Die russische 2. Armee sollte dazu verlockt werden, ihren Vormarsch fortzusetzen und damit die Front noch weiter auseinanderzuziehen. Ihr Kommandeur Samsonow hatte keine Verbindung zu Rennenkampf und wusste nichts von dessen langsamem Vorankommen. Während sich Samsonow bereits als Sieger sah, wurde die deutsche Hauptstreitmacht gegen seine Armee zusammengezogen. Das gelang, weil man die Pläne der Russen kannte, deren unverschlüsselter Funkverkehr abgefangen worden war, und weil ein deutscher Korpskommandeur seinen Stellungsbefehl überging und kühn vorpreschte. Damit gelang es, den Rückzug Samsonows, der die Stärke der deutschen Truppen weiterhin unterschätzte, nach Süden abzuschneiden. Seine Befehle verschlechterten die Situation der eigenen Truppen, so dass es den Deutschen gelang, diese in kurzer Zeit praktisch aufzureiben. Samsonow erschoss sich, 18 000 russische Soldaten fielen und 92 000 gerieten in deutsche Kriegsgefangenschaft. Danach wandten sich die deutschen Truppen gegen Rennenkampf und schlugen diesen an den Masurischen Seen. Rennenkampf konnte zwar ein ähnliches Schicksal wie das der 2. Armee vermeiden, allerdings mussten noch einmal 45 000 russische Soldaten und Offiziere in deutsche Kriegsgefangenschaft gehen. Die russischen Truppen zogen sich daraufhin endgültig aus Ostpreußen zurück.

Die symbolische Bedeutung der „Schlacht von Tannenberg“, die vom 26. bis zum 31. August 1914 dauerte, war sicherlich ebenso groß wie die militärisch-strategische und politische. Es war einer zahlenmäßig unterlegenen deutschen Armee gelungen, den Gegner durch eine kühne Umfassungsoperation zu schlagen, was bald dazu führte, die Schlacht von Tannenberg mit der von Cannae zu vergleichen. Zu dem Vergleich mit Cannae gehört freilich auch die Erkenntnis, dass selbst ein triumphaler Sieg noch keine kriegsentscheidende Wirkung haben muss. Es war gelungen, die ins Wanken geratene Ostfront zu stabilisieren und Ostpreußen vor dem Einfall russischer Truppen zu retten. Das siegreiche Zweigespann Hindenburg–Ludendorff verkörperte nun den Glauben an die Unüberwindlichkeit des deutschen Heeres, dessen Angriffspläne gerade an der Marne gescheitert waren. Auf Anregung Hindenburgs erhielt der Sieg den Namen des benachbarten Ortes Tannenberg, wo die Polen 1410 die Ritter des Deutschen Ordens geschlagen hatten. Damit war ein Mythos geboren, der für die weitere deutsche Geschichte folgenreich sein sollte. Hindenburg wurde zum volkstümlichen Symbol für Standfestigkeit und Gottvertrauen, dessen großväterliches Bild bald auf Postkarten, in Zeitungen und Schaufenstern verbreitet wurde. In hölzerne Hindenburg-Standbilder konnten Spender bei Sammelaktionen Nägel zum Zeichen ihrer Solidarität einschlagen.

Zunächst aber nutzte das „Dioskurenpaar“ Hindenburg und Ludendorff seinen triumphalen Sieg dazu, mit immer neuen Forderungen nach militärischer Verstärkung im Osten die militärische und politische Kriegführung zu belasten. Dabei machten sie gerne vergessen, dass sie selbst bei dem Versuch einer Wiederholung der Umfassungskonzeption in der Winterschlacht bei den Masuren im Februar 1915 letztlich auch gescheitert waren: Der Gegner wurde zwar geschlagen, aber nicht besiegt. Er hatte sich, wenn auch unter hohen Verlusten, zurückgezogen, aber den Raum für sich genutzt. Anfang März konnte er sogar durch eine Gegenoffensive die deutschen Armeen zum Rückzug auf ihre Grenzen zwingen.

Ganz anders war die Lage an der galizischen Front. Als größtes Manko stellte sich heraus, dass es keinen gemeinsamen Oberbefehl gab, so dass trotz des gemeinsamen Gegners von einer wirklichen Koalitionskriegführung nicht die Rede sein konnte. Es überwogen die eigenen Interessen, und je größer die Abhängigkeit Österreich-Ungarns von den Deutschen wurde, umso größer wurde das Misstrauen in Wien. Das Gefühl, dass die erste große Niederlage in Galizien auf das Ausbleiben deutscher Hilfe zurückzuführen sei, hielt sich im

PAUL VON HINDENBURG
*2. OKTOBER 1847 POSEN
†2. AUGUST 1934 NEUDECK (WESTPREUSSEN)

Bei Kriegsausbruch 1914 wurde der 66-jährige Paul von Hindenburg reaktiviert und Oberbefehlshaber der 8. Armee in Ostpreußen, die Ende August die fünftägige Schlacht bei Tannenberg für sich entschied. 1916 übernahm er als Chef des Generalstabs die 3. Oberste Heeresleitung, bestimmte so maßgeblich die strategischen Kriegsziele und griff in die Politik ein. Nach Kriegsende verbreiteten Hindenburg und andere Angehörige der militärischen Führungsspitze die Dolchstoßlegende, die besagte, dass die Niederlage der deutschen Truppen eine Folge der sozialdemokratischen Aktivitäten gewesen sei. 1925 wurde der Generalfeldmarschall zum Reichspräsidenten gewählt, 1932 wurde er wiedergewählt und ernannte im Folgejahr Adolf Hitler zum Reichskanzler.

In Groß-Berlin 5 Pf.

B.Z. am Mittag

Nr. 204
Berliner Zeitung
38. Jahrgang

Verlag Ullstein & Co. Redaktion: Berlin SW 68, Kochstraße 22-25. Abonnement: Monatlich 1,20 M. In Berlin frei ins Haus. Außerhalb bei der Post. Zusendung unter Streifband wöchentlich 60 Pfennig, Ausland 90 Pfennig. Einzelnummer 5 Pfennig, außerhalb 10 Pfennig.

Anzeigen: Die sechsgespaltene Nonpareille-Zeile 75 Pfennig. Reklamezeile 5 Mark. Annahmeschluß für Anzeigen am Tage zuvor bis 6 Uhr abends. Telegramm-Adresse: Ullsteinhaus Berlin. Telephon-Zentrale: Ullstein & Co. Amt Moritzplatz, Nr. 11800 bis 11845.

1 Uhr
Sonnabend
29. August 1914

Freudenbotschaft aus Ostpreußen:

Fünf russische Armeekorps geschlagen.

Wolffs Telegraphen-Bureau meldet amtlich:

Berlin, 29. August.

Unsere Truppen in Preußen unter Führung des Generaloberſten von Hindenburg haben die vom Narew vorgegangene russische Armee in der Stärke von fünf Armeekorps und drei Kavalleriedivisionen in dreitägiger Schlacht in der Gegend von Gilgenburg und Ortelsburg geschlagen und verfolgen sie jetzt über die Grenze.

Der Generalquartiermeister
von Stein.

FRANZ CONRAD VON HÖTZENDORF

*11. NOVEMBER 1852 PENZING (BEI WIEN)
†25. AUGUST 1925 MERGENTHEIM

Conrad von Hötzendorf, der sich selbst immer nur Conrad nannte, wurde 1906 Chef des österreichischen Generalstabes. Er forcierte den Ausbau der Armee und befürwortete energisch einen Offensivkrieg gegen Serbien und auch Italien. Seine Haltung zu Italien zwang ihn 1911/12 vorübergehend zur Demission.
Was Conrad vor dem Krieg plante, setzte er im Krieg um: Er prägte die österreichischen Militäroperationen und hielt an dem Ziel eines „Siegfriedens" fest, bis er Anfang 1917 von Kaiser Karl I. seines Postens enthoben und auf weniger bedeutende Posten versetzt wurde. 1918 wurde er endgültig verabschiedet.

Habsburger Reich hartnäckig und verdeckte die eigenen Fehler und Schwächen. Trotz gegenteiliger Mahnungen aus Berlin war für die österreichisch-ungarische Doppelmonarchie zunächst die Ausschaltung der aufrührerischen Serben und nicht der Kampf gegen Russland ursprüngliches und vorrangiges Kriegsziel. Darum ließ man die Hälfte der österreichisch-ungarischen Armee anfänglich gegen Serbien aufmarschieren. Erst als der russische Aufmarsch an den Grenzen Galiziens die Konzentration aller Kräfte erforderte, besann man sich in Wien anders und rettete sich zunächst in einen schwachen strategischen Kompromiss. Der Chef des Generalstabs, Franz Freiherr Conrad von Hötzendorf, konnte gegen die vier russischen Armeen an den Grenzen Galiziens anfänglich kaum mehr als die Hälfte an Truppen aufbieten, und dies auch erst nach dem Aufmarsch gegen Serbien.
Die Attacke gegen Serbien, welche die K.-u.-k.-Armee am 11. August eröffnet hatte, war ein Fehlschlag. Die kampferprobten Serben drängten die österreichischen Truppen, die 30 000 Soldaten verloren, schließlich bis hinter die Donau zurückzog. Die Chance, den Russen in Galizien zahlenmäßig überlegen gegenüberzutreten, war durch den Führungsfehler des Generalstabs vertan. Zwar machte die Offensive des österreichischen Westflügels zwischen Bug und Weichsel anfangs noch Fortschritte, aber der Ostflügel wurde von den Russen zurückgedrängt. In kurzer Zeit ging ganz Ostgalizien verloren. Gleichzeitig konnten die Russen immer neue Kräfte gegen den linken Flügel werfen, bis dieser ebenfalls die Initiative verlor. Die Schlacht von Lemberg (6. – 11. September 1914) musste abgebrochen werden, am 11. September zogen sich die Österreicher bis in die Karpaten zurück, die Festung Przemysl wurde von den Russen eingeschlossen. Die österreichisch-ungarische Armee hatte in den ersten Monaten schwere Verluste hinnehmen müssen, von denen sie sich nie wieder erholen konnte. Gegen Serbien hatte sie fast die Hälfte, in Galizien etwa ein Drittel der zum Einsatz geführten Armeen verloren.
Der österreichische Oberbefehlshaber Erzherzog Friedrich und General Conrad hatten seit September 1914 immer dringlicher und häufiger deutsche Hilfe gefordert, die von dem deutschen Bündnispartner aber nur in sehr bescheidenem Maße geleistet werden konnte. Es kam zwischen Oktober 1914 und April 1915 zu verschiedenen deutsch-österreichischen Offensiven, die jedoch von russischen Gegenoffensiven beantwortet wurden und am Ende zu schweren Verlusten führten und insgesamt scheiterten.

■ „Freudenbotschaft aus Ostpreußen": Der deutsche Sieg bei Tannenberg wurde in der deutschen Presse ausgeschlachtet.

Begonnen hatte diese zweite Phase des Krieges an der Ostfront mit dem Vorstoß deutscher Truppen über die Westgrenze Polens in Richtung Warschau. Als Hindenburg am 1. November zum Oberkommandierenden Ost (Oberost) befördert wurde und im Westen die schweren Kämpfe um Ypern tobten, kam es zu einem russischen Angriff und zu heftigen Schlachten um Lodz, bei denen beide Seiten jeweils etwa 100 000 Mann verloren. Während der deutschen Offensive in Nordpolen und den Winterkämpfen in den Masuren führte Conrad eine Offensive über die Karpaten, mitten durch die Schneestürme des Winters, und scheiterte bei dem Versuch, Galizien zurückzuerobern. Przemysl musste sich im März 1915 ergeben. Im Februar und März 1915 führten die Russen eine Offensive gegen Ostpreußen und im April in Richtung Karpaten und scheiterten ihrerseits. Keine Seite hatte bis dahin größere Geländegewinne erzielen können.

SEEKRIEG UND BLOCKADE

Auch wenn Militärtheoretiker vor 1914 davon ausgegangen waren, dass die Entscheidung in einem künftigen Krieg auf der See fallen würde und alle großen Mächte am Ende des 19. Jahrhunderts mit dem kostenträchtigen Bau großer Schlachtschiffflotten einen „Wettlauf zur See" begonnen hatten (bei dem das Deutsche Reich nie die Stärke der britischen Flotte erreichen konnte), fielen die Entscheidungen des Weltkriegs auf dem Land. Allenfalls der U-Boot-Krieg, vor allem als er zum uneingeschränkten Handelskrieg ausgeweitet wurde, hatte eine größere militärische und – noch folgenschwerer – politische Bedeutung. Vor allem aber musste die deutsche Reichsleitung feststellen, auch wenn es ihr schwerfiel, dass ihre Seestrategie eigentlich schon mit Beginn des Krieges gescheitert war. Die Engländer verzichteten auf eine enge Blockade des Deutschen Reiches und ließen es darum auch nicht zur Entscheidungsschlacht mit der deutschen Hochseeflotte in der Deutschen Bucht kommen. Stattdessen verlief der Blockadering sehr viel weiter draußen auf hoher See zwischen Schottland und Norwegen. Dort aber konnten deutsche Kriegsschiffe allein schon wegen ihrer geringen Bewaffnung und Reichweite nicht eingreifen, um die Blockade aufzubrechen.

Die Marineführungen der Krieg führenden Mächte erlegten sich bei Kriegsbeginn große Zurückhaltung auf, auch weil sie einsehen mussten, dass große Kriegsschiffe und die Marine insgesamt im beginnenden Krieg kaum eine zentrale Rolle spielen würden. Beide Seiten sandten Patrouillen aus, die sich nur gelegentlich in Scharmützel verwickelten. Ein Angriff britischer Verbände in der Nähe von Helgoland am 28. August 1914, bei dem drei deutsche Kreuzer versenkt wurden, stellte eine der wenigen Ausnahmen dar. Erst im Januar 1915 kam es bei der Doggerbank wieder zu einer größeren Schlacht. In der Zwischenzeit spielte sich der Seekrieg in Gewässern außerhalb Europas ab. Die Royal Navy konzentrierte sich darauf, deutsche Kriegsschiffe aufzubringen und deutsche Handelsschiffe an der Rückkehr nach Deutschland zu hindern. Zu den wichtigsten Operationen gehörte ein Kreuzerkrieg, der sich nach dem Fall von Tsingtau entwickelte. Vizeadmiral Graf Maximilian von Spee musste mit seinem Ostasiengeschwader auf das offene Meer in Richtung Chile ausweichen, um von dort gegen britische Seetransporte einen Handelskrieg zu führen. Im Südatlantik stieß er am 1. November auf einen britischen Verband, dem er in einem Gefecht am 7. November empfindliche Verluste beibringen konnte. Als Spee sich danach in Richtung Falklandinseln in Marsch setzte, wurde er von einem britischen Schlachtkreuzergeschwader verfolgt, das vier Wochen später seinen Verband bis auf einen kleinen Kreuzer, der in den Pazifik entkommen konnte, versenkte.

Angesichts ihrer Überlegenheit konnte die britische Flotte es sich leisten, in ihrem Stützpunkt in Scapa Flow zu warten und ganz auf das Bedrohungspotenzial der eigenen Hochseeflotte zu vertrauen. Fast unabsichtlich ausgelöst, kam es mit der Schlacht vor dem Skagerrak zur einzigen großen Seeschlacht des Weltkriegs, deren Ausgang in Deutschland gefeiert wurde, weil die gegnerische Flotte größere Verluste an Schiffen und an Solda-

■ Der Seekrieg in der Nordsee

Europäisches Nordmeer
Atlantischer Ozean
nördliche Minensperre, 1918
Shetland-Inseln
Orkney-Inseln
Scapa Flow
NORWEGEN
Kristiania
Stavanger
SCHWEDEN
Skagerrak
Schlacht am Skagerrak, 1916
Nordsee
Kattegat
DÄNEMARK
Kopenhagen
Doggerbank
Seegefecht auf der Doggerbank, 1915
Seegefecht bei Helgoland, 1914 und 1917
Helgoland
Ostsee
Kiel
Hamburg
Bremen
Glasgow
Edinburgh
GROSSBRITANNIEN
Manchester
WALES
Birmingham
London
Southampton
Ärmelkanal
NIEDER-LANDE
Amsterdam
Den Haag
Zeebrugge
Nieuwport
Antwerpen
Brüssel
Lüttich
Elbe
DEUTSCHES REICH
Rhein
Frankfurt
LUXEM-BURG
Rouen
Seine
Paris
Loire
Donau
München
Belfort
FRANKREICH
SCHWEIZ
Bern
N
S

MAXIMILIAN REICHSGRAF VON SPEE
*22. JUNI 1861 KOPENHAGEN
†8. DEZEMBER 1914 SCHLACHT VOR DEN FALKLANDINSELN

Spee, aus einer rheinischen Adelsfamilie stammend, trat 1878 in die Kaiserliche Marine ein und machte dort schnell Karriere. 1913 wurde er zum Vizeadmiral befördert und Kommandeur des deutschen Ostasiengeschwaders, das im chinesischen Tsingtau stationiert war. Nach dem Fall der deutschen Garnison führte Spee seinen Flottenverband über das Kap Hoorn in Richtung Deutschland zurück. Zwar konnte er Anfang November einen britischen Flottenverband vor der Küste Chiles erfolgreich bekämpfen und zwei gegnerische Schiffe versenken, aber nur einen Monat später wurde das Ostasiengeschwader bei den Falklandinseln vollkommen aufgerieben. Spee ging an Bord des Flaggschiffes unter. Mit ihm starben seine beiden Söhne, die als Offiziere auf anderen Schiffen des Geschwaders Dienst taten.
2200 deutsche Seeleute fanden den Tod, demgegenüber standen auf britischer Seite lediglich zehn Opfer.

ten zu verzeichnen hatte. Auf deutscher Seite führte die große Überwasser-Seeschlacht jedoch zur Erkenntnis, dass nur mit U-Booten größere Erfolge zu erzielen wären. Immerhin war es bis dahin den wenigen deutschen U-Booten gelungen, einige britische Kreuzer zu versenken. Damit war aber auch die Diskussion um einen uneingeschränkten U-Boot-Krieg eröffnet, der am 1. Februar 1917 begann und trotz anfänglicher Erfolge im Handelskrieg sehr viel schwerwiegendere politische Folgen haben sollte.

IM STELLUNGSKRIEG

Ende 1914 hatten sich an Land beide Fronten, im Westen und im Osten, ineinander verkrallt. Keine Seite war stark genug, um eine Entscheidung zu erzwingen; ein Sieg war trotz der vielen Offensiven, die in den folgenden Monaten und Jahren des Krieges gestartet werden sollten, eigentlich nur noch durch die totale Erschöpfung der anderen Seite zu erwarten. Andererseits wollte keine Seite einen Waffenstillstand suchen. Die militärische Lage des Deutschen Reiches nahm sich Ende 1914 auf den ersten Blick noch recht günstig aus. Man hatte Belgien und Nordfrankreich besetzt; durch den Sieg bei Tannenberg war die Gefahr eines russischen Einbruchs in das Reichsgebiet vorerst gebannt. Die britische Seeblocklade, mit der Zufuhren aus Übersee nach Deutschland abgeschnitten wurden, dämpfte den deutschen Optimismus jedoch. Bedrohlich war die Lage der Donaumonarchie, nachdem die russischen Truppen nach Galizien vorgestoßen und die Österreicher bei dem Versuch gescheitert waren, Serbien niederzuringen.

Insgesamt war also nicht erkennbar, wie die Mittelmächte den Krieg in nächster Zeit gewinnen könnten. Zu diesem Zeitpunkt hatte das Habsburger-Reich bereits knapp zwei Millionen Soldaten verloren. Im Westen belief sich in den ersten beiden Monaten, als sich die Fronten noch in Bewegung befanden, die Gesamtzahl der Toten und Verwundeten auf beiden Seiten auf mehr als drei Millionen Soldaten. Allein die deutschen Verlustraten betrugen in den Monaten August und September 12,4 Prozent bzw. 16,8 Prozent der eingesetzten Verbände, während sie im Verlauf des Stellungskrieges bei durchschnittlich 3,5 Prozent pro Monat lagen.

Das Gleichgewicht der Kräfte und der Erschöpfung hatte im November 1914 im Westen die ursprünglichen Pläne eines Bewegungskriegs scheitern lassen. Der Krieg setzte sich in den Gräben fort. Der Stellungskrieg wurde zur bestimmenden Kampfform des Weltkriegs, zuerst im Westen, später auch an den Fronten im Osten und im Süden. Vor allem der Alltag der Infanteristen in den Schützengräben prägte das Bild vom Krieg. Die deutschen Truppen waren auf die neue Form der Kriegführung zunächst besser vorbereitet, weil sie sich schon seit Kriegsbeginn auf Belagerungsoperationen eingestellt hatten, und darum auch die für den Grabenkampf notwendigen Ausrüstungsgegenstände und Waffen besaßen. Umgekehrt fehlte es auf der Seite der Alliierten anfangs an schweren Geschützen.

Auf alliierter Seite musste man darum zunächst improvisieren, bis die Rüstungsindustrie die erforderlichen Waffen bereitstellen konnte. Ziel der Ingenieure war es nun, die Reichweite und die Durchschlagskraft der Artilleriegeschütze zu steigern. Bei der Munition wurde die Durchschlagskraft ständig gesteigert. Der Bleikern der Geschosse wurde durch einen Stahlkern ersetzt, Leuchtspurmunition und Brandmunition kamen auf beiden Seiten vermehrt zum Einsatz. Schließlich wurden die Maschinengewehre, die es schon seit dem späten 19. Jahrhundert gab, weiterentwickelt und durch ihren massiven Einsatz zur typischen Waffe des Krieges.

Improvisieren musste man auf beiden Seiten vor allem bei der Anlage des Grabensystems. Zunächst grub man sich dort ein, wo man meinte, dem Feuer der Maschinengewehre und der Artillerie zu entgehen. Es entstand eine eher zufällige Linie von Unterständen und Stacheldrahtverhauen. Beide Seiten standen oft nur einige hundert Meter voneinander entfernt. Nur gelegentlich gab es Schutzdächer, die den Regen abhielten. Ein britischer Infanterist hielt rückblickend nüchtern fest: „1914 waren die

■ Deutsche Soldaten im Schützengraben, 1914. Die lederne Pickelhaube wurde erst im Laufe des Jahres 1916 durch den Stahlhelm abgelöst.

Schützengräben grässlich." Abwasser und Reinhaltung funktionierten nicht, es gab keine Schutzräume oder Bunker.

Aus der zufälligen Linie wurde nach den Kampferfahrungen des Winters 1914/15 ein System von Gräben, die, wenn möglich, hinter einen Hang gelegt und von einer parallel verlaufenden zweiten Linie ergänzt wurden. Spätestens 1916 hatte man überall drei Schützengrabenlinien zu einem System von Vorfeld, Hauptverteidigungszone und rückwärtiger Zone ausgebaut. Hinter der Front gab es ein Netz von eigens errichteten Straßen und Feldeisenbahnen, auf denen Truppenverschiebungen, der Nachschub, aber auch der Abtransport von Verwundeten abgewickelt wurden. Schließlich gehörten auch die Massengräber zu dem Bild der rückwärtigen Etappe.

Der Stellungskrieg veränderte vor allem den Kriegsalltag an der Front. Die Soldaten mussten sich täglich durch Dreck und Schlamm wühlen und hatten mit Ungeziefer, Nässe und Krankheiten aller Art zu kämpfen. Den schweren Artilleriebeschuss mussten sie passiv, hilflos und oft auch schutzlos erleiden und sich eigentlich immer nur noch tiefer eingraben, oft bis zu zehn Metern. In den ruhigen Phasen des Stellungskrieges bewegte man sich auf dem engen Raum der Gräben, Schanzen und Verbindungsstollen und sah vor sich auf ein durchwühltes oder vermintes Niemandsland, das die eigenen Gräben von denen der Gegner trennte. Dazwischen kam es immer wieder zu neuen Sturmangriffen, denen ein tagelanges Trommelfeuer vorausging, bevor die Soldaten die Gräben und Stacheldrahtverhaue überwanden.

Auf jeden Fall hatte das herkömmliche Bild vom Soldatendasein, von Tapferkeit und individuellem Einsatzwillen kaum noch etwas mit der Wirklichkeit des Stellungskrieges zu tun. Offiziöse Berichte in den Zeitungen daheim und an der Front zeichneten ein ganz anderes Bild: Dort wurde noch immer das „Augusterlebnis" beschworen. In einem Amtsblatt aus Württemberg hieß es kurz nach Weihnachten 1914 über die Stimmung an der Front: „Nirgends herrscht Trübsinn und Niedergeschlagenheit ... Führern wie Truppen wohnt jener eiserner Wille zum Sieg inne, jener feste Glaube an den endgültigen nahen Sieg."

In Wirklichkeit hatte zu Hause und an der Front bei der Mehrzahl der Zivilisten und der Soldaten bereits nach den ersten Kriegsmonaten vielfach die Ernüchterung eingesetzt. „Die Stimmung ist so gedrückt, keine Fahnen, kein Extrablatt – man weiß nicht, was noch werden mag", schrieb eine Hamburger Kolonialwarenhändlerin an ihren Mann an der Front.

Im Stellungskrieg verflüchtigten sich Siegesstimmung und überheblicher Patriotismus. Ein vor Ypern eingesetzter Sanitäter schrieb zur gleichen Zeit in einem Feldpostbrief: „Ich habe schon ziemlich viel Krieg gesehen, so daß ich mich herzlich nach Hause sehne. Wir rechnen, daß der Krieg bis Pfingsten beendet sein wird. Trifft dies nicht ein, so kann es für uns evtl. eine zweifelhafte Sache werden." Andere klagten in ihren Briefen über „dieses unmenschliche Morden" und beteuerten, „uns aller liebster Wunsch wäre wenn es bald Schluß wäre".

Die Wirklichkeit des Grauens in den Stellungskämpfen zu beschreiben, fiel den meisten sehr schwer, einmal weil sie ihre Angehörigen zu Hause nicht übermäßig beunruhigen wollten, andererseits weil sich die Lebenswelt des Stellungskriegs allen verfügbaren Sprachmustern und erst recht der tradierten Heroen- und Todesrhetorik entzog. Die Sprache der Feldpost schreckte, bei den deutschen wie bei den alliierten Soldaten, vor dem Krieg zurück und flüchtete sich ins Private, ins Biedermeierliche. Dennoch waren die Feldpostbriefe, die zu gewaltigen Bergen anwuchsen, die wichtigsten Verbindungsbrücken zwischen Front und Heimat, und trotz aller Kontrolle und Zensur, die angesichts des gewaltigen Umfangs der Briefflut unzureichend bleiben musste, enthielten sie auch zunehmend realistische Beschreibungen vom Alltag an der Front und in der Heimat. Vom Leiden und Sterben an der Front, von den Schrecken des Stellungskrieges schrieb kaum jemand, auch weil das erlernte Deutungsvermögen vielfach versagte, wenn man die Erfahrung eines tagelang andauernden Trommelfeuers beschreiben wollte. Ein Feldpostbrief von der Westfront vom Frühjahr 1915 versucht dies, wenn auch unbeholfen: „Viele wurden wahnsinnig u. sich in Ihrem Wahnsinn im nahen Wald erhängten." – „Sie können sich nun denken wie weit wir nun hier mit unseren Nerven sind, bei jedem Schuß zittert man an Leib u. Seel, anfangs war es nur eine Hasenjagt, aber jetzt beginnt der Krieg erst anzufangen u. nimmt den Tag an Schrecken u. Jammer zu." Ein Jurastudent schrieb im Oktober 1915 über die massenhaften mentalen Veränderungen, die das ständige Einschlagen der Geschosse und die Erfahrung der Todesängste mit sich brachten: „Der Krieg verroht Herz und Gemüt, macht den Menschen kalt gegen alles, was ihn sonst ergriff und bewegte; und doch sind diese Eigenschaften, Härte und Unbarmherzigkeit gegen das Schicksal und den Tod notwendig für die heißen Kämpfe, zu denen der Schützengrabenkrieg führt." Ähnliches berichtet ein französischer Maler schon im Februar 1915 an seine Mutter: „Du kannst Dir nicht vorstellen, geliebte Mutter, was der Mensch dem Menschen anzutun vermag."

Oft blieb nur der Ausweg der Verdrängung und Verharmlosung. Darüber reflektierte noch in der rückblickenden Erinnerung ein Universitätsdozent. Er schrieb, was vermutlich nur die wenigsten so ausdrücken konnten: „Die ständige Passivität des Auf-den-Tod-Wartens im dumpfen Erlebnis des Trommelfeuers ist mir in der Erinnerung merkwürdig oberflächlich geblieben … Dieses Massensterben, diese pausenlose Belastung der Sinne und der Einbildungskraft ist mir und sicher auch vielen meiner Kameraden nie so ganz ins Bewußtsein gedrungen; ich sehe darin einen wohltätigen Selbstschutz, den die erzwungene Passivität gegenüber Dingen auslöst, die unabänderlich sind … So sind also meine wirklichen Kriegserlebnisse ganz banaler Art: Kleine Bilder am Rande des großen Geschehens, dramatische Episoden, groteske Szenen, problematische Menschen, liebenswerte Pferde und Hunde, ruhmlose Jagden." Mit dem ideologisierten Bild vom Frontkämpfer, erschaffen in Stahlgewittern, vom „Neuen Menschen" der Nachkriegsliteratur, hatte das nichts zu tun.

Nachdem der Bewegungskrieg vor allem durch die neue Waffentechnik gestoppt worden war, besaß nun der Verteidiger eine relative Überlegenheit, wenn ihm nur befestigte Stellungen Schutz boten und die Angriffe der gegnerischen Artillerie schwach waren. Der langwierige Stellungskrieg sollte jedoch unglaubliche Mengen an Menschen und Material vernichten. Für die Strategen stellte sich nun umso dringender die Frage, wie ein Infanterieangriff wieder die nötige Durchschlagskraft erhalten könnte, um den erhofften Durchbruch zu erzielen. Die einzige strategische Überlegung, die man auf beiden Seiten kannte, war die Fortsetzung des Krieges als Bewegungskrieg, die möglichst rasche Überwindung des Stellungskrieges. Zunächst versuchte man es mit einer Optimierung der Artillerie- und Infanterieangriffe, um einen Sturmangriff vorzubereiteten. Das führte zu tagelangem Trommelfeuer und zu gewaltigem Materialverschleiß, vor allem aber sollte es die Soldaten in den Gräben oft unerträglich psychisch und physisch belasten. Vorbereitungen für einen An-

■ Ein deutscher Soldat nutzt eine Marschpause, um einen Brief in die Heimat zu schreiben.

griff blieben dem Verteidiger jedoch meist nicht verborgen, so dass er seine Abwehr auf einen Abschnitt konzentrieren konnte.

Der Stellungskrieg brachte eine rasche Veränderung der Waffen und der Ausrüstung. Die schweren Kopfverletzungen, die im Stellungskrieg schlagartig zunahmen, führten in allen Armeen zur Entwicklung eines effizienteren Schutzes. Die französische Armee rüstete ab 1915 ihre Frontsoldaten mit einem Helm aus, der aus leichtem Stahlblech geformt war, aber nur geringen Schutz bot. Bessere Armierung bot das britische Modell MK 1, das kurze Zeit später eingesetzt und ab 1917 auch von den US-amerikanischen Soldaten übernommen wurde. Im Deutschen Reich ging man Ende 1915 dazu über, die grau-grüne Pickelhaube durch einen Helm aus Chromnickelstahl zu ersetzen, der einen Gesichts- und Nackenschutz bot, aber den Soldaten in der Bewegung möglichst wenig einschränkte. Ende 1917 waren die Fronttruppen schließlich komplett mit Helmen ausgerüstet, und bald nach Kriegsende wurde der Stahlhelm zum Symbol für den Frontkämpfer.

Das andere Symbol der modernen Kriegführung wurde das Maschinengewehr, das zum wichtigsten Mittel des Feuerkampfes avancierte. Unter der Bezeichnung „08/15“ fand das Standard-Maschinengewehr der deutschen Armee sogar Eingang in den Sprachgebrauch.

Schließlich kam es zur Entwicklung und zum Einsatz von Giftgas, das die Soldaten ständig bedrohte. Eine letzte Stufe stellte die Entwicklung des Tanks dar, von dem sich vor allem die Engländer einen Durchbruch erhofften. Dieser sollte gegen Ende des Sommers 1918 auch tatsächlich erreicht werden.

Aber nicht nur die veränderte Kriegführung stellte die Rüstungswirtschaft vor neue Aufgaben; dramatisch waren auch die Folgen des Stellungs- und Abnutzungskriegs für Gesellschaft, Wirtschaft und Rüstungsproduktion. Das wurde bereits im Herbst 1914 erkennbar, als es bei der Bereitstellung von Munition

■ Das Maschinengewehr 08 fand überall an der Westfront Verwendung, wie hier im Jahr 1917. Die leichte Variante des 08 war das 08/15. Als Bezeichnung für etwas besonders Einfaches ist „08/15“ in die deutsche Sprache eingegangen.

und Versorgungsgütern zu Engpässen kam. Die Versorgungsnotlage traf Front und „Heimatfront" gleichermaßen.

Die schrecklichste Erfahrung aber, die bald nach Kriegsbeginn mit ungeheurer Wucht hereinbrach, waren die zahlreichen gefallenen und verwundeten Soldaten. Die Zahl der Verluste war so hoch, dass die Todesanzeigen bald mehrere Seiten in den Tageszeitungen füllten. Die Opferzahlen wurden während des Krieges geheim gehalten. Erst nach 1918 wurde bekannt: Deutschland hatte 2,03 Millionen Tote zu beklagen, Frankreich 1,32 Millionen. Die Opfer unter den französischen Kolonialtruppen werden auf 60 000 gefallene Soldaten geschätzt. Zu den Nachrichten von dem massenhaften Sterben an der Front und in den Lazaretten wie zu den Leiden der Schwerverwundeten, die für jedermann sichtbar und nicht zu verheimlichen waren, kamen die täglichen Ängste und das Hoffen der Familien um ihre Angehörigen an der Front. Das Warten auf eine Nachricht führte zu schwersten mentalen und psychischen Belastungen, je länger der Krieg dauerte, zumal man auf die lange Dauer des Krieges nicht vorbereitet gewesen war.

Nicht vorbereitet war man auch auf die materiellen Probleme, die der Stellungskrieg mit sich brachte – auf die Organisation der Kriegswirtschaft und auf die Sicherstellung der Versorgung mit Lebensmitteln und Dingen des alltäglichen Bedarfs. Das betraf ganz besonders Deutschland, wo es bereits vor 1914 Versorgungsengpässe gegeben hatte, die nun mit der Dauer des Krieges ins Unerträgliche anwuchsen. Die Seeblockade der Briten schnitt das Deutsche Reich, das schon vor 1914 von der Einfuhr von Futtergetreide abhängig gewesen war, von der Einfuhr von Lebensmitteln ab. Verschärfend wirkte sich das administrative Durcheinander von zentralen, regionalen und lokalen Dienststellen aus, das gleichzeitig auch bei der Fürsorge für Kriegsopfer und deren Hinterbliebene zu beobachten war. Bereits in den ersten Tagen der Mobilmachung kam es in den großen Städten zum Sturm auf Bäckereien und Lebensmittelgeschäfte. Panikkäufe führten zu dramatischen Preissteigerungen. Auf die Teuerung

■ Die britische Seeblockade machte eine Lebensmittelrationierung in Deutschland nötig. Lebensmittelmarken gehörten zum Alltag.

folgten die Knappheit der Lebensmittel und schließlich deren qualitative Verschlechterung. Der Ausfall der Importe ließ sich kaum durch eine Ausweitung der Anbauflächen oder durch eine Steigerung der Produktivität ausgleichen. Stattdessen wurde die Versorgung mit Lebensmitteln durch den kriegsbedingten Mangel an Arbeitskräften, an Pferden und Transportkapazitäten wie an Düngemitteln noch weiter eingeschränkt. Insgesamt ging die Agrarproduktion im gesamten Kriegsverlauf um mehr als ein Drittel zurück. Man behalf sich damit, dass das Brot mit allerlei Ersatzstoffen gestreckt und die Milch verdünnt wurde. Hunger und Unterernährung bildeten darum die zentralen Erfahrungen der deutschen „Heimatfront“.

Dagegen war die Versorgung der Franzosen und Engländer anfangs einigermaßen gesichert. Einerseits weil Frankreich mit einer starken Landwirtschaft zum großen Teil zunächst die heimische Versorgung sichern konnte, andererseits weil bald Importe aus Übersee drohende Engpässe beseitigten. Je länger der Krieg aber dauerte, desto gravierender wurden auch in Frankreich die Mangelerscheinungen und Versorgungsengpässe, vor allem weil es zu Schwierigkeiten beim Transport kam und sich der uneingeschränkte deutsche U-Boot-Krieg auch auf die französischen Importe auswirkte. Wie in Deutschland, nur zwei Jahre später, begann man mit der staatlichen Lenkung und Rationierung von Lebensmitteln. Im Dezember 1916 wurde in Paris ein Ernährungsministerium eingeführt, ab 1. März 1917 wurden Zuckerkarten ausgegeben.

Zu dieser Zeit fehlte es in den deutschen Städten an fast allen Grundnahrungsmitteln. Man hatte zögerlich mit der Rationierung und der Festsetzung von Höchstpreisen für Brot, Kartoffeln und Zucker, später für weitere Grundnahrungsmittel begonnen. Eine erste Höchstpreisverordnung, die im Spätsommer 1914 von den Stellvertretenden Generalkommandos erlassen wurde, griff nicht, weil sie nur für bestimmte Regionen galt und weil daraufhin die Waren dorthin geschafft wurden, wo die Verordnung nicht galt. Eine generelle Verordnung mit Gesetzeskraft, die der Bundesrat daraufhin beschloss, hatte auch nur begrenzte Wirkungskraft, weil es genügend Umgehungsmöglichkeiten bis hin zum Schwarzmarkt gab. Eine Preistreibereiverordnung vom Juli 1915 scheiterte an den Widersprüchen zwischen einer Marktgesellschaft und den traditionellen Vorstellungen vom „gerechten Preis“ und verschärfte nur die Unzufriedenheit derer, die keine Schlupflöcher besaßen.

Im Januar 1915 wurden Brotkarten eingeführt. Das war der Beginn der Rationierung von Lebensmitteln, die man lange hinausgezögert hatte. Es dauerte jedoch fast zwei Jahre, bis im Spätherbst 1916 ein allgemeines System der Rationierung aller Lebensmittel eingeführt wurde. Es galt für alle Bevölkerungsgruppen, auch wenn den landwirtschaftlichen Erzeugern Sonderbedingungen eingeräumt wurden. Wie niedrig die Rationen bemessen waren, zeigt sich daran, dass die vorgesehenen Rationen nur 50 bis 60 Prozent des normalen Kalorienbedarfs eines erwachsenen Menschen abdeckten. Doch auch das stand oft nur auf dem Papier, denn vielfach waren die Mengen, die von der Rationierung zugestanden wurden, gar nicht verfügbar; vielfach flossen sie stattdessen auf den Schwarzmarkt. Die Folgen waren eine wachsende Verelendung des „kleinen Mannes", wozu nun auch die Angehörigen des alten handwerklich-gewerblichen Mittelstandes gehörten, und zunehmende Protestbewegungen. Im Oktober 1915 kam es in Berliner Randbezirken zu ersten Lebensmittelunruhen, die sich ein Jahr später im berüchtigten Steckrübenwinter zu Massenprotesten ausweiten sollten.

Die Umstellung der Wirtschaft auf die Bedingungen des Krieges verlief langsam, unkoordiniert und widerspruchsvoll. Hinzu kam eine mangelnde Bevorratung kriegswichtiger Rohstoffe und ein sehr rasch einsetzender Arbeitskräftemangel durch die unkoordinierte, nicht nach rüstungswirtschaftlicher Einsatzfähigkeit differenzierte Mobilisierung der Arbeiter für den Einsatz im Krieg. Frankreich hatte schon in den ersten Kriegswochen den Verlust seiner industriellen Gebiete im Norden mit schwerindustriellen Produktionsstätten hinzunehmen; umgekehrt verlor die deutsche Seite durch die Seeblockade der Engländer bald den Zugang zu chilenischem Salpeter, der für die Erzeugung von Pulver entscheidend war. Ende 1914 verschärfte sich der Munitionsmangel beträchtlich und führte zunächst zu einem sparsameren Umgang der Truppen mit ihrem Vorrat an Munition, vor allem aber in der Heimat zu einer wirtschaftlichen Mobilisierung für den Krieg. Diese hatte man aufgeschoben, solange man an einen kurzen Krieg geglaubt hatte. Nun begann man, nicht nur in Deutschland, die Wirtschaft stärker zu kontrollieren und eine rüstungswirtschaftlich relevante wissenschaftliche Forschung zu organisieren. Die Munitions- und Waffenproduktion wurde schrittweise standardisiert.

Die ersten Schritte in eine gelenkte Kriegswirtschaft verliefen noch sehr improvisiert, erst mit dem Frühjahr 1915 konsolidierten sich die Organisations- und Rationierungsbemühungen. Im preußischen Kriegs-

WALTHER RATHENAU
*29. SEPTEMBER 1867 BERLIN
†24. JUNI 1922 BERLIN

Der Sohn des Unternehmers und AEG-Gründers Emil Rathenau (1838–1915) trat in die Fußstapfen seines Vaters. 1899 wurde er Vorstandsmitglied der AEG, 1912 deren Aufsichtsratsvorsitzender. In der Zeit des Ersten Weltkriegs betrieb er die staatliche Organisation der Rohstoffversorgung, trat aber schließlich für einen Verständigungsfrieden ein.

Nach dem Ende des Kaiserreiches trat Rathenau der bürgerlichen Deutschen Demokratischen Partei (DDP) bei. Als Wirtschaftssachverständiger nahm er an verschiedenen Verhandlungen zur Reparationsfrage teil, im Februar 1922 wurde er Reichsaußenminister. Wenig später fiel er einem Attentat zweier rechtsextremer Offiziere zum Opfer, die – wie viele rechte Kreise in Deutschland – in Rathenau einen „Verräter" sahen.

ministerium wurde auf Vorschlag und unter Leitung des Industriellen Walther Rathenau und seinem Berater Wichard von Moellendorff von der AEG mit der Kriegsrohstoffabteilung eine eigene Lenkungsbehörde für die Erfassung, Lagerung und Verteilung kriegswichtiger Rohstoffe eingerichtet. Der Staat musste, da er eine eigene kompetente Bürokratie und eine entsprechende Planung für eine wirtschaftliche Mobilisierung nicht besaß, die Selbstorganisation der Produzenten und ihrer Privatbürokratien akzeptieren und versuchen, sie unter seine Aufsicht zu stellen. Außerdem mussten die Kenntnisse der naturwissenschaftlichen Forschung verstärkt für Kriegszwecke eingesetzt werden. Neue Ersatzstoffe sollten an die Stelle von blockadebedrohten Rohstoffen treten oder ihre Produktion ergänzen. Mit dem Haber-Bosch-Verfahren gelang es, durch die Gewinnung von Stickstoff aus der Luft den Engpass an Salpeter zu umgehen. Schließlich musste der Arbeitseinsatz neu organisiert werden; unentbehrliche Facharbeiter, die dringend in der Rüstungsproduktion gebraucht wurden, sollten vom Militärdienst freigestellt werden. Auch in den anderen Krieg führenden Staaten, in Österreich wie in Frankreich und England, wurde die Rüstungswirtschaft vorübergehend unter staatliche Kontrolle gestellt.

DER KRIEG IN DEN KOLONIEN

Lange hat man den Krieg als Großen Europäischen Krieg bezeichnet, obwohl er schon sehr früh durch die Einbeziehung der Kolonien globale Dimensionen erhalten hatte. Die europäischen Kolonien wurden nicht nur zum Gegenstand von Kampfhandlungen und Eroberungen, sondern auch zum Rekrutierungsfeld von Soldaten. Bereits im August 1914 griff der Krieg von den europäischen Zentren auf die Peripherie über. Es kam zu militärischen Konflikten und zur Besetzung von deutschen Kolonien in Afrika, Asien und im Pazifik. Während Großbritannien und Frankreich den Krieg primär aus strategischen Interessen auf die Kolonien ausweiteten und der deutschen Marine den Zugang zu wichtigen Häfen versperren wollten, verbanden die am Krieg beteiligten britischen Dominions mit der Eroberung deutscher Kolonien die Durchsetzung eigener imperialer Interessen und die Sicherung ihrer Einflusssphären. Ähnliche Absichten verfolgte Japan, das im November 1914 nach wochenlanger Belagerung durch seine zahlenmäßig weit überlegenen Truppen die deutsche Kolonie Tsingtau eroberte und ca. 5000 Soldaten wie Einwohner in Kriegsgefangenschaft nahm.

Hauptkampfplatz waren jedoch die deutschen Besitzungen in Afrika. 1914 stand der gesamte afrikanische Kontinent mit Ausnahme von Liberia und Äthiopien unter der Herrschaft europäischer Mächte, vor allem von Großbritannien, Frankreich, Belgien und Deutschland. Einige hohe Kolonialbeamte, die noch an die zivilisierende, wenn auch paternalistische, kulturell dominierende Mission der Kolonialmächte glaubten, hatten gehofft, dass die lokalen Militär- und Polizeieinheiten, die sie befehligten, aus dem Krieg herausgehalten und nicht zum Kampf gegeneinander eingesetzt würden. Ihre Sorge galt den Folgen der Militarisierung der Kolonien durch die Kolonialmächte: War es wirklich ausgeschlossen, dass die Afrikaner, die man dazu brachte, das Gewehr gegen den weißen europäischen Feind zu richten, dieses eines Tages nicht auch gegen die eigenen weißen Herren richten und zumindest ihre Unabhängigkeit fordern würden?

Zwar spielten die afrikanischen Kolonien in den Kriegsplanungen der europäischen Mächte allenfalls eine untergeordnete Rolle, doch hatte man sich vor allem im Committee of Imperial Defence in London im Sommer 1914 schon Gedanken über die kolonialen Besitzungen gemacht. In der deutschen Militärführung war man in dieser Hinsicht eher defensiv eingestellt, auch der französische Kriegsplan enthielt bis auf eine geringfügige Ausnahme keine Ausführungen über die afrikanischen Kolonien. Die Initiative ging von London und vor allem von britischen und auch französischen Kolonialoffizieren vor Ort aus. Im Unterschied zu den pazifischen Kolonien kam es in Afrika zu Kämpfen, auch weil das Deutsche Reich in Kamerun, Deutsch-Ostafrika und in Deutsch-Südwestafrika über eigene Schutztruppen

■ Deutsche Kolonien in Afrika

Marseille
Rom
Lissabon
Konstantinopel
N
S
Atlantischer Ozean
Tanger
Algier
Tunis
Athen
Mittelmeer
Tripolis
Alexandria
Kairo
Nil
Afrika
Rotes Meer
Wichtigste deutsche Funkstation in Afrika.
Im Kontakt mit Berlin
Nil
TOGO
Kamina
Addis Abeba
KAMERUN
Douala
Mogadischu
Mombasa
DEUTSCH-OSTAFRIKA
Daressalam
Atlantischer Ozean
Njassasee
DEUTSCH-SÜDWESTAFRIKA
Swakopmund
Windhuk
Lüderitz
Durban
Indischer Ozean
Kapstadt
deutsche Besitzungen 1914
deutsche Funkstationen

■ Im Ersten Weltkrieg setzte Frankreich auch Truppen aus den Kolonien Französisch-Westafrikas ein, wie hier aus dem Senegal.

verfügte. Großbritannien und Frankreich griffen bereits im August 1914 deutsche Kolonien an. Leichtes Spiel hatten sie in Togo. Hier bildete eine Polizei, die aus zwei deutschen Offizieren, fünf deutschen Unteroffizieren und rund 550 einheimischen Polizisten bestand, die eigentliche Schutztruppe. Der deutsche stellvertretende Gouverneur hatte angesichts der aussichtslosen militärischen und strategischen Situation seiner Kolonie, die vollständig von britischen und französischen Besitzungen umgeben war, vergeblich versucht, diese zu neutralisieren, um den Afrikanern nicht das Schauspiel einer europäischen Selbstzerstörung zu bieten. Die Initiative zum alliierten Angriff auf Togo ging nicht von einem Befehl aus London oder Paris aus, sondern war einzig auf die Aktivitäten britischer und französischer Offiziere vor Ort zurückzuführen, die sich profilieren wollten – was ihnen auch gelang. Die deutschen Polizeieinheiten überließen ihnen kampflos die Hauptstadt Lomé und kapitulierten nach kurzen Gefechten auch in den übrigen

Landesteilen, nachdem sie noch zuvor die wichtigen Sendeanlagen und Funkmasten zerstört hatten.
Heftiger und langwieriger waren die Kämpfe in Kamerun, obwohl auch hier die deutschen Schutztruppen den alliierten Streitkräften kräftemäßig klar unterlegen waren. Die geografischen Bedingungen zwangen die Angreifer zu einem Angriff von der See her, bis sie schließlich die Stadt Douala besetzen konnten. Nachdem die deutsche Schutztruppe eine Kapitulation abgelehnt hatte, mussten die Alliierten zusätzlich auch von den Nachbargebieten aus vorrücken, was sich besonders im Süden der Kolonie als mühsam und verlustreich erwies, vor allem für die große Zahl von afrikanischen Trägern, ohne deren Einsatz der Vormarsch nicht zu organisieren war. Das Verhalten der einheimischen Bevölkerung war unterschiedlich und gespalten: dort, wo man sich auf die Seite der deutschen Schutztruppe stellte, konnte diese weite Teile des Landes bis Ende 1914 halten. Nach der Fortsetzung der Kämpfe im Frühjahr 1915, bei denen die Alliierten schließlich auch Artillerie einsetzten und damit die Kampfmoral der afrikanischen Hilfstruppen schwächten, kapitulierten die letzten deutschen Einheiten in Kamerun im Februar 1916, von Waffen- und Munitionsmangel wie von Krankheiten erheblich geschwächt.

Ähnlich verlief die Eroberung von Deutsch-Südwestafrika, nur dass es vor Angriffsbeginn im Frühjahr 1915 zu innenpolitischen Auseinandersetzungen in Südafrika kam, weil ranghohe südafrikanische Politiker und Militärs es ablehnten, gegen das Deutsche Reich ins Feld zu ziehen. Das Overseas Defence Committee hatte angeordnet, auch hier lokale Streitkräfte einzusetzen. In Südwestafrika war die deutsche Schutztruppe mit ihren schwachen Kräften angesichts einer gegnerischen Streitmacht von 67 000 Mann zu einer ernsthaften Verteidigung ebenfalls nicht in der Lage. Schließlich gelang es den südafrikanischen Truppen, die nach Verhängung des Kriegesrechtes zum Einsatz gezwungen worden waren, die deutschen Schutztruppen zurückzudrängen, sie einzukesseln und zur Kapitulation zu zwingen.
Am längsten und heftigsten verliefen die Kämpfe in der Kolonie Deutsch-Ostafrika. Sie wurden erst beendet, als im November 1918 ein Waffenstillstand in Europa geschlossen worden war. Die deutsche Schutztruppe unter dem Kommando von Oberstleutnant Paul von Lettow-Vorbeck konnte sich bis 1918 behaupten, weil seine Soldaten, zum größten Teil afrikanische Askaris, sehr früh zum Guerillakrieg übergegangen waren. Allerdings verlangte der Abnutzungskrieg, den der deutsche Kommandeur führte, hohe Verluste auf beiden Seiten. Auf britischer Seite starben etwa 10 000 Soldaten und fast 100 000 Träger, auf deutscher Seite kamen etwa 11 000 Soldaten

um. Die einheimische Wirtschaft und Gesellschaft wurde durch Zwangsrekrutierungen von beiden Seiten wie durch Hungersnöte und Seuchen schwer in Mitleidenschaft gezogen.

NEUE KRIEGSSCHAUPLÄTZE: DER KRIEGSEINTRITT DES OSMANISCHEN REICHES

Ein weiterer Kriegsschauplatz wurde Ende 1914 eröffnet, als der Scheich ul-Islam des Osmanischen Reiches, der oberste Interpret des islamischen Rechts, einen islamischen Heiligen Krieg gegen Großbritannien, Frankreich, Russland, Serbien und Montenegro erklärte. Als treibende Kraft für den Kriegseintritt agierte im Hintergrund ein Triumvirat von ehrgeizigen, nationalistischen jungtürkischen Offizieren um Enver Pascha und Mustafa Kemal (der später Atatürk genannt wurde), die im Januar 1914 die Macht im Ausschuss für nationale Verteidigung ergriffen hatten, aber im Kabinett, wo Enver nun Kriegsminister war, noch immer in der Minderheit waren. Sie wollten aus dem heterogenen Osmanischen Reich mit seinen archaischen politischen Strukturen einen modernen Nationalstaat namens Türkei schaffen und den territorialen Besitzungen des Reichs den Rücken kehren. In der kompakten, vor allem ethnisch homogenen neuen Türkei sollten fremde Gruppen wie Griechen und Armenier keinen Platz haben. Von einem Kriegseintritt versprachen sich die Jungtürken die Behauptung der türkischen territorialen Integrität und die rasche Durchsetzung ihrer nationalen, vorwiegend innen- und regionalpolitischen Ziele.

Für Russland bedeutete diese Entstehung eines neuen, nationalistischen Regimes eine Herausforderung. Umgekehrt wurde die Entwicklung in Deutschland vor allem von Kaiser Wilhelm II. begrüßt. Deutsche Investoren und deutsche Militärberater waren ins Land gekommen, die beim Aufbau einer modernen türkischen Armee helfen sollten. England stand dem gelassen gegenüber, weil man einerseits noch immer einen beträchtlichen Einfluss auf die wichtige osmanische Marine besaß, und weil man andererseits in der Anwesenheit Deutschlands ein durchaus willkommenes Gegengewicht zu Russland sah. Im Übrigen vertraute man in London auf die britisch-französische Vorherrschaft im Mittelmeer und wusste die verstreuten Besitzungen des altersschwachen Osmanischen Reiches für eigene Interessen zu nutzen.

Das Interesse an einem Kriegseintritt des Osmanischen Reiches wäre also im Westen durchaus gering gewesen, wenn nicht bei Kriegsbeginn im August 1914 zwei deutsche Schiffe, die „Goeben“ und die „Breslau“, sich im Mittelmeer der Verfolgung durch die Engländer dadurch entzogen hätten, dass sie in den Hafen von Konstantinopel einliefen. Ihre Präsenz stachelte, zusammen mit den Nachrichten von den deutschen Anfangserfolgen an der Westfront, das Osmanische Reich dazu an, seinerseits Russland den Krieg zu erklären. Am 29. Oktober 1914 beschossen die beiden deutschen Schiffe, nun unter osmanischer Flagge, den Hafen von Odessa. Zugleich startete das Osmanische Reich eine Offensive gegen Russland und griff im Kaukasus an, was angesichts der winterlichen Verhältnisse zu schweren Verlusten führte.

Auch diese politisch-diplomatische Niederlage schreckte London nicht, weil die Engländer noch immer darauf setzten, durch die Kontrolle der Dardanellen Konstantinopel einschüchtern zu können. Entscheidend war für London allein, dass man sich die Durchfahrt durch die Dardanellen sichern konnte. Die Vorbereitungen für eine Invasion auf den Dardanellen begannen zur Jahreswende 1914/15, der Dardanellen-Feldzug im Januar 1915. Er trug nicht nur zur Ausdehnung der Kampffronten im Osten und Südosten bei, sondern auch zur Diskussion über eine Ausweitung und Veränderung der britischen Strategie. Nach den für London unbefriedigenden Ergebnissen an der Westfront, wo ein Erfolg nicht abzusehen war, diskutierte man eine Verlagerung der militärischen Aktionen auf die See, um den Feind dort zu blockieren und so die Westfront zu entlasten. Ein glühender Verfechter dieser Strategie war der junge Erste Lord der Admiralität, Winston

ENVER PASCHA
*23. NOVEMBER 1881 ISTANBUL
(NACH ANDEREN ANGABEN 6. DEZEMBER 1881)
†4. AUGUST 1922 BEI BALDSCHUAN (TADSCHIKISTAN)

Ismail Enver wuchs als Sohn eines Eisenbahners in einfachen Verhältnissen auf. Der brillante junge Mann schlug eine militärische Laufbahn ein, in der er mit der jungtürkischen Bewegung in Berührung kam, einer Gruppierung, die liberale Reformen im Osmanischen Reich forderte. 1908 wagten die Jungtürken den Aufstand und setzten die Verkündung einer Verfassung durch. Anfang 1914 wurde Enver Kriegsminister. Gemeinsam mit dem Innenminister Talat Pascha und dem Marineminister Cemal Pascha (Pascha war ein Ehrentitel) regierte er mit quasi diktatorischen Vollmachten. Bis Kriegsende leitete er die türkischen Militäroperationen. Für die türkische Niederlage mitverantwortlich gemacht, floh er 1918 aus seiner Heimat.

Churchill, der sich dadurch ähnlich wie Kriegsminister Lord Herbert Kitchener nicht nur eine bessere Verbindung zu Russland versprach, sondern durch die Hintertür auch ein Ausgreifen der Kämpfe auf den Balkan, was den bedrohten Serben im Kampf gegen Österreich-Ungarn zugutekommen sollte. Auch Bulgarien und Griechenland, Serbiens ehemalige Verbündete im Balkankrieg, wollte man einbinden. Damit waren die Weichen für eine Ausweitung der Kämpfe auf den gesamten Balkan gestellt. Durch die zahlreichen ungelösten nationalen und ethnischen Gegensätze drohte der Krieg nun eine neue Dimensionen der ethnischen Säuberung anzunehmen.

STRATEGIEDISKUSSIONEN, FÜHRUNGSKRISEN UND DER „WEIHNACHTSFRIEDE" 1914

Im November 1914 tobten schwere Schlachten um Ypern im Westen wie um Lodz im Osten, die keine Entscheidungen brachten. Der österreichische Generalstabschef Franz Conrad von Hötzendorf begann eine Winteroffensive in den Karpaten, die im Schnee zusammenbrach. Das erste Kriegsjahr brachte nicht das Ende eines kurzen Krieges, den alle erwartet hatten. Ein Waffenstillstand, wie man ihn in einer ähnlichen Situation im Zeitalter der begrenzten Kriege gesucht hätte, war nicht zu erwarten. Allenfalls Russland und Österreich wären dazu bereit gewesen, doch sie konnten in ihren jeweiligen Bündnissystemen nicht mit der Unterstützung bzw. Initiative der Führungsmächte rechnen. Die deutschen Truppen standen trotz allem im Land ihrer Gegner und hofften auf einen Sieg im nächsten Jahr. Die deutsche Reichsleitung hatte in ihrem „Septemberprogramm", das eigentlich nur einen unverbindlichen Formelkompromiss zwischen verschiedenen Reichsbehörden und Politikern darstellte, Bedingungen für einen Waffenstillstand oder Frieden entworfen, die die bislang besetzten Gebiete im Westen wie im Osten noch ausgeweitet hätten: Belgien wäre auf den Status eines Protektorates herabgestuft worden, Frankreich hätte weitere Territorien an der Ostgrenze abtreten, andere im Norden entmilitarisieren müssen. Im Osten wollte man noch weit hinein nach Polen ausgreifen. Darüber hinaus sollten den besiegten Alliierten Schadensersatzleistungen auferlegt werden. Für Frankreich wäre das völlig unakzeptabel gewesen, und keine französische Regierung hätte vorzeitig einen Frieden abschließen können, solange deutsche Armeen ein Fünftel des Territoriums der Dritten Republik besetzt hielten. Neben allen machtpolitischen Gründen hätten auch die Mobilisierung und Nationalisierung der französischen Bevölkerung, die durch den Krieg noch befördert worden waren, eine solche Lösung ausgeschlossen. Dasselbe galt für Regierung und Öffentlichkeit in England. Hinzu kam noch die Besetzung Belgiens durch Deutschland, die für London inakzeptabel war, zumal man ja für die Behauptung der belgischen Neutralität und für die Bekämpfung des Militarismus der „Hunnen" und ihrer „Gräueltaten" in den verlustreichen Krieg gezogen war. Es ging nicht mehr nur um prestigeträchtige Großmachtinteressen, die unversöhnlich waren; der Krieg war auch zu einem Kampf der Ideologien und der Propaganda geworden, den man nicht einfach beenden konnte. Es ging um aufgewühlte politische Massenmärkte und nationale Hysterien, die jede Verständigung ausschlossen. Nach dem ersten Kriegsjahr hatten sich fast überall Chauvinismus und kollektiver Hass auf den jeweiligen Gegner breitgemacht, den jede Politik zu beachten hatte. Die Propaganda, die die andere Seite dämonisierte, wurde immer aggressiver. Ein französischer Soldat schrieb: „Du darfst nie Mitleid mit einem ‚Boche' haben, denn diese sind wirklich wilde Unmenschen. Was mich betrifft, so habe ich einem ‚Boche' gegenüber nie Mitleid gezeigt, denn jeder, der das tut, tut es, weil er Angst hat, […] der erste der mir begegnet, kann sicher sein, dass ich ihn töten werde." Das sah der deutsche Soldat, wenn er an den „Franzmann" dachte, nicht viel anders.

Angesichts dieser vorherrschenden Stimmungslage, die lediglich einige wenige nicht teilten, war es verwunderlich, dass es immer wieder zu stillschweigenden Absprachen zwischen den verfeindeten Linien kam, um den Dauerbeschuss vorübergehend einzu-

■ Das französische Linienschiff „Bouvet" wurde 1915 in den Dardanellen durch türkische Minen versenkt.

stellen, sei es um Tote zu bergen, sei es aus Gründen der vorübergehenden Entspannung angesichts des permanenten psychischen Drucks. Besonders überraschend war der „Weihnachtsfriede" von 1914: An mehreren Frontabschnitten wurde das Feuer eingestellt, und es kam teilweise zu Begegnungen zwischen den Linien, bei denen die Soldaten etwa gemeinsam Weihnachtslieder sangen. Eine größere Wirkung erzielten diese Ereignisse jedoch nicht. Ein junger deutscher Artillerist schrieb am 26. Dezember lapidar in sein Tagebuch: „Weihnachten ist vorbei." Einen „Weihnachtsfrieden" sollte es in diesem Krieg nie wieder geben.

Angesichts des Stillstands im Westen und der österreichisch-ungarischen Dauerkrise im Osten machte man sich in den Hauptquartieren und Stäben Gedanken über die Fortführung des Krieges und über die Möglichkeiten, eine Entscheidung herbeizuführen. Die anhaltende Erfolglosigkeit brachte Generalstabschef Falkenhayn im November zu einer abrupten Kehrtwende in seinem Denken. Er teilte dem Reichskanzler Theobald von Bethmann Hollweg nüchtern und schonungslos mit, dass der Krieg als Zweifrontenkrieg militärisch nicht mehr zu gewinnen sei. Er forderte Bethmann Hollweg auf, alles daranzusetzen, zu einem Separatfrieden mit Russland zu kommen. Seiner Meinung nach war, und das teilte er auch dem Oberbefehlshaber Ost mit, im Osten eine militärische Entscheidung nicht herbeizuführen. Hindenburg und Ludendorff, die der Reichskanzler um Rat fragte, lehnten den Vorschlag eines Separatfriedens empört und voller Verachtung ab. Damit rückte ein Konflikt zwischen Oberster Heeresleitung und Oberkommando Ost in greifbare Nähe. Er sollte sich im Januar 1915 zuspitzen. Falkenhayn wollte alle Kräfte im Westen bündeln, um dort doch noch eine Entscheidung herbeizuführen. Das Oberkommando Ost hingegen verlangte, den Schwerpunkt der militärischen Aktivitäten auf den Osten zu verlegen und

■ Der Kaiser als Schlächter: Die Kriegsgegner stellten sich gegenseitig als Unmenschen dar.

dazu neue Reservekorps aufzustellen, was Falkenhayn ablehnte. Schließlich reagierte Bethmann Hollweg auf diesen Konflikt, indem er beim Kaiser die Ablösung Falkenhayns durch Ludendorff forderte, was der Kaiser ablehnte.

Als das Oberkommando Ost eigenmächtig den Österreichern zwei Divisionen für ihre Karpatenfront zu Verfügung stellte, brach der Konflikt offen aus. Falkenhayn ließ Ludendorff zur neugebildeten deutschen Karpatenarmee versetzen, um ihn aus dem östlichen Hauptquartier in Posen zu entfernen. Hindenburg wandte sich daraufhin mit einem Gesuch direkt an den Kaiser und betrieb den Sturz Falkenhayns. Er forderte die Rückberufung Moltkes und lehnte jede weitere Zusammenarbeit mit dem Generalstabschef ab. Auch deutete er seine Bereitschaft an, selbst an die Stelle Falkenhayns zu treten. Schließlich vergaß er nicht, mit seinem eigenen Rücktritt zu drohen. Dies waren die politisch-taktischen Instrumente und Pressionen, die Hindenburg und Ludendorff, nachdem sie im August 1916 endlich die Dritte Oberste Heeresleitung bilden konnten, immer wieder einsetzten: Sie beriefen sich auf den Glauben der Öffentlichkeit an ihr Charisma und ihre militärische Genialität. Dieses Mal wurde der Konflikt noch einmal gelöst. Falkenhayn schickte die Reservekorps nach Osten, Ludendorff wurde zum Oberkommando Ost zurückversetzt. Sein Amt als Kriegsminister gab Falkenhayn nach massiver Kritik an seiner Doppelfunktion und -belastung ab. Bethmann Hollweg hielt daraufhin an Falkenhayn als Generalstabschef fest, und auch der Kaiser reagierte empört, als Hindenburg noch einen zweiten Anlauf unternahm, den ungeliebten Kontrahenten auch aus diesem Amt zu treiben. Dieser war vorerst Sieger geblieben, doch der Gegensatz zwischen dem Oberkommando Ost und seinen Eigenmächtigkeiten sowie Falkenhayn blieb bestehen. Noch war das Vertrauen des Kaisers der entscheidende Machtfaktor im Herrschaftssystem des Deutschen Reiches.

Auch anderswo gab es Kontroversen über strategische Fragen, wie die Pläne des britischen Kriegsministeriums zeigten, eine neue Front auf dem Balkan zu eröffnen, um so die Westfront zu entlasten. Die deutsche Kontroverse zwischen „Westfront" und „Ostfront" besaß jedoch ungleich größere politische Dimensionen. Die Hoffnungen auf einen totalen Sieg, wie sie vor allem Hindenburg und Ludendorff immer wieder vortrugen, waren auch Konflikte zwischen Militär und Politik. Sie schwächten alle Hoffnungen auf politische Reformen im Inneren, wie sich später zeigen sollte.

ERICH VON FALKENHAYN

*11. SEPTEMBER 1861 BURG BELCHAU (KREIS GRAUDENZ)
†8. APRIL 1922 SCHLOSS LINDSTEDT (BEI POTSDAM)

Falkenhayn, der von 1913 bis 1915 das Amt des preußischen Kriegsministers innehatte, löste am 3. November 1914 offiziell Generaloberst Helmuth von Moltke als Leiter der 2. Obersten Heeresführung ab. Der General konzentrierte im zweiten Kriegsjahr 1915 die strategischen Bemühungen nach dem erstarrten Stellungskrieg im Westen auf eine begrenzte Offensive an der Ostfront, lehnte aber einen weiträumigen Angriff auf Russland, für den Hindenburg und Ludendorff standen, ab. Er wurde nach der verlustreichen Schlacht von Verdun am 29. August 1916 von Hindenburg abgelöst.

Kapitel 3

1915: DER KRIEG WEITET SICH AUS

IM ZWEITEN KRIEGSJAHR ERHÖHTE SICH DIE ZAHL DER KRIEGSSCHAUPLÄTZE UND DER KRIEGSPARTEIEN. NEUE UND IN IHRER WIRKUNG IMMER SCHRECKLICHERE WAFFEN KAMEN ZUM EINSATZ. IM WESTEN WIE IM OSTEN WURDEN NEUE MILITÄRISCHE OFFENSIVEN GEPLANT UND ERÖFFNET. DENNOCH SOLLTE AUCH DAS JAHR 1915 IN EINEM MILITÄRISCHEN PATT ENDEN.

Die Alliierten blieben mit ihren Offensiven ohne nennenswerten Bodengewinn, opferten bei ihnen aber viele Menschenleben. Umgekehrt konnten die Deutschen, nachdem ihre Offensive im Spätherbst 1914 stecken geblieben war, auch ein Jahr später ihre befestigten Stellungen im Westen halten, und eine Niederwerfung Deutschlands, an welcher Front auch immer, schien ausgeschlossen. Keine der beteiligten Nationen führte den Krieg so, wie sie ihn ursprünglich geplant hatte. Vor allem waren die Dauer und die menschlichen wie die materiellen Kosten des Krieges außer Kontrolle geraten. Neue Kriegsschauplätze taten sich auf. Der überraschende Kriegseintritt der Türkei hatte schon im November 1914 das Kalkül Frankreichs wie Russlands durchkreuzt. Der Krieg sollte sich 1915 endgültig zu einem globalen Krieg ausweiten.

Auch die politischen Entscheidungsstrukturen und die militärisch-politischen Optionen für einen Friedensschluss veränderten sich in den Krieg führenden Staaten nicht. Überall hielt man an der Hoffnung auf einen militärischen Durchbruch fest und tat sich schwer damit, die Realitäten der veränderten Kriegführung und der militärischen Situation anzuerkennen. Am Beginn des Jahres 1915 konnte und wollte niemand voraussehen, dass sich die Front auch in den nächsten drei Jahren kaum bewegen würde.

■ Um sich auf die veränderten Anforderungen des Stellungskrieges einzustellen, wurden im Lauf des Jahres 1915 neue Waffen entwickelt, etwa Giftgas oder Flammenwerfer. Deutsche Soldaten versuchen, sich mit Gasmasken zu schützen.

TROMMELFEUER, MASCHINENGEWEHRE UND GIFTGAS – DIE INDUSTRIALISIERUNG DES TÖTENS

Der deutschen Heeresleitung ging es 1915 in erster Linie um die Festigung der Front. Generalstabschef Erich von Falkenhayn befürchtete, dass die hohen Verluste und die schweren physischen und psychischen Belastungen des Stellungskrieges der Truppe die nötige Motivation für eine Rückkehr zu einem Bewegungs- und Angriffskrieg genommen haben könnten. Während sich das französische Heer von seinen Verlusten rasch erholte und bis zum Frühjahr 1915 33 neue Divisionen aufgestellt hatte, hatten die deutschen Armeen die Grenzen ihrer Rekrutierungsmöglichkeiten erreicht. Sie konnten die Zahl ihrer Divisionen nur erhöhen, indem sie deren Infanteriestärke reduzierten und die dadurch verminderte Feuerkraft durch eine verbesserte Waffentechnologie ausglichen. Dies konnte man durch den verstärkten Einsatz

■ Die Westfront 1915

von Artillerie und Maschinengewehren gewährleisten. Aber das Erreichen der absoluten Grenze der Rekrutierungsmöglichkeiten war abzusehen. Vor diesem Hintergrund ging es Falkenhayn in erster Linie darum, die bereits eroberten Stellungen unter allen Umständen zu halten. Frontbegradigungen, die vielleicht Kräfte hätten sparen können, stand er skeptisch gegenüber. Die deutschen Truppen hatten sich 1915 daher vor allem der heftigen Angriffe der Alliierten zu erwehren. Eine Ausnahme bildete der deutsche Angriff bei Soissons am 12. Januar 1915, der vor allem deswegen erfolgreich war, weil die beteiligten Infanterie- und Artillerieverbände durch eine dichte und funktionierende Kommunikation aufeinander abgestimmt waren.

Bereits im Januar 1915 hatte der französische Operationsstab in Chantilly bei Paris in Absprache mit den britischen Stäben, die ihren Sitz in Saint-Omer hatten, mit den Planungen der Frühjahrsoffensiven begonnen. Mit zwei Vorstößen im Norden und im Süden wollte man den deutschen Frontvorsprung zwischen Flandern und Verdun angreifen und diesen einkreisen. So sollten die deutschen Truppen vom Nachschub abgeschnitten werden. In Flandern und im Artois wollten Franzosen und Briten gemeinsam angreifen, in der Champagne sollte die Offensive von Frankreich allein geführt werden. In dieser Aufteilung und mit dieser Strategie sollten auch die weiteren alliierten Kriegsanstrengungen in den folgenden Jahren verlaufen, und auch das Muster der Angriffe und ihres jeweiligen Scheiterns sollte sich kaum ändern.

Dreimal, im Februar, Mai und im September 1915, gelang es französischen Truppen, deutsche Stellungen in der Champagne und im Artois zu durchbrechen; aber einen entscheidenden Erfolg konnten sie nicht erzielen. Die Angriffe verliefen immer nach demselben Muster: Ein oft tagelanges Trommelfeuer bereitete den Durchbruchsversuch vor, dann sollten die feindlichen Schützengräben überrannt werden, um zum Bewegungskrieg auf dem freien Feld zurückzufinden. In allen drei Schlachten wurden die ersten deutschen Linien tatsächlich zerstört, doch blieb der weitere Vorstoß stecken, weil ihn die deutschen Reserven erfolgreich aufhalten konnten. Diese konnten mit Lastwagen und Eisenbahnen schnell zum Einsatzort gebracht werden, während die französischen Stoßtrupps in dem unwegsamen Gelände nur mühsam vorankamen. Zudem erwies sich die Kommunikation zwischen den kommandierenden Offizieren und den Truppen in den vorderen Frontlinien, die durch das Trommelfeuer völlig verwüstet waren, als außerordentlich schwierig. Die deutschen Verteidiger konnten darum die Front bald wieder schließen und verlorenes Terrain teilweise zurückerobern. Es blieb für beide Seiten die Erkenntnis, dass auch ein noch so sorgfältig und langfristig vorbereiteter Angriff stecken bleiben musste, weil die für einen Durchbruch notwendigen Reserven beiderseits der Frontlinien fehlten und die Verteidiger im Stellungskrieg taktische Vorteile besaßen: Vorrückende Truppen waren verwundbar, weil sie ungeschützt waren. Zudem hatten die deutschen Verteidiger ihre Stellungen zumeist geschickt auf oder hinter Höhenzügen bezogen.

Die Erfahrung, dass aus strukturellen Gründen vor allem die Angreifer verwundbar waren, mussten auch die deutschen Truppen machen, die am 22. April ihrerseits in die Offensive gingen, um die noch in alliierter Hand befindliche belgische Stadt Ypern zurückzuerobern. Auch den deutschen Einheiten fehlten die Reserven, um ihre Anfangserfolge ausnutzen zu können. Zudem fehlten Waffen und Kampfmittel, die den Erfordernissen der veränderten Anforderungen des Stellungskrieges angepasst waren. Der Mangel an den notwendigen Reserven hatte im deutschen Fall noch einen weiteren, strategischen Grund, der sich aus dem Zweifrontenkrieg und der Frage, wie man ihn führen sollte, ergab. Über diese Frage war es im deutschen Oberkommando zu heftigen internen Auseinandersetzungen gekommen, bis man in einem Kompromiss den Schwerpunkt der Aktivi-

■ Die Zeichnung zeigt die Auswirkungen des von den deutschen Truppen eingesetzten Chlorgases auf französische Soldaten während eines deutschen Sturmangriffs bei Ypern.

täten stärker an die Ostfront verlagert und im Westen Truppen abgezogen hatte.
Ein dritter Grund für die Zurückhaltung der deutschen Offensive lag in dem besonderen Charakter des Angriffs bei Ypern. Am 22. April hatte man zum ersten Mal Chlorgas, das aus Gaszylindern abgelassen wurde, eingesetzt. Der deutsche Generalstab, der den Einsatz des Giftgases beschlossen hatte, erwartete davon zunächst nur eine vorübergehende Ablenkung des Gegners, zusätzliche Verstärkungen hatte man daher nicht bereitgestellt. Zwar hatten die französischen Soldaten, die dem Gas unvorbereitet und schutzlos ausgeliefert waren, panikartig die Gräben verlassen und das Terrain freigegeben, doch scheuten die deutschen Offiziere und Soldaten, die mit dieser neuen Kampfform ebenfalls nicht vertraut waren, ein weiteres Vorrücken durch die Giftwolke. Das gab den britischen und kanadischen Truppen auf der Gegenseite die Chance, ihre Front wieder zu stabilisieren.
Am 24. April starteten die deutschen Truppen einen neuerlichen Angriff mit Giftgas, gegen den sich die betroffenen kanadischen Truppen nun mit Tüchern zu schützen versuchten, die sie mit Urin und Wasser durchtränkt hatten. Am 25. September eröffneten umgekehrt die Briten bei Loos ihren ersten Angriff mit Giftgas und erzeugten auf einer Breite von fünf Kilometern eine Chlorgaswolke, die jedoch über dem Niemandsland zwischen den Gräben niederging oder wieder zurück in die britischen Schützengräben getrieben wurde. Dennoch reagierten die deutschen Soldaten panisch, und die Briten konnten die ersten deutschen Stellungen überrennen und über 3000 Gefangene machen. Erst die dritte deutsche Linie konnte mit einem massierten Einsatz von MG-Schützen den Angriff stoppen.
Dass die Kämpfe bei Loos am Ende zu einem deutschen Erfolg wurden, hatte mit der Verstärkung des Frontabschnittes zu tun, den Falkenhayn schon im Frühjahr 1915 angeordnet hatte und der im September während eines Aufschubs der französischen Angriffe in fieberhafter Eile vollendet worden war: Die

■ Eine russische Fliegeraufnahme von einem deutschen Gasangriff an der Ostfront. Bei geeigneten Windverhältnissen wurde das Giftgas aus Luftdruckzylindern auf die feindlichen Stellungen geblasen.

Staffelung der Stellungen in mehrere Linien erwies sich als eine überlegene Abwehrmaßnahme.
Mit dem Einsatz von Giftgas wurde ein neues Kapitel in der Kriegführung eröffnet: der Einsatz von Massenvernichtungswaffen. Dieser geschah als Reaktion auf die Ausweglosigkeit des zermürbenden Stellungskrieges. Da ein Durchbruch durch eine Perfektionierung der Operationsplanungen offensichtlich nicht zu erreichen war, sollte er durch die Einführung neuer Waffen herbeigeführt werden. Die Vorbereitung des Gaskriegs reichte in das Jahr 1914 zurück. Schon im August 1914 hatten französische Truppen Tränengas aus alten Armeebeständen sowie Handgranaten, die mit Chloraceton gefüllt waren, eingesetzt. Da diese Stoffe keine tödlichen Substanzen enthielten, hielt man sie für mit den Bestimmungen der Haager Konvention vereinbar. Gleichwohl war damit der erste Schritt zum Gaseinsatz für militärische Zwecke gemacht.
Auch in Deutschland liefen seit August 1914 Versuche mit Gaswaffen. Der hohe Entwicklungsstand der deutschen chemischen Forschung und Industrie machte es möglich, dass bereits am 27. Oktober 1914 3000 Granaten mit einem Chlorsulfat-Pulver an der Westfront eingesetzt werden konnten. Jedoch war die Wirkung auf die gegnerischen Soldaten zunächst gering, da der Kampfstoff wie Juckpulver wirkte und nur zu Reizungen der Schleimhäute und Atemwege führte. Fritz Haber, Direktor des Kaiser-Wilhelm-Instituts für Physikalische Chemie und Elektrochemie in Berlin, entwickelte schließlich ein Verfahren, das es erlaubte, mit Hilfe von Luftdruckzylindern eine Gaswolke über die feindlichen Stellungen zu treiben. Damit war der Weg für den Masseneinsatz von Chlorgas frei.
Auch die Entente beschleunigte ihre Experimente zum Einsatz von Chlorgas und versuchte, diese als Vergeltungsmaßnahme auf den deutschen Gaseinsatz vom April 1915 zu rechtfertigen. In der Folge wurden auf beiden Seiten die Forschungen auf dem Gebiet der chemischen Kampfstoffe intensiviert. Der Einsatz von Gasgranaten in herkömmlichen Geschützen wurde perfektioniert, um die Gaswolken ohne Gefährdung der eigenen Stellungen auf die feindlichen Linien zu schießen. Folgenreicher war die Entwicklung neuer und wirksamerer Kampfstoffe. Das deutsche Giftgas erhielt durch eine höhere Dosierung der Chlorgase zunächst eine tödliche Wirkung, parallel wurden neue Kampfmittel entwickelt und die Wirksamkeit der bestehenden erhöht. Eine unmittelbare tödliche Wirkung ging von einer chemischen Munition in Form von Gasgranaten aus, die in Deutschland entwickelt wurde, aber in einem tödlichen Wettlauf bald auch auf alliierter Seite eingesetzt wurde: Senfgas. Dieser in Deutschland wegen der farblichen Kennzeichnung der Granaten als Gelbkreuz, bei den Briten als Lost und in Frankreich als Yperit bekannte Kampfstoff kam erstmals am 13. Juli 1917 in der Nähe von Ypern zum Einsatz. Die Wirkung dieses Kontaktgifts, das seine Wirkung schon bei bloßer Berührung mit der Haut entfaltete, wurde noch dadurch verstärkt, dass die Blasenbildung auf der Haut und die inneren Verätzungen, die zum Tod führen konnten, oft erst Stunden nach dem Beschuss auftraten. Bereits in den ersten Wochen des Einsatzes von Senfgas registrierte man 14 200 Verletzte, von denen 489 starben.
Zu dem Wettlauf bei der chemischen Kriegführung gehörten auch Versuche, die Atemschutzgeräte, die auf der gegnerischen Seite eingesetzt und ebenfalls ständig weiterentwickelt wurden, durch immer neue Kampfstoffe und Techniken wirkungslos zu machen. Pfarrer Rudolf Schlunk, der der renitenten Kirche Hessens angehörte, beschrieb Jahre nach Kriegsende die Wirkung der neuen Waffen und Kampfstoffe: „Erst beginnen 600 bis 800 Geschütze ihr Feuer und haben die Absicht, alle russischen Batterien zu vergasen. Dazu haben wir das neue Gas, genannt ‚Blaukreuz', das die Wirkung hat, die Leute durch Erbrechen zum Abnehmen der Gasmaske zu nötigen und sie dem ‚Grünkreuz', einer zweiten, gleichzeitig verschossenen Gasmischung auszuliefern. Kann man sich etwas Gemeineres denken?" Bei der deutschen Offensive westlich von Warschau tötete Chlorgas Tausende russische Soldaten. Mit der immer längeren Dauer des Krieges steigerte sich auch der Einsatz von Giftgas. Insgesamt wurden in den Jahren 1915 bis 1918 von allen Kriegsparteien ca. 112 000 Tonnen Gas eingesetzt, die Hälfte davon von Deutschland.
Das Bild des industrialisierten Krieges und der veränderten Kampfformen wurde darüber hinaus vor

allem vom Maschinengewehr und dem Minenwerfer geprägt. Obwohl das MG bereits bei Kriegsbeginn als schwere Waffe in geringer Stückzahl vorhanden war und eingesetzt wurde, taugte es für den Infanterieangriff kaum, da es zu unhandlich und zu schwer war. Trotz dieser Mängel wurde bereits in den ersten Wochen deutlich, dass die verheerende Wirkung des schweren MG- und Artilleriefeuers die Gefechtsformen deutlich veränderte. Die Angriffe blieben nach den ersten operativen Erfolgen meist im Abwehrfeuer stecken. Die anstürmenden Verbände konnten die Feuerzonen des Gegners kaum noch überwinden.

Den Vorsprung, den Frankreich bei der Suche nach einer leistungsstarken Waffe für den Grabeneinsatz zu Kriegsbeginn besaß, konnten die andern Armeen durch eine forcierte technische Entwicklung nach kurzer Zeit ausgleichen. In der Mitte des Krieges besaß die deutsche Seite mit dem MG 08/15, das nur noch ein Gesamtgewicht von 13,2 Kilogramm hatte, eine leistungsstarke Waffe, die in veränderter Version auch noch im Zweiten Weltkrieg Verwendung fand.

Wichtiger noch als die technischen Verbesserungen der Waffen war jedoch die Fähigkeit zur massenhaften industriellen Fertigung von Waffen und zur Erhöhung der Stückzahlen, die an der Front zum Einsatz kamen. Die Anzahl der Waffen steigerte sich bei allen Krieg führenden Armeen während des Konflikts um ein Vielfaches.

DIE TERRITORIALE AUSWEITUNG DES KRIEGES: DER KRIEGSEINTRITT DES OSMANISCHEN REICHES

Den Vorbereitungen für die Offensive der Entente vom September, die schließlich bei Loos scheitern sollte, war am 7. Juli im französischen Hauptquartier in Chantilly erstmals eine interalliierte Konferenz vorausgegangen, bei der neben Franzosen, Briten, Belgiern, Serben und Russen auch der neue Bündnispartner Italien teilnahm, der im Mai der Allianz beigetreten war. Durch den Kriegseintritt Italiens, das bis dahin dem Dreibund mit Deutschland und Österreich-Ungarn angehört hatte, und die Kriegserklärung des Osmanischen Reiches an die Entente erhöhte sich die Anzahl der Kriegsparteien und es entstanden neue Kriegsschauplätze im Süden und im Südosten.

Der Aufruf zum „Heiligen Krieg", den Sultan Mohammed V. als Oberhaupt des muslimischen Kalifats am 11. November 1914 proklamiert hatte, blieb im arabischen Raum größtenteils ohne Resonanz. Die erwachenden nationalen Interessen in der Region waren stärker als das religiöse Bewusstsein. Dennoch war der Kriegseintritt des Osmanischen Reiches von großer strategischer Bedeutung für die gesamte Region, da sich neue Fronten eröffneten und vor allem die britischen Interessen auf der Arabischen Halbinsel sowie in Ägypten empfindlich berührt wurden. Während die Briten damit begannen, ihre Positionen nördlich des Persischen Golfes durch die Verlagerung von Truppen aus Indien militärisch zu sichern, bereiteten die Osmanen, angeregt von ihrem deutschen Bündnispartner, einen Angriff auf den Suezkanal vor, auch um in Ägypten einen Aufstand gegen die Briten zu provozieren. Der Plan scheiterte auf ganzer Linie: Der Anmarsch der osmanischen Truppen durch die Wüste wurde von einem französischen Flugzeug entdeckt, so dass die gut vorbereiteten Briten den Angriff abwehren konnten. Auch blieb der erhoffte Aufstand der arabischen Bevölkerung gegen die Kolonialmächte aus. Lediglich in Libyen, das die Italiener 1911/12 vom Osmanischen Reich erobert hatten, und bald darauf im britischen Sudan kam es ab 1915 zum begrenzten „Heiligen Krieg".

Folgenreicher als der Angriff auf Ägypten war der Vorstoß der Osmanen in den Kaukasus. Dieser rief die russische Regierung auf den Plan, die nicht nur eigene militärische Gegenmaßnahmen ergriff, sondern vor allem die Briten und Franzosen dazu aufforderte, sie durch die Eröffnung einer weiteren Front im Kampf gegen das Osmanische Reich zu entlasten.

Enver Pascha, der türkische Kriegsminister und Vizegeneralissimus, wollte mit dem Kaukasus-Feldzug muslimische Glaubensbrüder befreien und ein potenzielles Zentrum für einen Aufstand gegen die russische Herrschaft schaffen. Vom Kaukasus sollte anschließend eine Aufstandsbewegung der Muslime in Ägypten, im Sudan sowie in Persien und Afghanistan ausgehen. Dazu kam es jedoch nicht, weil auch die „Auslandstürken", wie man sie bezeichnete, dem Aufruf zum „Heiligen Krieg" nicht folgten. Der Plan, mitten im Winter im Kaukasus einzumarschieren, war ebenso kühn wie riskant. Nach anfänglichen Erfolgen machten Schnee und Eis die türkischen Pläne eines Winterfeldzuges, der in durchschnittlich 2000 Metern Höhe stattfand, zunichte. Am 2. Januar 1915 ergab sich das 9. türkische Korps. Von den 95 000 türkischen Soldaten, die den Feldzug begonnen hatte, überlebten nur 18 000.

KRIEG UND ETHNISCHE SÄUBERUNGEN: DIE ARMENISCHE KATASTROPHE

Die vernichtende Niederlage gegen die russische Armee war offenbar der Auslöser, um Pläne der jungtürkischen Nationalisten in die Tat umzusetzen, ihren türkischen Staat von „antitürkischen" Elementen zu säubern. Dazu gehörten ihrer Meinung nach vor allem Armenier, Griechen und Kurden. Ein Strudel von nationalistischen Bewegungen und Gegenbewegungen, von Ressentiments und Ideologien formierte und beschleunigte sich durch den Krieg. Mit der schrittweisen Auflösung des Osmanischen Reiches hatten sich bereits am Ende des 19. Jahrhunderts in verschiedenen Reichsteilen extreme nationalistische Kräfte organisiert. Ihre Forderungen schlossen auch die Vertreibung von Minderheiten ein, die angeblich die Vorherrschaft der eigenen Volksgruppen gefährdeten. Auf der Grundlage ethnischer Kriterien sollten „natürliche" Grenzen gebildet und Minderheiten umgesiedelt werden.

Schon vor dem Beginn des Ersten Weltkriegs hatte es im Osmanischen Reich immer wieder Massaker an den Armeniern gegeben. Sie hatten wiederholt die begrenzte Autonomie eingefordert, die ihnen im Berliner Vertrag von 1878 zugesichert worden war. Die osmanischen Behörden reagierten darauf mit harten Strafen und sie unterstützten die Pogrome islamischer Fundamentalisten, die zu Morden an Armeniern aufriefen. Bei einem Massaker in der Provinz Adana wurden 1909 15 000 bis 20 000 christliche Armenier mit Unterstützung der türkischen Armee ausgeplündert und ermordet.

Die osmanischen Angriffe auf die Armenier waren Folge der Auflösungserscheinungen des Osmanischen Reiches. Die nationalistischen Jungtürken hatten auf die permanenten Herausforderungen für

■ Der Seitenwechsel der Italiener wurde von der Propaganda der Mittelmächte zu verharmlosen versucht.

■ Die Pariser Tageszeitung „Le Petit Journal" berichtete am 12. Dezember 1916 über den Völkermord an den Armeniern.

die osmanische Herrschaft, von der österreichisch-ungarischen Besetzung von Bosnien-Herzegowina 1878 über den albanischen Aufstand von 1911/12 bis zum Verlust osmanischer Territorien in den Balkankriegen von 1912/13, bei denen Hunderttausende Muslime vertrieben worden waren, mit einer Welle von Verbitterung, Zorn und einem zunehmend illiberalen Nationalismus reagiert. Sie forderten nun die strikte Hegemonie der Türken im Osmanischen Reich, vom Türkischunterricht in allen Schulen bis zur Durchsetzung türkischer Werte und Institutionen. Der Krieg mit der Entente seit Ende 1914 verstärkte ihre Emotionalisierung und Radikalisierung.

Es entstand eine verborgene Front, an der sich diese nationalistischen Ressentiments entluden und schon länger gehegte Vertreibungspläne in die Tat umgesetzt wurden. Ausgerechnet die Reformbemühungen der Jungtürken, zu denen gebildete Fachleute und jüngere Offiziere gehörten, führten zu Deportationen und zum Genozid an den Armeniern. Als christliches Volk galten sie, ebenso wie die Griechen, als unzuverlässig und als Verräter. Eine Spezialorganisation der jungtürkischen Ittihadisten, der Partei für „Einheit und Fortschritt", die vom Kriegsministerium unterstützt wurde, hatte bereits am Vorabend des Krieges die Deportation von Griechen auf die Inseln in der Ägäis und ins Innere von Anatolien organisiert. Das war jedoch nur das Vorspiel gewesen für das, was während des Krieges an Hasskampagnen und Verfolgungen folgen sollte. Planmäßig in Gang gesetzt wurde der Völkermord an den Armeniern nicht. Er beruhte nicht auf einem vorausgehenden eindeutigen Befehl, noch kann man ihn an einem bestimmten Datum festmachen. Er begann mit einzelnen Aktionen und steigerte sich in der überhitzten Atmosphäre von radikalem Nationalismus und Mobilisierung für und durch den Krieg.

Ein Zwischenfall mit armenischen Deserteuren eröffnete im März 1915 die willkürlichen Deportationen, Entwaffnungen und Erschießungen der Armenier. Als im April 1915 die große armenische Gemeinde der ostanatolischen Stadt Van entwaffnet werden sollte, kam es zu einem Aufstand der einheimischen Armenier. Die osmanischen Behörden verstanden das als Verrat und verhafteten bzw. deportierten führende Armenier aus Konstantinopel. Obwohl der Aufstand in Van von türkischen Soldaten beendet wurde, waren die Wut und der ideologische Eifer der Ittihadisten so sehr angewachsen, dass sich die Aufforderung zur Verhaftung und Deportation der Armenier, die erst mit einer Anordnung vom Mai 1915 ausdrücklich befohlen wurde, wie ein Lauffeuer durch Zentral- und Westanatolien sowie durch Thrakien verbreitete. Überall wurden Männer im Gefängnis geschlagen, durch barbarische Misshandlungen gequält oder getötet, schließlich, wenn sie dem entkamen,

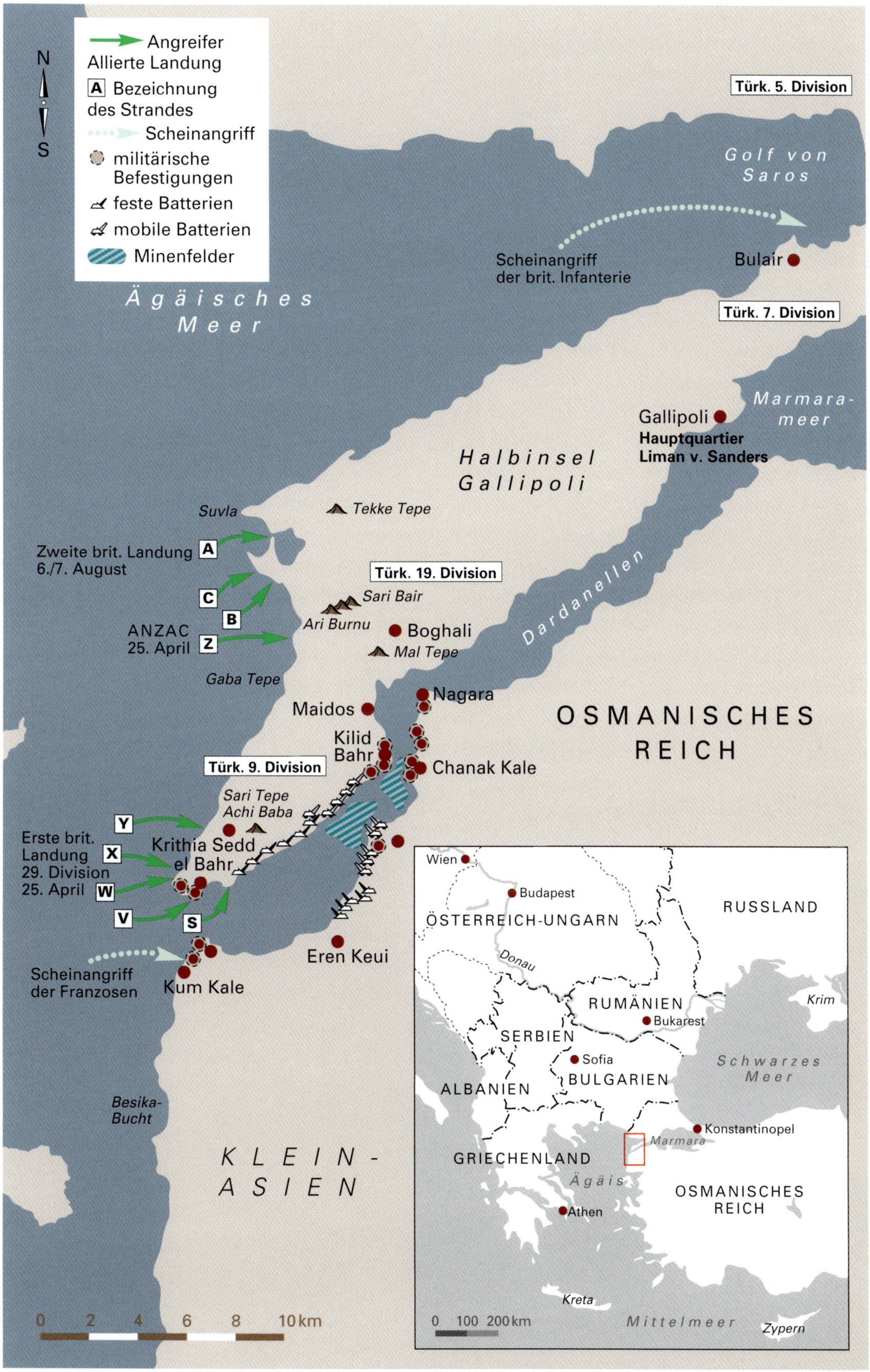

■ Die Schlacht von Gallipoli

■ Auch die Kämpfe auf der Halbinsel Gallipoli erstarrten bald in einem verlustreichen Stellungskrieg. Angriff einer britischen Seedivision bei Achi Baba.

aneinandergefesselt und ins Exil oder zu Massenexekutionen getrieben. Viele Familien hofften vergeblich, den Deportationen durch den Verkauf ihres Eigentums, für das sie dann kaum etwas erhielten, zu entgehen. Jüngere Frauen und Mädchen boten sich, als ihre Lage immer aussichtsloser wurde, örtlichen Muslimen als Ehefrauen und Konkubinen an. Wer die Deportation ausgehungert, krank und fast verdurstet überlebte, kam in Auffanglager, in denen keine Vorsorge getroffen und Hilfsangebote untersagt waren. Allenfalls 15 Prozent der Deportierten überlebten die Märsche. Wie viele Armenier zwischen 1915 und dem Ende des Türkisch-Griechischen Kriegs von 1921/22 durch Deportationen, Gewalthandlungen und Massenexekutionen gestorben sind, lässt sich nicht genau bestimmen. Ernsthafte Schätzungen schwanken zwischen 800 000 und 1,4 Millionen. Der amerikanische Botschafter Henry Morgenthau, der zugunsten der Armenier intervenieren wollte, bekam im Herbst 1915 von den Behörden zu hören, dass man bereits drei Viertel der Armenier vernichtet habe. In seinen 1918 veröffentlichten Memoiren hielt er unmissverständlich fest: „Als die türkischen Behörden die Befehle zu diesen Deportationen erteilten, stellten sie einem ganzen Volk das Todesurteil aus.“

GALLIPOLI

In der zeitgenössischen öffentlichen Wahrnehmung wurden die ethnischen Säuberungen von einer Schlacht überdeckt, deren unerbittliche Härte und Dramatik dazu geeignet war, Mythen zu stiften. Sie fand an den Dardanellen statt, dem strategisch wichtigsten Teil des Osmanischen Reiches, der seit jeher Flotten und Heere im Kampf um Macht- und Einflusssphären angezogen hat.

Die Herrschaft über Konstantinopel und damit über die Zugänge zum Mittelmeer war für das Russische Reich ein altes, auch 1914 wichtiges Kriegsziel; sehr zum Missfallen der Briten und Franzosen, die eine weitere Expansion des Russischen Reiches nach Südosteuropa verhindern wollten. Doch stand das militärisch-strategische Ziel, eine neue Front zu schaffen, um den Verbündeten zu entlasten, zunächst einmal im Mittelpunkt der Überlegungen.

Zu Beginn des Jahres 1915 befürworteten in London daher immer mehr Entscheidungsträger Pläne, die Dardanellen mit einer Flotte oder mit Landstreitkräften anzugreifen. Man hoffte, dass sich die politisch-militärische Lage in Südosteuropa durch ein erfolgreiches militärisches Unternehmen zugunsten der Entente verändern würde. Erste Vorschläge dieser Art

MUSTAFA KEMAL PASCHA (SEIT 1934 ATATÜRK)
* 12. MÄRZ 1881 THESSALONIKI
† 10. SEPTEMBER 1938 ISTANBUL

Als junger Offizier gehörte Kemal Pascha seit 1905 zum Widerstand gegen das Regime von Sultan Abdul Hamid und schloss sich den Jungtürken unter Enver Pascha an. Im Februar 1915 übernahm er das Kommando der 19. Division der 5. Armee und konnte die Truppen der Entente auf der Halbinsel Gallipoli zurückschlagen. Als Befehlshaber osmanischer Armeen an der kaukasischen Front und im arabischen Raum konnte er von 1916 bis 1918 Truppen der Entente am Vormarsch hindern und begründete seinen Nimbus als unbesiegbarer Kommandeur, was ihm seit 1919 zu einer politischen Karriere verhalf. Nach der Abwehr griechischer Expansionsversuche und der Vertreibung der griechischen Truppen von türkischem Boden wurde er im Oktober 1923 zum ersten Präsidenten der türkischen Republik gewählt. Dieses Amt hatte er bis zu seinem Tod inne.

waren aus Paris gekommen, wo der französische Justizminister Aristide Briand schon im November 1914 vorgeschlagen hatte, französische und britische Truppen in den Hafen von Thessaloniki zu schicken, um das bedrohte Serbien zu unterstützen und einen Angriff auf Österreich-Ungarn vorzubereiten. Was der französische Oberbefehlshaber, General Joseph Joffe, noch abgelehnt hatte, fand in London Gefallen, allerdings mit einer anderen Stoßrichtung. Winston Churchill, Erster Lord der Admiralität, hatte Kriegsminister Herbert Kitchener davon überzeugt, dass man, wenn überhaupt, einen Angriff nur an den Dardanellen starten könnte. Die Royal Navy besäße genügend Schlagkraft, um eine solche Operation ohne weitere militärische Unterstützung erfolgreich durchzuführen. Mehr noch, mit einem Vorstoß durch die Dardanellen könne man das Osmanische Reich zur Kapitulation zwingen. Schließlich konnte Churchill, nachdem er mit seinen Plänen mehrfach auf Ablehnung gestoßen war, den British War Council von seiner Strategie überzeugen, indem er behauptete, man könnte die Operation allein mit älteren Schiffen erfolgreich durchführen. Ihre Bewaffnung sei ausreichend, um die veralteten türkischen Befestigungsanlagen auszuschalten. Die wenigen türkischen Batterien mit modernen Haubitzen und die Minenfelder, die in der Meerenge der Dardanellen verlegt waren, hoffte man durch ein systematisches Vorgehen der Schlachtschiffe und Minenräumboote ausschalten zu können.

Der erste Akt der Operation, die am 4. März begann, nämlich der Beschuss der türkischen Befestigungen mit Schiffsartillerie und die Räumung der Minen, verlief weit weniger erfolgreich als gedacht. Der große Angriff vom 18. März 1915 mit 16 Schlachtschiffen, die aus älteren Baujahren stammten, unter ihnen aber auch die hochmoderne „Queen Elizabeth", die von Kreuzern und Zerstörern und von Minenräumbooten umgeben war, lief erfolgreicher an. Die riesige Armada schaltete die Küstenbatterien aus, bis plötzlich ein französisches Schlachtschiff explodierte und mit der ganzen Besatzung unterging. Es war in ein Minenfeld geraten, das man übersehen hatte. Schließlich wurde durch die Minen ein Drittel der Schlachtflotte außer Gefecht gesetzt, was den Befehlshaber, General Ian Hamilton, zur Umkehr veranlasste. Auch waren die osmanischen Küstenbatterien, wie sich herausstellte, nicht völlig zerstört und hatten ihre Geschütze retten können. Ein neuerlicher britisch-französischer

Schiffsangriff, so war man sich einig, sollte nach diesem Fehlschlag nur mit Unterstützung von Landungstruppen durchgeführt werden.
Zuverlässige Kenntnisse über die türkischen Abwehrmaßnahmen, die von deutschen Militärberatern unter General Otto Liman von Sanders organisiert wurden, besaß die Entente nicht. Man plante den Angriff auf die europäische Seite der Meerenge zu lenken, auf die Halbinsel Gallipoli, obwohl diese schwer zugänglich war und nur wenig Landungsmöglichkeiten bot. An drei Abschnitten landeten am 25. April britische, französische, indische, australische und neuseeländische Truppen; sie sollten die osmanischen Befestigungen entlang der Meerenge angreifen und die osmanischen Reservetruppen vom Vorrücken bis an die Spitze der Halbinsel abhalten. Bald aber mussten die Landungstruppen feststellen, dass ihnen sowohl das unwegsame Gelände als auch die Hartnäckigkeit der Verteidiger entgegenstanden. Auf den Höhenzügen von Sari Bair stellten sich ihnen nach einem Gewaltmarsch die Truppen von Mustafa Kemal, dem späteren Staatsgründer Atatürk, entgegen und trieben sie zurück. Keine der beiden Seiten konnte im Verlauf der Kämpfe bedeutende Geländegewinne erzielen..
Die Kampffronten standen sich bis zum Jahresende 1915 gegenüber, bis sich die alliierten Landungstruppen zwischen dem 28. Dezember 1915 und dem 8. Januar 1916 zurückzogen. Die Opfer waren auf beiden Seiten unermesslich: Man schätzt die türkischen Verluste auf 300 000 Mann, die der Entente betrugen 265 000 Mann. Die Erinnerung an die Kämpfe auf Gallipoli sollte sich besonders nachhaltig im Gedächtnis Australiens festsetzen, dessen Bürgermilizen ihre Feuerprobe auf Gallipoli erlebten. Auf der anderen Seite wurde Gallipoli zum Ort des militärischen Ruhmes von Mustaf Kemal Atatürk. Für ihn errichtete man später in einem türkischen Nationalpark auf der Halbinsel ein Denkmal, das an die Gefallenen beider Seiten erinnert.

DER KRIEGSEINTRITT ITALIENS UND DER ALPENKRIEG

Der alte Traum von der Irredenta, von den „unerlösten“ Territorien in den Alpen und an der Adria, die noch befreit und dem jungen italienischen Nationalstaat angliedert werden müssten, trieb seit der Staatsgründung 1861 die italienische politische Klasse und auch den König Viktor Emanuel III. um. Man wollte nun nicht zu spät kommen, wenn die Grenzen nach dem Krieg neu gezogen würden. Die Militärs drängten daher aus strategischen Überlegungen darauf, sich von den Verpflichtungen des Dreibundes und damit vor allem von der Anerkennung der österreichischen

LUIGI GRAF VON CADORNA
* 4. SEPTEMBER 1850 PALLANZA
† 23. DEZEMBER 1928 BORDIGHERA

Der italienische General trat mit zehn Jahren in das Kadettenkorps ein. 1870 wurde er zum Leutnant, 1898 zum Generalmajor ernannt. Als Generalstabschef betrieb er seit 1914 die Neuorganisation des italienischen Heeres und führte mit äußerster Härte die elf blutigen Offensiven am Isonzo. Im Oktober 1917 musste er den weitgehenden Zusammenbruch der italienischen Armee bei Caporetto hinnehmen und wurde nach der Stabilisierung der Front an der Piave am 9.11.1917 entlassen. 1919 wurde er von einer Untersuchungskommission schwer belastet, bis Mussolini 1924 seine Rehabilitierung anordnete.

Interessen und Grenzen zu lösen. Die Interventionisten, die die seit Kriegsbeginn praktizierte Politik der Neutralität lieber heute als morgen aufgeben wollten, konnten sich nach hitzigen Diskussionen schließlich durchsetzen. Politische Revolutionäre, die einst auf der Seite der friedliebenden Sozialisten gestanden hatten, entdeckten zusammen mit kulturrevolutionären Schriftstellern ihre Vorliebe für ein patriotisches Heldentum, das das rückständige Italien wachrütteln und die dekadente bürgerliche Klasse durch den Krieg, der für sie nichts anderes als eine Revolution bedeutete, entmachten sollte. Der junge Sozialist Benito Mussolini, Chefredakteur der sozialistischen Parteizeitschrift „Avanti“, war einer von ihnen. Mit seiner neuen Zeitschrift „Popolo d'Italia“, dem von mächtigen Gönnern finanzierten Sprachrohr der Interventionisten, vollzog er für sich – wie viele andere auch – nach dem Kriegseintritt den Übergang vom

■ Der Krieg in den Alpen

■ Italienische Kriegsgefangene nach der zweiten Isonzo-Schlacht im September 1915. Allein in den ersten vier Isonzo-Schlachten verlor Italien 175 000 Mann. Die insgesamt zwölf verlustreichen Schlachten am Isonzo begründeten nach Kriegsende in Italien den Mythos vom verlorenen Sieg.

linken, internationalistischen Sozialismus zum rechten Nationalismus und Faschismus.

Der deutsche Botschafter Johannes von Flotow hatte sich vergeblich bemüht, Italien durch territoriale Lockangebote auf Kosten Österreichs beim Dreibund zu halten, zumal die Mehrheit der italienischen Bevölkerung und auch des Parlaments sich für einen Kriegseintritt nicht begeistern konnte. Die Interventionisten, an der Spitze Ministerpräsident Antonio Salandra und Außenminister Sydney Sonnino, verhandelten jedoch mit Wissen des Königs im Geheimen mit der Entente und unterzeichneten schließlich am 26. April 1915 in London einen Geheimvertrag mit Großbritannien, Frankreich und Russland, in dem sich Italien zum baldigen Kriegseintritt verpflichte und umgekehrt dafür die Zusage erhielt, nach dem Krieg die österreichischen Gebiete zu erhalten, die man im Rahmen der Irredenta schon lange beansprucht hatte. Am 23. Mai erklärte Italien darum Österreich-Ungarn, am 21. August dem Osmanischen Reich den Krieg. Mit der Kriegserklärung an Deutschland ließ man sich bis zum 28. August 1916 Zeit. Die italienische Entscheidung zum Kriegseintritt erfolgte zu einem Zeitpunkt, an dem in Rom noch die Hoffnung bestand, dass durch die Angriffe des Osmanischen Reichs im Kaukasus und auf Ägypten im östlichen Mittelmeer ein politisches Vakuum entstehen könnte, das für die italienischen Expansionsgelüste ebenso förderlich sein könnte wie umgekehrt der Vorstoß der Alliierten auf die Dardanellen und den Bosporus. Auch die offenkundige österreichische militärische Krise könnte, so meinte man, nur zum Vorteil Italiens sein. Darum bedeutete es auch kein großes Risiko, den Dreibund aufzukündigen. Die vorgeschobene Erklärung Roms, dass man die Bündnisverpflichtungen gegen Frankreich und Großbritannien aufgrund der eigenen militärischen Schwäche nicht einhalten könne, war vermutlich noch nicht einmal falsch.

Italien war militärisch schlecht auf einen Krieg vorbereitet, und die Territorien, die man erobern wollte, waren durch hohe Alpenkämme schwer zugänglich und von den Verteidigern auf den Gebirgsrücken gut zu schützen. Das italienische Heer war nicht gut ausgebildet und stellte ein Abbild der tiefen kulturellen Gegensätze zwischen Nord- und Süditalien dar. Der Generalstabschef, Graf Luigi Cadorna, der wie die Mehrheit der höheren Offiziere aus dem Norden stammte und über ein hohes professionelles Selbstbewusstsein verfügte, verstand sich als strenger Zuchtmeister seiner Soldaten und als uneingeschränkter Inhaber der Befehlsgewalt, was sein Verhältnis zu den politisch Verantwortlichen nicht erleichterte. In der schweren Krise der italienischen Armee 1917 trieb er, nachdem er mehr als 200 Generäle entlassen und die Erschießung von Offizieren zurückweichender Verbände befohlen hatte, seine Armeen auch in aussichtslose Kämpfe. Aber auch diese beispiellose Härte sollte den Zusammenbruch der italienischen Armee bei Caporetto im Oktober 1917 nicht verhindern.

Von Anfang an waren die italienischen Angriffe nicht von Erfolg gekrönt, sondern litten unter einer katastrophalen Fehleinschätzung des Terrains und der strategischen Planungen. Cadorno wollte am Isonzo angreifen, die Gebirgskämme überwinden und dann entlang der Drau und der Save in die Kerngebiete Österreichs vordringen. Am 23. Juni eröffneten die Italiener die erste Schlacht am Isonzo und wurden von einer zahlenmäßig unterlegenen österreichischen Armee gestoppt. Auch die folgenden Isonzo-Schlachten im Juli, Oktober und November brachten den Italienern keinen Geländegewinn, aber sehr hohe Verluste. Die Kämpfe im Hochgebirge wurden mit ungewöhnlicher Härte und Erbitterung geführt. Felsbrocken, die von den Geschossen von den Felswänden abgebrochen wurden, führten zu schweren Kopf- und Gesichtsverletzungen. Nirgends hatte das Konzept der Abnutzungsschlacht so schreckliche Konsquenzen. Die italienische Brigade „Casale“ musste beispielsweise sieben Monate im Schützengraben zubringen, davon kam sie neun Tage zur Ruhe. 154 ihrer Offiziere sowie 4276 Soldaten fielen. Auch die Österreicher erlitten schwere Verluste. Bis zum Ende der vierten Isonzo-Schlacht vom November und Dezember 1915 waren 120 000 österreichische Soldaten gefallen und verwundet. Dennoch konnten sie die Stellungen halten. Bis zum Jahresende 1915 hatte sich die Front am Isonzo stabilisiert und verlor für die strategischen Planungen der Mittelmächte an Bedeutung.

■ Österreichische Soldaten mit einer Geschützattrappe. Das Tarnen vorhandener Truppen und das Vortäuschen nicht vorhandener Verbände waren ein wichtiges Mittel, den Gegner in die Irre zu führen.

DER KRIEG IM OSTEN

Auch an der Ostfront hatte sich bis zum Spätsommer 1915 die militärische Lage für die Mittelmächte deutlich verbessert. Parallel zur ersten Isonzo-Schlacht Ende Juni 1915 konnten sie bei Gorlice-Tarnów einen Durchbruch erzielen, der die russische Seite empfindlich schwächte und das österreichische Heer vor dem drohenden Zusammenbruch rettete. Auch die deutschen Armeen waren seither im Osten einigermaßen entlastet und konnten ihre Kräfte wieder stärker im Westen konzentrieren.

Noch im März 1915 war es den russischen Truppen gelungen, die Festung von Przemsyl, die sie seit September 1914 belagert hatten, zu erobern. In der Folge wurden die K.-u.-k.-Truppen durch deutsche Einheiten erheblich verstärkt, so dass im Mai 1915 bei Gorlice-Tarnów ein entscheidender Durchbruch erzielt werden konnte. Die Schlacht bei Gorlice-Tarnów konzentrierte sich auf einen schmalen Frontabschnitt zwischen der Weichsel und den Karpaten. Zwar stammte der Operationsplan vom österreichischen Generalstabschef und die Österreicher stellten auch große Teile der Angriffskräfte, aber die Umfassungsverbände und die Führungsstäbe wurden von den Deutschen gestellt. Das war das Resultat von Gesprächen des österreichischen Heereschefs Conrad von Hötzendorf mit den deutschen Generälen Erich von Falkenhayn und Erich Ludendorff am 1. Januar 1915 in Berlin und weiteren Gesprächen Falkenhayns mit dem Oberbefehlshaber Ost, General Paul von Hindenburg, und Reichskanzler Bethmann Hollweg. Sie hatten auf Druck des Kaisers Falkenhayn dazu gebracht, weitere Einheiten von der West- an die Ostfront zu verlegen – wenn auch längst nicht so viele, wie das Oberkommando Ost immer gefordert hatte und auch in Zukunft fordern sollte: Der Erfolg von Gorlice-Tarnów diente Hindenburg und Ludendorff als Beleg für ihre unrealistische Forderung nach einer Verlagerung der strategischen Prioritäten zugunsten der Ostfront.

Zwei Gründe gab es für den Erfolg der Kämpfe bei Gorlice-Tarnów: Zum einen die gut getarnte Massierung von Truppen und Waffen an einem schmalen Frontabschnitt, was zu einer massiven örtlichen Überlegenheit der Mittelmächte an Soldaten und

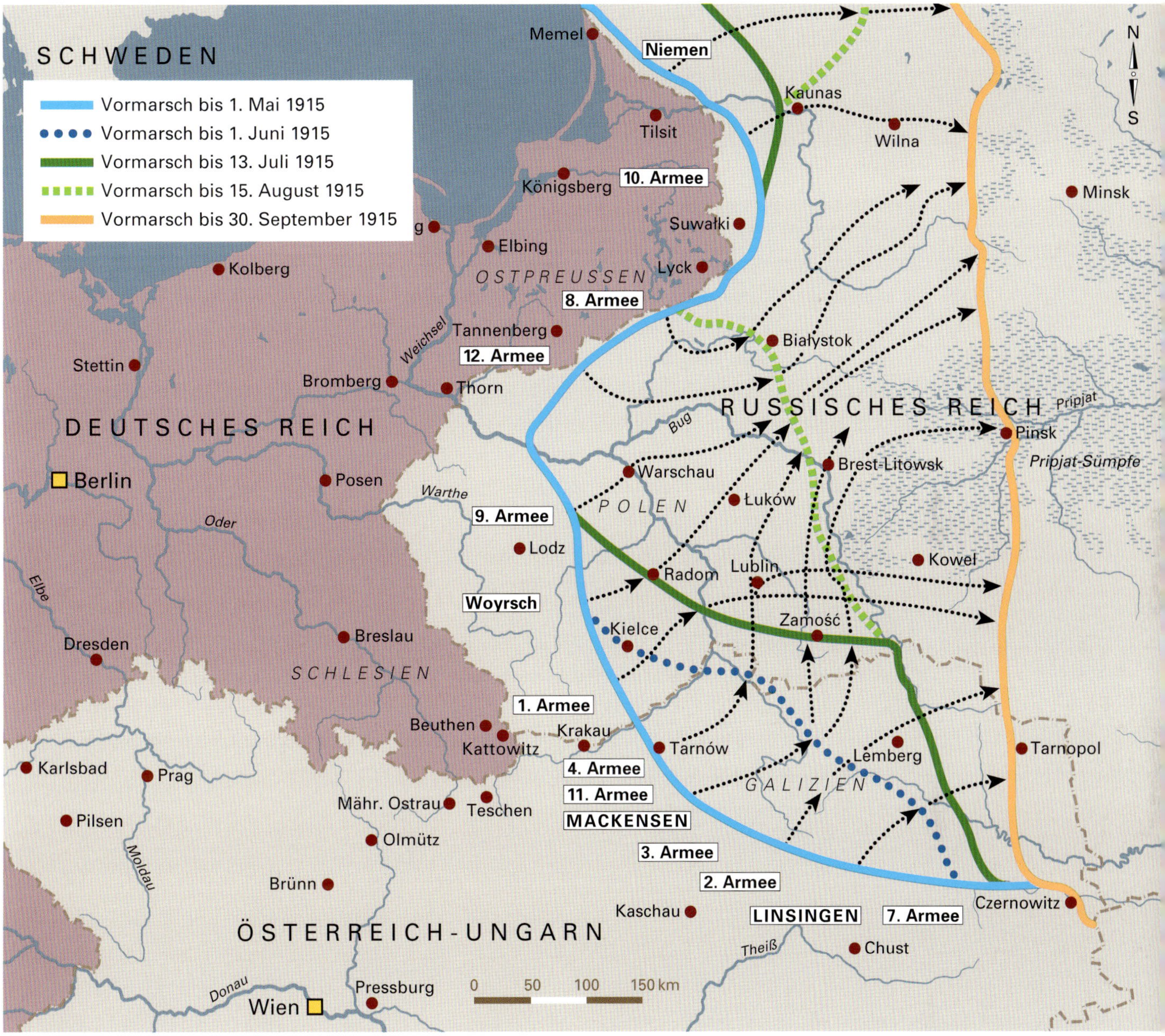

Waffen führte. Zum anderen fehlte den Russen nicht nur genügend Zeit zur Organisation ihrer Abwehr und Verschanzungen, sondern es herrschte auch ein eklatanter Mangel an Waffen und Munition. Die russischen Truppen waren denen der Mittelmächte zwar numerisch überlegen, allerdings reichte die russische Rüstungsproduktion nicht aus, um jeden Soldaten mit einer eigenen Waffe auszurüsten. Solche Engpässe gab es nach den ersten Kriegsmonaten zwar bei allen Heeren, doch konnten die übrigen Kriegsparteien mit der Zeit umfangreiche rüstungswirtschaftliche Anstrengungen unternehmen und durchsetzen, so dass die Rüstungsproduktion im Laufe des Jahres 1915 deutlich gesteigert werden konnte. Die Russen erreichten dieses Ziel erst 1916. Daher hatten die russischen Einheiten im Frühjahr 1915 nach der Einnahme der Festung von Przemsyl nicht mehr genügend Granaten zur Verfügung, um ihre Offensive fortzusetzen. Die übliche Angriffsplanung sah vor, jedes Vorrücken mit einem vorbereitenden Trommelfeuer zu beginnen, bei dem mehrere Hunderttausend Granaten auf die feindlichen Linien ver-

■ Die Ostfront im Jahr 1915

■ Nach der Schlammperiode erschwerten im Winter 1915/16 Schnee und Eis den Vormarsch der Mittelmächte an der Ostfront.

schossen wurden. Die russischen Divisionen hatten jedoch zwischen Januar und April 1915 insgesamt nur zwei Millionen Granaten erhalten.

August von Mackensen, der Oberbefehlshaber der deutschen 11. Armee, suchte bei Gorlice-Tarnów den raschen und tiefgegliederten Infanterie-Durchbruch, der die Russen daran hindern sollte, ihre Reserven nach vorne zu werfen. Sein Plan war erfolgreich: Das Trommelfeuer, das am Abend des 1. Mai einsetzte, zerstörte die vorderen russischen Linien. Der Angriff der deutschen Infanterie am folgenden Tag stieß nur noch auf geringen Widerstand. Die russischen Infanteristen konnten ihre beiden rückwärtigen Linien nicht halten und warfen ihre Waffen weg. Der Angriff löste eine gewaltige Dynamik aus, die sich in den folgenden Wochen fortsetzte. Bis zum 13. Mai hatten die deutsch-österreichischen Angriffsspitzen das Umfeld von Przemysl und Lodz erreicht, am 4. August besetzten deutsche Truppen Warschau. Ende August und Anfang September kapitulierten vier wichtige russische Grenzfestungen. Die Russen räumten den gesamten polnischen Frontvorsprung und verkürzten damit ihre Frontlinie von 1600 auf 1000 Kilometer.

Nun setzte eine gewaltige Bevölkerungsbewegung ein: Russische Soldaten mussten in Gefangenschaft in Richtung Westen ziehen, die Zivilbevölkerung wurde zwangsweise evakuiert. Großfürst Nikolaus, der russische Oberkommandierende, ergriff harte Maßnahmen, um die in Bewegung geratene Front zu stabilisieren. Doch dadurch verstärkte sich bei Freund und Feind nur der Eindruck der Krise und des Zusammenbruchs. Am 7. August 1915, zwei Tage nach dem Fall Warschaus, wurde der Großfürst vom Zaren entlassen, Nikolaus II. übernahm weniger Tage später persönlich den Oberbefehl. Das wurde in London und Paris als Zeichen dafür verstanden, dass Russland weiterkämpfen wollte. Bei den deutschen Befehlshabern löste die Maßnahme umgekehrt die Erwartung aus, dass man nun zur großen Offensive rüsten und die militärische Entscheidung im Osten suchen könne.

Bei einer Strategie-Besprechung unter Vorsitz des Kaisers am 3. Juni in Pless hatte Ludendorff weitere Verstärkungen gefordert, um eine große Umfassungsbewegung von der Ostsee nach Süden durchzuführen und den russischen Armeen den Rückzug abzuschneiden. Falkenhayn widersprach Ludendorff. Er sorgte sich um die Westfront und wollte die erfolgreichen Truppen aus dem Osten wieder in den Westen verlegen. Der österreichische Generalstabschef Hötzendorf hatte andere Sorgen: Er wollte

Truppen an die Isonzo-Front beordern. Mackensen schlug die Fortsetzung seiner Offensive vor und erhielt vorerst und notgedrungen die Unterstützung von Falkenhayn, der in diesem Punkt nachgeben musste. Als daraufhin der Vormarsch erfolgreich fortgesetzt wurde, hakte Ludendorff am 30. Juni bei einer Besprechung in Posen noch einmal nach und legte einen noch weiter ausgreifenden Plan vor: Die deutschen Armeen sollten von der Mündung der Memel im Norden bis zu den Pripjatsümpfen in der Mitte der Ostfront vorstoßen und so die Russen zur Kapitulation zwingen. Doch diesmal widersprach Falkenhayn dem Vorhaben: Er verstand den russischen Rückzug nicht als einen überstürzten, planlosen Vorgang, sondern verstand ihn als überlegte Frontbegradigung. Gleichzeitig hatte sich herausgestellt, wie schwierig angesichts der kaum ausgebauten Wege und Straßen ein Vormarsch auf russischem Gebiet war, weil der Nachschub nur mühsam nachfolgen konnte.

Tatsächlich konnten die Russen an ihrer nun verkürzten Front Reserven freisetzen, die ihnen Gegenoffensiven im Baltikum, am mittleren Frontabschnitt und im Süden erlaubten. Ludendorff konnte allerdings, gleichsam zur Bekräftigung seines großen Offensivplanes, im September Wilna einnehmen und damit eine Linie erobern, die von der Rigaer Bucht bis in die Karpaten verlief. Einem weiteren Vormarsch setzte die Schlammperiode des beginnenden Herbstes ein Ende. Damit hatten die Deutschen einen großen Teil des polnischen Gebietes von Russland besetzt, aber nicht das historische russische Kernland erreichen können.

Die russischen Verluste an Menschen und Material waren bis dahin gewaltig und verlangten nach einer Atempause. Fast eine Million russische Soldaten waren gefallen oder verwundet, 750 000 in Gefangenschaft geraten. Immerhin konnten im folgenden Jahr weitere Reserven einberufen und die Rüstungsproduktion gesteigert werden. Auf beiden Seiten wurden für das Jahr 1916 Offensiven geplant. Frankreich und Großbritannien drängten Russland zu einem Vorstoß, um möglichst viele deutsche Truppen im Osten zu binden und so die eigene Offensive an der Somme zu unterstützen. Umgekehrt hatte der große Erfolg auf deutscher Seite dazu geführt, mit Blick auf die geplante Offensive bei Verdun Truppen nach Westen zu verlegen.

■ Der Untergang der „Lusitania" empörte die Menschen im angelsächsischen Raum und wurde propagandistisch ausgeschlachtet: Das Plakat rief irische Männer dazu auf, die „Lusitania" zu rächen und in die Armee einzutreten.

DER „UNEINGESCHRÄNKTE U-BOOT-KRIEG" UND DIE VERSENKUNG DER „LUSITANIA"

Im Mai 1915 kam es vor der Südküste Irlands zu einem Zwischenfall, dessen Auswirkungen auf das Kriegsgeschehen erst 1916/17 zum Ausdruck kamen und der den Krieg noch einmal entscheidend ausweiten sollte: Am 7. Mai wurde der britische Luxusdampfer „Lusitania" auf seiner Fahrt von New York nach Liverpool von dem deutschen U-Boot U 20 durch einen Torpedotreffer versenkt. Dabei kamen 1198 Passagiere ums Leben, darunter fast 130 US-

Amerikaner. Auf den Einschlag des Torpedos war nach britischer Darstellung eine zweite Explosion gefolgt, die zu dem raschen Sinken des Schiffes nach nur achtzehn Minuten geführt hatte und die als Beleg für eine rücksichtslose deutsche Kriegführung angeführt wurde: Der Vorfall ereignete sich in der Phase des uneingeschränkten U-Boot-Krieges, mit dem die deutsche Kriegsmarine auf die britische Blockadepolitik reagierte und ihrerseits versuchte, durch die Versenkung britischer Handelsschiffe die britische Wirtschaft von Rohstoffzufuhren abzuschneiden.

Die Katastrophe der „Lusitania" war für die Propaganda der Entente ein Stoff, der die These von der deutschen Brutalität noch einmal zu bestätigen schien und mit dem sich eine deutliche Parallele zu deutschen Kriegsgräueln in Belgien herstellen ließ. In Deutschland galt es hingegen als sicher, dass das Schiff insgeheim bewaffnet gewesen sei und Munition geladen habe, was als Grund für die heftige Explosion und das schnelle Sinken des Schiffes angeführt wurde. Daher richtete sich die deutsche Propaganda auch gegen den Ersten Lord der Admiralität, Winston Churchill. Nach deutscher Darstellung benutzte er die Passagiere als lebende Schutzschilde für den Munitionstransport und nahm ihren Tod zynisch in Kauf. In der Tat hatte das Schiff auf seiner Frachtliste Gewehrmunition im Umfang von 4,2 Millionen Schuss stehen, so dass sich der Streit, ob die „Lusitania" als Hilfskreuzer der britischen Marine genutzt wurde und ob sie bewaffnet gewesen sei, über Jahrzehnte hinziehen sollte. Erst 1995 konnte bei einer Tauchexpedition im Wrack der „Lusitania" zweifelsfrei geklärt werden, dass es keinen zweiten Torpedoeinschlag gegeben hatte und es auch nicht zur Explosion der an Bord befindlichen Munition gekommen war.

Die Versenkung der „Lusitania" löste einen heftigen diplomatischen internationalen Konflikt aus. Es kam zu einem scharfen Notenwechsel zwischen der amerikanischen und der deutschen Regierung. Schließlich ordnete Wilhelm II. an, keine weiteren Passagierschiffe mehr zu versenken. Die Spannungen eskalierten dennoch, als am 19. August der britische Dampfer „Arabic" durch das U-Boot U 24 versenkt wurde. Unter den 44 Toten waren drei Amerikaner. Auf einen neuerlichen Protest der USA hin ordnete der Kaiser an, den U-Boot-Einsatz um die Britischen Inseln einzustellen. Die

WINSTON LEONARD SPENCER CHURCHILL

*30. NOVEMBER 1874 BLENHEIM PALACE
†24. JANUAR 1965 LONDON

Nach seiner Teilnahme an fünf verschiedenen Kolonialkriegen zwischen 1895 und 1901 erreichte die politische Karriere des späteren Kriegspremierministers, der 1904 von den Konservativen zu den Liberalen übergewechselt war, ihren ersten Höhepunkt, als er nach der Marokko-Krise 1911 zum Ersten Lord der Admiralität ernannt wurde. Das Scheitern des von ihm betriebenen Angriffs auf die Halbinsel Gallipoli 1915 führte zu seinem vorübergehenden politischen Abstieg, bis er im Juli 1917 durch seine Ernennung zum Rüstungsminister im Kabinett von Lloyd George eine zweite politische Karriere beginnen konnte. 1919 wurde er zum Kriegsminister und 1924 zum Schatzkanzler ernannt. Nach seinem Rückzug aus der Politik wurde der Kritiker der britischen Appeasement-Politik im Mai 1940 Premierminister. Nach seiner Abwahl 1945 konnte er das Amt 1951 ein zweites Mal gewinnen.

Sorge vor einer amerikanischen militärischen Intervention war bei der deutschen Reichsleitung ganz offensichtlich sehr groß.
Die Vorfälle rund um die Versenkung der „Lusitania" zeigten deutlich, wie spannungsgeladen inzwischen auch die internationalen Beziehungen zu nicht Krieg führenden Staaten waren und wie wichtig für die weitere Kriegführung die Reaktionen der öffentlichen Meinung. In den USA verschärfte sich nach dem Untergang der „Lusitania" die antideutsche Haltung schlagartig. Allerdings entschied sich US-Präsident Woodrow Wilson dazu, vorerst nicht den Empfehlungen der Mehrheit seiner Berater zu folgen und in den Krieg einzutreten, auch wenn viele Beobachter das erwartet hatten. In Deutschland wurde die Versenkung der „Lusitania" als Erfolg gefeiert und nährte eine unbegründete Siegesstimmung. Es wurde von privater Seite sogar eine Medaille geprägt, die die sinkende „Lusitania" mit Waffen und Munition an Bord zeigte.
Am Jahresende 1916 drängte schließlich die Oberste Heeresleitung die Reichsführung zur Wiederaufnahme des uneingeschränkten U-Boot-Krieges. Man wollte alles auf eine Karte setzen und sah im U-Boot-Krieg das letzte Mittel, den Krieg zu gewinnen. Am 9. Januar 1917 ordnete Wilhelm II. an, mit dem uneingeschränkten U-Boot-Krieg am 1. Februar zu beginnen. Am 3. Februar brach daraufhin der amerikanische Präsident die diplomatischen Beziehungen zum Deutschen Reich ab.

■ Im Ersten Weltkrieg wurden bei den meisten U-Boot-Angriffen die Bordkanonen zur Versenkung der feindlichen Schiffe eingesetzt.

Kapitel 4

1916: DER ERSTARRTE KRIEG

IM DEZEMBER 1915 FANDEN BEI ALLEN KRIEGSPARTEIEN KONFERENZEN UND STRATEGISCHE PLANUNGEN STATT. DIE REGIERUNGEN UND GENERALSTABSCHEFS BEIDER SEITEN WOLLTEN IM FOLGEJAHR DIE ENTSCHEIDUNG ERZWINGEN. NACH DEN SCHWEREN UND ÄUSSERST VERLUSTREICHEN KÄMPFEN AN ALLEN FRONTEN, DIE SICH UM DIE NEUEN KRIEGSSCHAUPLÄTZE ERWEITERT HATTEN, WAR TROTZ ALLER SIEGE, GERADE DER DEUTSCHEN, BISHER EIN ENDE DES KRIEGES NICHT ABSEHBAR.

Vor allem konnte man sich nirgends sicher sein, wie lange Politik und Gesellschaft die nötige Loyalität aufbrächten, um die ungeheuren Belastungen und Opfer des Krieges zu ertragen. Er dauerte nun schon eineinhalb Jahre und war bisher nur durchzuhalten gewesen, weil alle Kriegsparteien auf die Unterstützung an ihrer jeweiligen Heimatfront und die Mobilisierung der ganzen Gesellschaft zählen konnten. Überall griffen Regierungen in einem bis dahin unbekannten Maße schrittweise in die Lebensgestaltung ihrer Bürger ein. Neben den Behörden übernahmen aber auch Selbsthilfeeinrichtungen die erforderliche Kontrolle und Reglementierung.

Der finanzielle Zusammenbruch, den man anfangs befürchtetet hatte, war bislang bei allen Kriegsparteien ausgeblieben. Die gewerblich-industrielle Produktion konnte trotz partieller Einbußen und Schwerpunktverlagerungen aufrechterhalten werden, nur die Landwirtschaft litt unter dem Mangel an Arbeitskräften. Ende 1915 machten sich jedoch überall Engpässe bemerkbar, und während des Jahres 1916 sollte die Zivilbevölkerung ernstlich unter den materiellen Folgen des Krieges leiden, von den menschlichen Opfern und Belastungen ganz zu schweigen.

■ Eine französische Frau kehrt nach dem Abzug der deutschen Truppen in die Trümmer ihres zerstörten Hauses zurück.

Die militärischen Planungen der Entente sahen für das Jahr 1916 vor, die Mittelmächte in Ost und West und dazu noch in Italien gleichzeitig anzugreifen. So sollten die Deutschen daran gehindert werden, ihre Reserven verschieben und jeweils dort in die Schlacht werfen zu können, wo sie zur Verstärkung gerade benötigt wurden. Bislang hatten die Mittelmächte davon profitiert, dass sie ihre Reserven auf den inneren, kürzeren Wegen verschieben konnten und so deutlich kürzere Aufmarschwege als die Truppen der Entente hatten.

Die Abstimmung der Alliierten erfolgte unter Vorsitz des französischen Befehlshabers, General Joseph Joffre, auf einer Konferenz, die vom 6. bis 8. Dezember 1915 in Chantilly stattfand. Man einigte sich darauf, die Nebenfronten in Thessaloniki, Ägypten und Mesopotamien nicht zu verstärken und stattdessen alle zur Verfügung stehenden französischen und britischen Kräfte, aber auch die Truppen der Russen und Italiener für die Offensiven an den Hauptfronten in West und Ost sowie im Süden zu konzentrieren und aufeinander abzustimmen. Vor allem an der Westfront wollte man die gemeinsamen Offensiven fortsetzen und die Zermürbungstaktik verstärken. Zu diesem Zweck setzte man nicht mehr auf eine Durchbruchsschlacht, sondern wollte die deutschen Truppen durch eine lang andauernde Schlacht demoralisieren. Der Angriff sollte an der Nahtstelle der britischen und französischen Armeen in der Picardie über die Somme erfolgen.

Von den Offensivplanungen Ende 1915 versprachen sich die französischen und britischen Generäle auch deswegen Aussicht auf Erfolg, weil die Streitkräfte der Entente inzwischen durch neue Rekrutierungen und Reorganisationen zahlenmäßig deutlich zugenommen hatten. Zudem erreichte mittlerweile selbst in Russland die Rüstungsindustrie durch eine bessere Organisation sowie durch die teilweise Mobilisierung von Frauen für die Fabrikarbeit deutlich höhere Produktionszahlen bei Waffen und Munition. Die größte Steigerung alliierter Kampfkraft brachte jedoch die massenhafte Anwerbung britischer Kriegsfreiwilliger, die beinahe geschlossen von einzelnen Städten oder Fabriken gestellt wurden.

■ Mit solchen Postkarten warb die Entente erfolgreich zahlreiche Rekruten an.

Angriffsplanungen setzen im günstigen Falle auch die Kenntnis der gegnerischen Absichten voraus. Das war 1915/16 jedoch nicht der Fall. Während Briten und Franzosen ihre Vorbereitungen für die Somme-Offensive betrieben und die Italiener ihre Planungen für einen weiteren Kampf am Isonzo fortsetzten, richtete der österreichische Generalstabschef Franz Conrad von Hötzendorf seine Vorkehrungen für 1916 auf eine überraschende österreichische „Strafexpedition“ im Trentino. Ausschlaggebend für den Verlauf des Kriegsjahres 1916 war aber die Entscheidung des deutschen Generalstabschefs Erich von Falkenhayn, alle Kräfte für einen gewaltigen Offensivschlag gegen die Franzosen bei Verdun aufzustellen. Im Osten erwartete er – fälschlicherweise – keine weiteren russischen Offensiven.

DIE GROSSEN SCHLACHTEN: VERDUN UND SOMME

Falkenhayn gab Mitte Dezember 1915 die Order, eine begrenzte Offensive an einem entscheidenden Punkt zu eröffnen, der der Gegner aus militärischen wie aus historisch-symbolischen Gründen nicht ausweichen könne und zu dessen Verteidigung die französische Armee folglich gezwungen sei, „den letzten Mann einzusetzen“. Das Angriffsziel war Verdun. Verdun lag an der Spitze eines verwundbaren Frontvorsprungs und war ein französischer Erinnerungsort, den Joffre auf keinen Fall aufgeben würde. Für die Wahl Verduns sprach auch die Befürchtung Falkenhayns, dass die gewaltige Festung mit ihrem Gürtel von weiteren Forts die deutschen Linien gefährden könnte. Außerdem lag Verdun angesichts der Nähe zur Festung Metz für die Logistik der deutschen Armee sehr günstig. Ob sich Falkenhayn, wie er später behauptete, auch von dem gezielten Plan eines „Ausblutens“ der französischen Armee als Folge der Schlacht bei Verdun leiten ließ, lässt sich nicht mit Sicherheit klären.

Die Schlacht von Verdun stellte einen strategischen Wendepunkt dar. Die Kriegsplanungen

■ Schon im April 1915 bildeten sich vor den Lebensmittelgeschäften in Russland lange Schlangen. Im Laufe des Jahres 1916 verschärfte sich die Versorgungslage bei allen Kriegsparteien.

fokussierten sich nicht mehr auf eine Durchbruchsschlacht, sondern man verfolgte stattdessen nun eine Zermürbungstaktik. Falkenhayn verband, so jedenfalls in seiner nachträglichen Darstellung, mit der Erschöpfung des Gegners das Ziel, England durch einen deutschen Erfolg gegen Frankreich zu entmutigen und von weiteren Kriegs- und Rüstungsanstrengungen abzuhalten. Er sah mittlerweile in England den Hauptgegner, während Frankreich der Erschöpfung nahe zu sein schien. Die Franzosen sollten darum an einem zwar begrenzten, aber entscheidenden Abschnitt der Westfront zum Kampf gezwungen und unter Druck gesetzt werden, so dass sie immer neue Verstärkungen in eine Zermürbungsschlacht werfen müssten. Die Voraussetzungen für das Gelingen seines Schlachtplanes schienen Falkenhayn so günstig zu sein, dass er lediglich die 5. Armee um zehn Divisionen und ein großes Aufgebot an schweren Geschützen verstärkte. Auf noch größere Truppenkonzentrationen meinte er verzichten zu können. Durch diese Entscheidung war jedoch ein gleichzeitiger Angriff auf beiden Seiten der Maas unmöglich. Dies sollte schließlich kampfentscheidend werden, denn es erlaubte der französischen Armee, die Höhen am Westufer des Flusses zu besetzen und von dort mit schwerem Artilleriefeuer die deutschen Angreifer in ihrer Aktionsfreiheit einzuschränken.

Am 21. Februar 1916 begann nach neunstündigen Artillerieangriffen aus fast 1000 Geschützen die Offensive. Drei Korps der 5. Armee stürmten auf einer Breite von 13 Kilometern im Norden von Verdun vor und durchbrachen die erste Frontlinie der Franzosen. Die Verteidiger waren der Wucht des Artilleriefeuers und der zahlenmäßigen Übermacht

■ Die Schlacht von Verdun

Frontverlauf am 21. Februar 1916
Vormarsch bis 24. Februar 1916
Vormarsch bis 9. April 1916
endgültige Stellung am 8. August 1916
französische Gebietsgewinne von Oktober bis Dezember 1916
Fort

nicht gewachsen und wichen auf die Forts Vaux und Douaumont zurück. Doch schon in der zweiten Verteidigungslinie liefen sich die deutschen Angriffe fest. Trotz erbitterter Gefechte waren die Geländegewinne sehr gering. Einen größeren Erfolg erzielten die deutschen Truppen erst am 25. Februar, als sie die schwach gesicherte Festung Douaumont im Handstreich einnehmen konnten. Sie bot bei weiteren Angriffen den deutschen Soldaten Schutz und den Artilleriebeobachtern die Möglichkeit, das Geschützfeuer direkt auf Verdun und die Maasbrücken zu lenken.

Falkenhayns Kalkül schien aufzugehen. Joffre konnte und durfte Verdun, dessen strategischen Wert er bislang für gering erachtet hatte, nicht aufgeben. Das französische Kommando wurde General Philippe Pétain übertragen, der als überzeugter Verfechter einer Defensivstrategie bisher keine Chance zur militärischen Karriere gehabt hatte. Pétain gab den Befehl aus, sich an jeden Fußbreit Bodens zu klammern und im Gegenangriff alles zurückzuerobern, was verloren gegangen war. Verdun wurde zum Prüfstein für die französische Fähigkeit zur Verteidigung der Heimat. Pétain koordinierte, nachdem die Lage für die französische Seite sehr kritisch geworden war, den Einsatz der Artillerie neu. Fortan mussten sich die Deutschen vor pausenlosen Granatangriffen schützen und bekamen ihrerseits Probleme, die eingenommenen Stellungen zu halten. Zudem richtete Pétain Nachschublinien ein, um die Versorgung und den Austausch der eingesetzten Kräfte sicherzustellen. Bis zu 12 000 Lastkraftwagen waren Tag und Nacht auf der Straße von Verdun nach Bar-le-Duc im Einsatz, die bald als „Voie Sacrée" (Heiliger Weg) zum Mythos wurde.

Die Taktik Pétains, einzelne Truppenteile immer nur kurzzeitig in der Frontlinie einzusetzen und dann wieder durch neue Truppen zu ersetzen, machte den Marschbefehl bei Verdun für viele Soldaten zum Opfergang. Ein Offizier, der aus Verdun zurückgekehrt war, sprach das offen aus: „Das Ganze ist sehr einfach. Ihr werdet abgelöst, wenn zwei Drittel eurer Mannschaft außer Gefecht gesetzt sind. Das ist die übliche Quote." Als René Arnaud, 21-jähriger französischer Infanterist, mit seinem 6. Bataillon ein Bataillon des 301. Regiments auf Höhe 321 ablösen sollte, erlebte er bereits den Weg dorthin als einen gefährlichen Gang durch die schützende Nacht und durch das feindliche Granatfeuer. „Auf beiden Seiten explodierten Granaten. Wir sprangen in einen Verbindungsgraben, kletterten wieder heraus, huschten wieder hinein und klettern wieder heraus. Ich folgte der letzten Gruppe und marschierte wie im Traum … Ich beeilte mich, gefolgt von schwankenden Bajonetten und Wasserflaschen. Das Bombardement wurde intensiver, wie immer vor Tagesbeginn. ‚Schnell! Schnell!'" Dennoch sollte sich das häufige Austauschen der Truppen als stabilisierend auf die Kampfmoral auswirken, da sehr viele Soldaten diesen Opfergang gehen mussten und sich die Bürde, später auch der nationale Ruhm, auf viele verteilte. Als Arnaud wieder abgezogen wurde und die Ablösung vorbeimarschieren sah, verspürte er „eine bittere Zufriedenheit, getan zu haben, was getan werden musste".

Nach sechs Tagen hatten sich die Deutschen schließlich sechs Kilometer vorwärts gekämpft und waren bis auf sechs Kilometer an das Stadtgebiet von Verdun herangekommen. Dennoch führte die Offensive nicht zu dem erhofften Erfolg. In einem leidenschaft-

■ Ein zeitgenössischer Farbdruck zeigt die Nachschubkolonnen auf der „Voie Sacrée". Die Bezeichnung des Nachschubwegs als „Heiliger Weg" zeigt die symbolische Bedeutung Verduns für die französische Öffentlichkeit.

HENRI PHILIPPE PÉTAIN
*24. APRIL 1856 CAUCHY-LA-TOUR
†23. JULI 1951 PORT-JOINVILLE

Der Oberst stand 1914 eigentlich am Ende seiner militärischen Laufbahn. Der Krieg ermöglichte ihm jedoch einen raschen Aufstieg zum Brigadegeneral, 1915 zum Oberbefehlshaber der 2. Armee und später zum Marschall. Seine militärische Stunde schlug, als der Anhänger einer Defensivstrategie ab Februar 1916 die Abwehr der deutschen Offensive vor Verdun übernahm und die Front stabilisierte. Am 30. April 1917 wurde er Nachfolger von Generalstabschef Robert Nivelle und konnte die schweren Meutereien in der Armee durch maßvolle Repressionsmaßnahmen bei gleichzeitiger Verbesserung der Lebensbedingungen der Soldaten und den Verzicht auf neue mörderische Großoffensiven beenden. Als nationaler Kriegsheld und Generalinspekteur (1922 bis 1931) der Streitkräfte übernahm er 1940 die französische Kollaborationsregierung von Vichy und wurde deshalb 1945 zunächst zum Tode verurteilt und später auf die Insel Yeu verbannt.

lichen Kampf opferten sich die französischen Einheiten, darunter auch Elitetruppen, um keinen Fußbreit Boden aufzugeben. Durch die Schlacht um Verdun vollzog sich bei den Franzosen ein Mentalitätswandel, der zu einer stärkeren Identifikation mit der Nation und der Dritten Republik führen sollte: „Sie wissen, dass sie Frankreich retten“, berichtete ein Zensor über die Briefe, die Soldaten von der Front nach Hause schickten, „aber auch, dass sie dort vorn dafür sterben werden.“

Falkenhayn wechselte am 6. März erneut seine Strategie und weitete die Offensive auf das westliche Ufer der Maas aus. Das hatte er zuvor noch abgelehnt, doch stand hinter der Kuppe des „Toten Mannes“ (Mort Homme) und hinter der Höhe 304 die französische Artillerie und brachte mit ihrem Feuer der deutschen Infanterie bei ihrem Stellungskampf schwere Verluste bei. Auch bei diesem Angriff wiederholte sich, was Angreifer und Verteidiger schon so oft erlebt hatten: Der erste Vorstoß der Deutschen war erfolgreich, die französische 67. Division brach zusammen. Doch dann blieb die Front stecken und die Artillerie der Franzosen konnte die deutsche Infanterie von der Kuppe des „Toten Mannes“ und der Höhe 304 aus beschießen. Es tobte an beiden Ufern der Maas ein Kampf um jeden Quadratkilometer, allein die Ruinen des Dorfes Vaux wechselten dreizehn Mal die Besitzer. Auch die deutschen Angriffe auf den „Toten Mann“ im April und Mai sollten scheitern. Bis zum 20. Mai konnten deutsche Truppen den „Toten Mann“ dann zwar doch noch besetzen, allerdings konnten sie angesichts des ständigen Drucks der Franzosen, die erbittert nachsetzten, die Stellung nicht für ihre strategischen Ziele nutzen. Darum versuchten sie in einer dritten Phase erneut, die Festung Verdun einzunehmen, diesmal von Douaumont ausgehend. Am 22. Juni begann ein deutscher Angriff auf der Linie Vaux-Fleury, und wieder rannten sich die deutschen Einheiten, denen auch Oberleutnant Friedrich Paulus, der spätere Oberbefehlshaber der 6. Armee in Stalingrad, angehörte, in dem zerklüfteten Gelände um das Fort fest. Von der Sommerhitze völlig erschöpft und vom Nachschub mit Trinkwasser abgeschnitten, musste auch das gut ausgebildete Alpenkorps, das als Eliteeinheit galt, am Abend des 23. Juni den Vorstoß abbrechen.

Dieser 23. Juni war der Höhepunkt der Schlacht um Verdun und zeigte zugleich die Schrecken und die Sinnlosigkeit der Kämpfe. Seit Februar waren rund 21 Millionen Granaten verschossen worden und hatten Dörfer und ganze Landschaften zerstört. Auf beiden Seiten waren mittlerweile mehr als 200 000 Mann gefallen oder verwundet worden. Auch ein letzter deutscher Angriff auf das Fort Souville scheiterte am 11. Juli, und man sah sich – nicht zuletzt wegen der Offensive von Briten und Franzosen an der Somme – dazu gezwungen, zur Defensivstrategie zurückzukehren. Das erlaubte den Franzosen bis zum Oktober 1916, das Gelände östlich der Maas, das man seit Februar 1916 verloren hatte, wieder zurückzuerobern. Während die Schlacht um Verdun in Frankreich zum Symbol der erfolgreichen Verteidigung der Nation wurde, führte sie in Deutschland zu einer Verbitterung vieler Soldaten, die sich in einen „Backofen" gestoßen fühlten. Die spätere Rechtfertigung Falkenhayns, es sei nur um ein Ausbluten Frankreichs, nicht um eine Einnahme von Verdun gegangen, wurde von ihnen als Ausdruck von Zynismus verstanden.

■ Selten kamen die Soldaten beider Seiten zur Ruhe: Französische Soldaten während einer Kampfpause in ihrer Stellung nahe dem Dorf Fleury-devant-Douaumont.

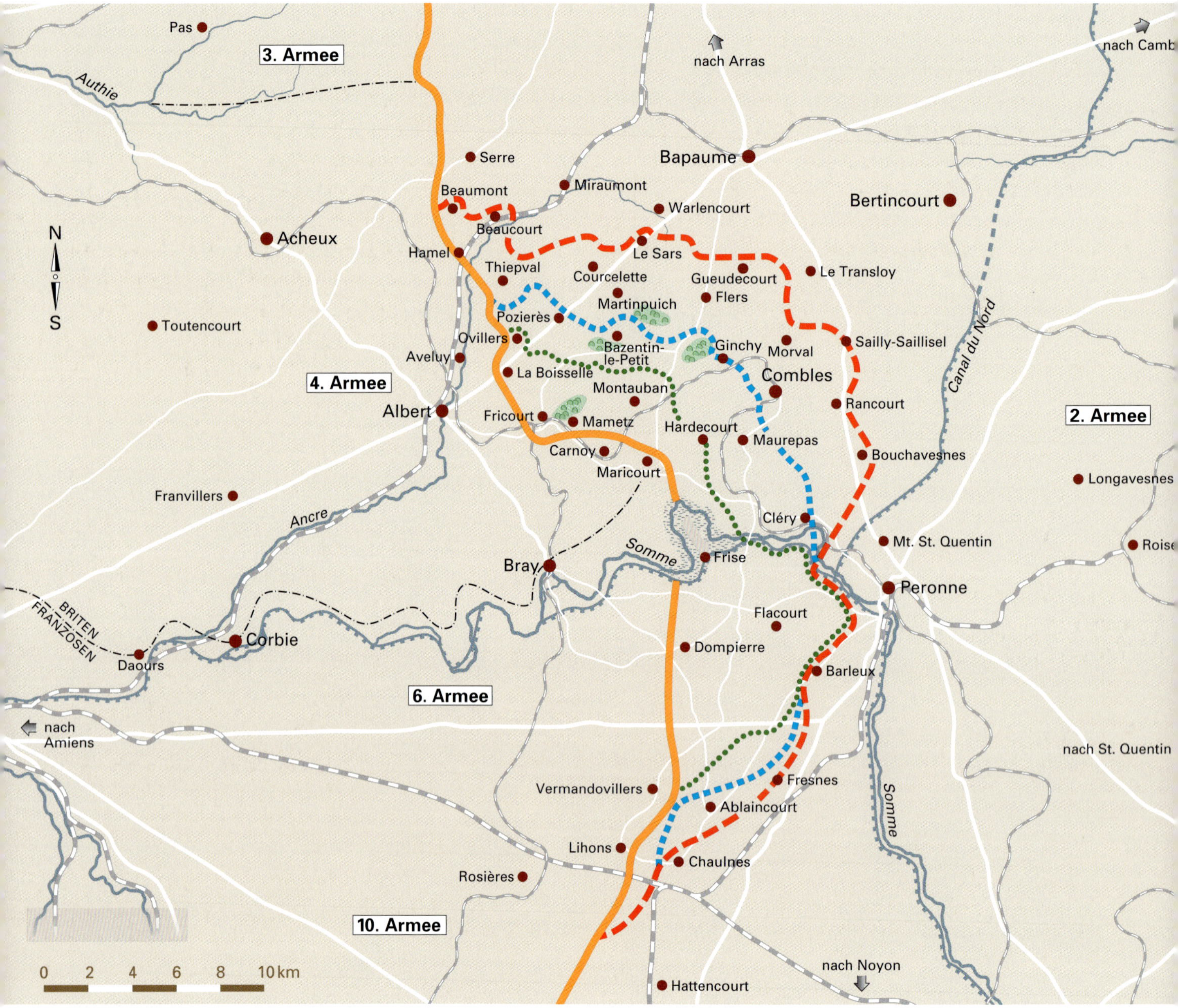

■ Die Schlacht an der Somme

Vormarsch bis 1. Juli 1916
Vormarsch bis 14. Juli 1916
Vormarsch bis 15. September 1916
endgültige Stellung im November 1916

Mittlerweile hatte sich das Kriegsgeschehen an die Somme verlagert, obwohl die Schlacht um Verdun noch Monate andauern sollte. Seit Juni war unübersehbar, dass Falkenhayn seine strategischen Ziele bei Verdun verfehlt und als Generalstabschef bei der militärischen Führung wie in der Öffentlichkeit seine gesamte Glaubwürdigkeit verloren hatte. Die scharfe Kritik seiner Kontrahenten Paul von Hindenburg und Erich Ludendorff, die eine erneute Verlagerung des Schwerpunktes der militärischen Operationen an die

Ostfront verlangten, kratzte erheblich an dem Renommee des Generalstabschefs, obwohl dieser bislang maßvollere strategische Vorstellungen vertreten hatte als der ungestüme Ludendorff. Doch nachdem die Schlachten an der Westfront keine militärischen Fortschritte und keine greifbaren politischen Perspektiven gebracht hatten, machte man zunehmend Falkenhayn, der nur bei Wilhelm II. Unterstützung fand, für diese missliche Situation verantwortlich. Man hielt ihn zudem für einen Spieler, dessen strategische Pläne nicht bis zum Ende durchgeplant seien. Sein Image wurde noch dadurch belastet, dass er nun als Ausweg aus der militärischen Misere den Übergang zum uneingeschränkten U-Boot-Krieg forderte.

Die alliierte Offensive an der Somme brachte, ähnlich wie die Schlacht um Verdun, den Angreifern nicht den erhofften Durchbruch. Allerdings bedeutete die Eröffnung einer neuen Front an dem bislang eher ruhigen Frontabschnitt für die französischen Truppen bei Verdun zunächst eine gewisse Entlastung. An der Somme unternahm der neue britische Oberbefehlshaber, Feldmarschall Douglas Haig, der im Dezember 1915 Feldmarschall John French abgelöst hatte, den ehrgeizigen Versuch, die gegnerische Frontlinie endgültig zu durchbrechen und das deutsche Heer zu erschöpfen, sollte damit aber ebenso scheitern wie Falkenhayn mit seiner Zermürbungsstrategie bei Verdun. Mit einem gewaltigen Trommelfeuer, bei dem innerhalb einer Woche eine Million Granaten verschossen wurden, wollte Haig den Gegner lähmen, um dann die eigene Infanterie ins Niemandsland vorrücken zu lassen. Sie sollte die vermeintlich zerstörten Drahtverhaue überwinden, die Schützengräben besetzen und dann weiter ins offene Gelände vorstoßen. Auch die bewährte Taktik, nach der sich einige Soldaten auf den Boden

■ Vor dem Beginn der Offensive unterminierten die Briten viele deutsche Stellungen und sprengten sie zu Beginn der Angriffe mitsamt ihren Verteidigern in die Luft. In den eroberten deutschen Stellungen galt es, rasch eigene Verteidigungsanlagen zu bauen.

warfen, um mit Gewehrsalven das Vorrücken der Kameraden zu decken, sollte aufgegeben und ganz auf Bewegung gesetzt werden. Man fürchtete, dass der Angriff ansonsten steckenbleiben würde. Außerdem sollten im Augenblick des eigenen Vorstoßes ins Niemandsland die gegnerischen Stellungen mit einer „Feuerwalze" ausgeschaltet werden, die die Verteidiger daran hindern sollte, die Brustwehren zu besetzen. Doch von alledem traf kaum etwas ein. Das Trommelfeuer erzielte nicht die erhoffte Wirkung, denn die deutschen Stellungen, die bis zu zehn Meter tief in den Kalkboden eingegraben waren, erwiesen sich als weitaus stärker als die Briten angenommen hatten. Auch die deutschen Drahtverhaue blieben intakt und die Wirkung der Feuerwalze war begrenzt. Es wiederholte sich, was sich beim bisherigen Stellungskrieg fast schon als Grundregel herausgestellt hatte: Die Angriffe von Soldaten, die nur ihre Uniformen und einen Stahlhelm trugen, gegen Verteidiger, die durch Grabensysteme und Stacheldraht geschützt waren, führten zu hohen Verlusten. Der Vorstoß der Angreifer, wenn er überhaupt zu Anfangserfolgen führte, blieb nach einigen Kilometern stecken, der Bodengewinn war gering.

■ An der Somme wurden von den Briten erstmals Panzer eingesetzt. Um deren Entwicklung vor den Deutschen geheim zu halten, wurden sie unter dem Tarnnamen „Tanks" konstruiert – eine Bezeichnung, die sich im englischsprachigen Raum bis heute gehalten hat.

Nach einer Woche Trommelfeuer ging am 1. Juli die Infanterie der Entente zum Angriff über. Schon der erste Tag der Offensive, an der auch Verbände aus den britischen Dominions teilnahmen, führte zu schrecklichen Verlusten. Von 100 000 britischen Soldaten, die in das Niemandsland vordrangen, starben 20 000 und weitere 40 000 wurden verwundet. Insgesamt sollte ein Fünftel der angreifenden Streitkräfte fallen, umgekehrt betrug die Zahl der Verluste unter den deutschen Fronttruppen ein Zehntel der britischen Verluste. Die deutsche OHL beunruhigten jedoch die Geländeverluste, die quer über den Frontabschnitt an der Somme verliefen. Mit einem neuen Stabschef, Oberst Fritz von Lossberg, versuchte Falkenhayn die Front zu reorganisieren, bis er selbst Ende August als Chef der OHL abgesetzt und nach Rumänien versetzt wurde. Lossberg veränderte mit einigem Erfolg die deutsche Abwehrtaktik, die nun eine „Verteidigung in der Tiefe“ betrieb, was eine dünne Besetzung der ersten Frontlinie, aber eine Massierung der dahinterstehenden Einsatzreserven bedeutete, die den verlorenen Boden rasch zurückerobern sollten. Damit gelang es, den britischen Vorstoß zu stoppen und den eigenen Gebietsverlust auf knapp fünf Kilometer zu beschränken.

Es gab mehrere Gründe für das Scheitern der britischen Offensive. Einmal stellte die Planung, wie so oft, einen Kompromiss zwischen den beiden verantwortlichen Generälen Haig und Henry Rawlinson dar, die sich nicht einigen konnten, ob sie wie von Haig gefordert einen Durchbruch um jeden Preis erzielen oder wie von Rawlinson postuliert weiterhin auf die Zermürbung des Gegners setzen sollten. Zudem schwankten sie ständig in ihren strategischen Zielen, auch weil sie sich nicht sicher waren, ob die Deutschen kurz vor dem Zusammenbruch standen oder nicht. Wichtiger und folgenreicher war jedoch der Tatbestand, dass die britische Armee nicht genügend auf den Angriff vorbereitet war. Das lag unter anderem daran, dass die Umstellung von einer kleineren Berufsarmee zu einer Massenarmee mitten im Krieg mehr Zeit verlangt hätte als den Briten zur Verfügung stand. So war es schwierig, einen angemessenen Ausbildungs- und Ausrüstungsstand zu erreichen. Die Folgen dieser Unzulänglichkeiten trafen vor allem die Infanterie. Viele der britischen Angriffe an der Somme, es waren insgesamt mehr als neunzig, waren wegen der schlechten Ausbildung vieler Soldaten schlecht koordiniert und übereilt, was zu schweren Verlusten führte.

Neue Hoffnungen auf eine Veränderung der Angriffstaktik und der gesamten Kriegslage kamen auf, als bei einem Angriff bei dem Dorf Flers am 15. September erstmals Panzer eingesetzt wurden. Sie versetzten die deutschen Verteidiger in Angst und Schrecken und führten die britischen Angreifer anfangs etwa drei Kilometer in die deutschen Linien. Dann jedoch blieben die Tanks im Schlamm oder in Granattrichtern stecken, wegen Fahrzeugschäden stehen oder wurden vom deutschen Artilleriefeuer zerstört. Schließlich waren fast alle der 36 eingesetzten Tanks ausgefallen und es blieb bei der anfänglichen Patt-Situation.

Am 19. November wurde die Offensive schließlich abgebrochen. Die Front hatte sich an der Stelle, wo die Briten die Offensive begonnen hatten, um insgesamt elf Kilometer nach Osten verschoben. An der Somme verloren etwa 465 000 deutsche Soldaten bei der Verteidigung ihr Leben, die Verluste der Briten beliefen sich auf 419 654, die der Franzosen auf 204 353 Mann. Das bedeutete die größte militärische Tragödie Großbritanniens im 20. Jahrhundert, ja in seiner gesamten Geschichte. Für die deutsche Armee endete die Verteidigungsschlacht an der Somme nicht mit einer eindeutigen Niederlage, wie sie umgekehrt den Alliierten keinen Sieg brachte. Weder die Abnutzungsstrategie noch die Durchbruchsversuche hatten einen erkennbaren Erfolg gebracht, nur die Verlustzahlen hatten sich noch einmal deutlich gesteigert.

Auch wenn sich im August 1916, mitten in der Somme-Schlacht, der Kriegsbeginn zum zweiten Male jährte, schienen die Siegeszuversicht und die Loyalität der Soldaten ungebrochen. Der deutsche Artillerist Herbert Sulzbach, gerade einmal 20 Jahre alt, notiert in seinem Tagebuch: „Wie diese braven Infanteristen, zum Teil Landwehrleute, da ihren Dienst tun, ihre Pflicht erfüllen und jeder Einzelne wirklich wie ein Rocher de Bronze auf seinem Posten steht, das ist personifizierte Pflichterfüllung, der leibhaftige Glauben an die Gerechtigkeit des Sieges.“

DIE ANDEREN FRONTEN: ALPENKRIEG UND BRUSSILOW-OFFENSIVE

Wie eng die Kriegsschauplätze trotz der großen geographischen Distanz in den Operationsplanungen miteinander zusammenhingen, zeigten die Folgen der geplanten Offensiven im Westen. Die deutsche Verdun-Offensive war nur möglich geworden, weil das deutsche Oberkommando nach den eigenen militärischen Erfolgen über Russland von 1915 für das Jahr 1916 nicht mit größeren feindlichen Offensiven im Osten rechnete. Darum hielt man es hinsichtlich des weiteren Vorgehens im Osten für vertretbar, Truppen nach Westen zu verlegen. Umgekehrt drängten Frankreich und England die russische Militärführung dazu, durch eigene Aktivitäten im Osten die alliierte Offensive an der Somme zu unterstützen. Man empfahl auch für den Osten eine Durchbruchoffensive. Ganz nach dem Muster der Somme-Offensive sollten Truppen, Waffen und Versorgungsmaterial an einem Frontabschnitt zusammengezogen werden, an dem dann ein massierter Angriff vorgetragen werden sollte. Dementgegen plädierte der russische Oberbefehlshaber an der Südfront, General Alexej Brussilow, dafür, mit Angriffsvorbereitungen an der gesamten Frontbreite zu beginnen, um den Gegner möglichst im Unklaren über die eigenen Angriffsabsichten zu lassen. Der Grund für diese Position lag sicher auch darin begründet, dass es der russischen Seite unmöglich war, eine derartige Truppenkonzentration und gezielte logistische Vorbereitung durchzuführen, wie es Haig hinter der Somme-Front Monate vor Kampfbeginn getan hatte. Bevor jedoch die große Offensive der Mittelmächte im Osten, die für Juni 1916 geplant war, starten konnte, wurden durch den österreichischen Generalstab an der italienischen Front neue Kriegsschauplätze eröffnet, und auch die Stawka, das Hauptquartier der zaristischen Armee, reagierte auf den Appell Frankreichs, den bei Verdun bedrohten Bündnispartner zu entlasten, bereits Mitte März 1916 mit einem Angriff im Norden, auf beiden Seiten des Narotschsees mit Ziel auf Wilna.

Zunächst aber eröffnete der habsburgische Generalstabschef Franz Conrad von Hötzendorf eine Offensive gegen Italien zwischen Gardasee und dem Oberlauf der Brenta. Diese „Strafaktion" gegen Italien, das er des Verrats bezichtigte, war ihm wichtiger als ein gemeinsamer Feldzug gegen die russische Armee, um

ALEXEJ ALEXEJEWITSCH BRUSSILOW
*31. AUGUST 1853 TIFLIS
†17. MÄRZ 1926 MOSKAU

Der russische General stammte aus einer alten russischen Adelsfamilie mit langer militärischer Tradition. Im Russisch-Osmanischen Krieg 1877/78 mehrfach ausgezeichnet, übernahm er 1914 das Kommando über die 8. Armee, die im August 1914 die österreichischen Linien durchbrach und Lemberg eroberte. Als Oberbefehlshaber der Südwestfront befehligte er im März 1916 die siegreiche Offensive gegen österreichische Verbände in Galizien. Im Mai 1917 wurde er zum Oberbefehlshaber der russischen Armee ernannt. Nach dem Scheitern der von Alexander Kerenski angeordneten Offensive löste ihn General Lawr Georgijewitsch Kornilow ab. Brussilow trat aber während des russischen Bürgerkriegs aus patriotischen Gründen in den Dienst der Roten Armee.

die Erfolge, die im Vorjahr mit dem Sieg bei Gorlice-Tarnów begonnen hatten, fortzusetzen. Conrads Offensive gegen die Italiener an der Bergkette nördlich des Trentino begann wie üblich mit einem gewaltigen Trommelfeuer, bei dem die habsburgische Armee zunächst ihre Überzahl an Geschützen ausspielte. Allerdings stieß sie auf den geschickten und entschlossenen Widerstand der Italiener, so dass auch an dieser Front schließlich kein Durchbruch zu erzwingen war. Gleichzeitig setzte der italienische Oberkommandierende, General Luigi Cadorna, mit unerbittlicher Härte, auch gegen die eigenen Soldaten, seine permanenten Angriffe am Isonzo fort: Im August eröffnete er die sechste Schlacht, in deren Verlauf er die Stadt Görz erobern konnte. Im September, Oktober und November folgten drei weitere Angriffswellen. Auch wenn die militärischen und territorialen Gewinne gering waren, bedeuteten die italienischen Attacken für die Sache der Entente eine Entlastung an der Ostfront, weil durch sie österreichische Divisionen von der russischen Südfront abgezogen werden mussten.

Im März begann die russische Offensive im Norden und wurde dann Anfang Juni mit der Offensive Brussilows im Süden fortgesetzt. Letztere sollte sich als eine der erfolgreichsten Offensiven der Entente des Jahres 1916 herausstellen, obwohl die Russen mittlerweile von beiden Krieg führenden Seiten fast abgeschrieben gewesen waren. Die russische März-Offensive im Norden war hingegen auch und vor allem eine Antwort auf den deutschen Vormarsch gewesen, der sich der Hauptstadt Petrograd bedrohlich näherte. Mit dieser Offensive wollte die russische Führung zudem die Germanisierungspolitik vereiteln, die die deutsche militärische Führung in Polen und im Baltikum begonnen hatte. Dort hatte Ludendorff mit einigem Erfolg unter einem deutschen Militärgouverneur eine Besatzungswirtschaft aufgebaut, die die landwirtschaftlichen und industriellen Ressourcen für die eigenen Kriegszwecke nutzbar machen und darüber hinaus auch die deutsche Hegemonie kultur- und bevölkerungspolitisch absichern sollte. Mit seinem Projekt der Ansiedlung deutscher

■ Russische Soldaten mit schwerem Maschinengewehr während der russischen Märzoffensive nahe Grodno an der Memel. Trotz ihrer großen Überlegenheit an Menschen und Material konnte die zaristische Armee keinen Erfolg verbuchen.

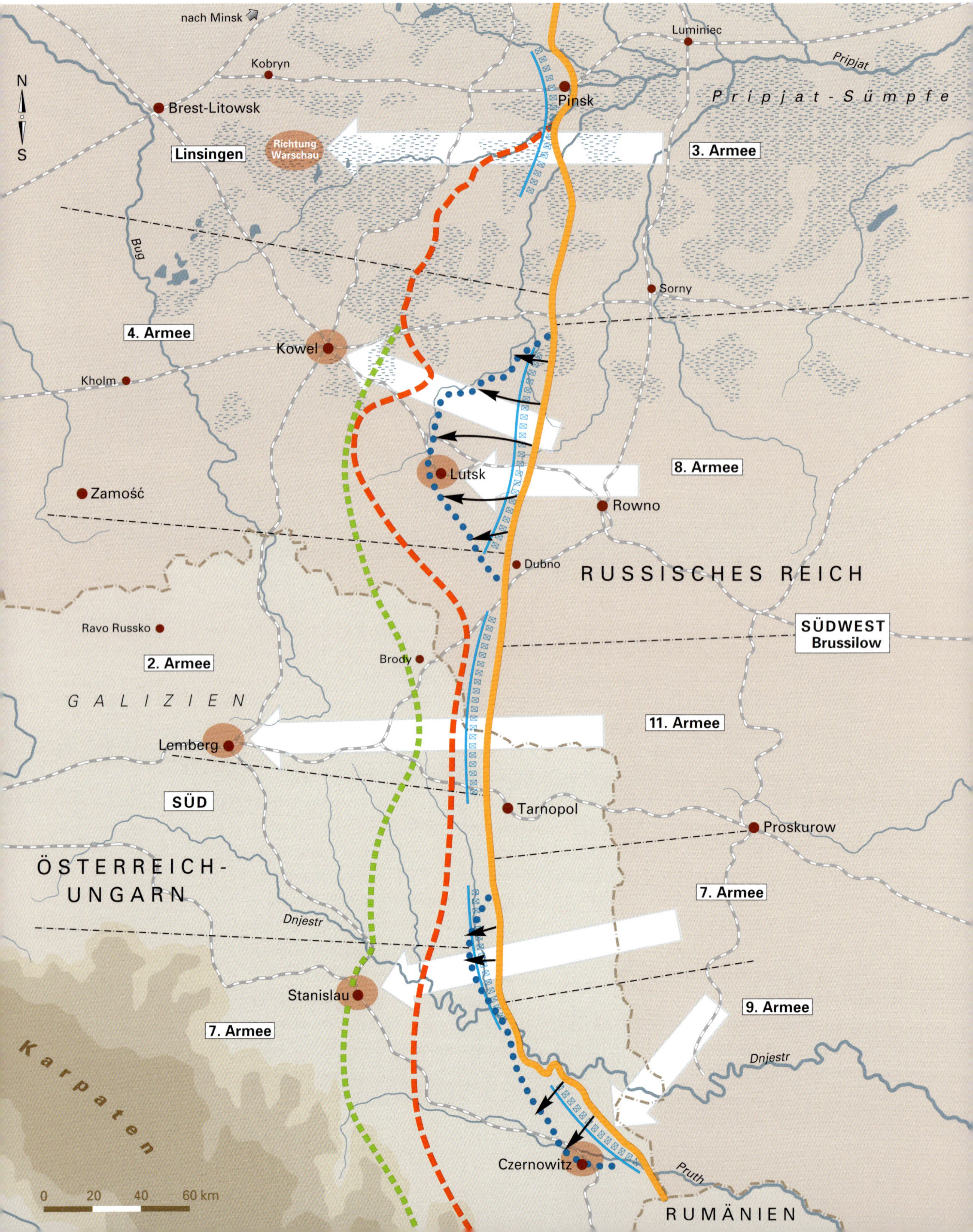
nach Minsk
Kobryn
Luminiec
Pripjat
Pinsk
Pripjat-Sümpfe
Brest-Litowsk
N
S
Linsingen
Richtung Warschau
3. Armee
Bug
Sorny
4. Armee
Kowel
Kholm
8. Armee
Lutsk
Zamość
Rowno
Dubno
RUSSISCHES REICH
SÜDWEST
Brussilow
Ravo Russko
2. Armee
Brody
GALIZIEN
11. Armee
Lemberg
SÜD
Tarnopol
Proskurow
ÖSTERREICH-UNGARN
7. Armee
Dnjestr
Stanislau
9. Armee
7. Armee
Dnjestr
Karpaten
Czernowitz
Pruth
0
20
40
60 km
RUMÄNIEN

Siedler und der Enteignung der Einheimischen wollte er langfristig einen Staat unter deutscher Oberhoheit schaffen, ein imperialistischer Wahn, der zum Vorbild für die nationalsozialistische Besatzungspolitik ab 1941 werden sollte.

Der russische Angriff in Richtung Wilna konnte sich auf zahlenmäßig und ausrüstungstechnisch überlegene Truppen stützen, denn die russischen Armeen hatten zwischenzeitlich neue Wehrpflichtige einziehen und durch die Fortschritte der eigenen Industrie auch mehr Geschütze und Munition bereitstellen können als allseits erwartet. So waren sie im Norden mit 300 000 Mann gegen 180 000 – wie auch im Mittelabschnitt mit 700 000 Mann gegen 360 000 – numerisch deutlich überlegen. Durch eine schlechte Koordination zwischen Artillerie- und Infanterieangriffen verschenkten die russischen Armeen jedoch ihre Überlegenheit im Norden und wurden nach schweren Verlusten schließlich zurückgeschlagen. Am 31. März brach die russische Armeeführung den Angriff ab, und im April konnten die Deutschen die Gebiete zurückerobern, die sie vorübergehend verloren hatten.

Ganz anders stellte sich die Lage an der Südfront dar, an der Brussilow den Oberbefehl hatte. Hier war das Verhältnis von Soldaten und Ausrüstung auf beiden Seiten ausgeglichen. Dennoch hielten die Russen ihre Zusage gegenüber den Verbündeten und begannen im Juni mit einer Offensive an der Front in Galizien. Unter General Brussilow gelang es ihnen, zwischen den österreichischen Armeen eine Lücke von 30 Kilometern aufzureißen, 95 Kilometer tief in das gegnerische Gebiet vorzustoßen und eine halbe Million Gefangene zu machen.

Seinen Erfolg verdankte Brussilow, der seit März Oberbefehlshaber an der gesamten Südfront war, einer gründlicheren Vorbereitung und Koordination der Offensive, durch die er den Gegner am 4. Juni überraschen konnte. Er hatte durch eine breitere Aufstellung verhindert, dass sich der Gegner auf einen Punkt zur Verteidigung konzentrieren konnte, und die eigene Infanterie durch bessere Unterstände, die zudem näher an die österreichischen Linien herangezogen worden waren, bis zum Angriffszeitpunkt besser geschützt. Brussilows Erfolg wurde zusätzlich dadurch gefördert, dass die Moral der österreichischen Truppen gesunken war und die Qualität ihres Oberkommandos deutlich zu wünschen übrig ließ. Erste Auflösungserscheinungen ließen sich in der Donaumonarchie erkennen, als einzelne tschechische Bataillone zu den Russen überliefen. Dass Brussilow den eigenen Sieg nicht weiter ausnutzen konnte, lag an den fehlenden Reserven und der mangelnden verkehrstechnischen Möglichkeit, weitere Einheiten rasch an die Front zu führen. Auch konnte durch das Eingreifen deutscher Verbände ein völliger militärischer Zusammenbruch der habsburgischen Armeen verhindert werden. Im Endeffekt blieb der Erfolg für die Russen ein Pyrrhussieg, da auch ihre eigenen Truppen am Ende fast eine Million Soldaten verloren hatten – Verluste, von denen sich Russland nicht wieder erholen sollte.

Immerhin ermutigte der russische Erfolg den Nachbarn Rumänien als letztes neutrales Land auf dem Balkan, sich am 17. August 1916 der Entente anzuschließen, schien doch ein Erfolg gegen die habsburgischen Truppen angesichts deren Schwäche greifbar nahe. Als Belohnung hatten die Alliierten den Rumänen die Annexion von Siebenbürgen, der Bukowina und des Banats angeboten – ohne dass sie wirklich bereit gewesen wären, sich im Entscheidungsfall an diese Absprachen zu halten. Jedoch erwies sich die rumänische Armee, die eine Offensive gegen Ungarn durch die Pässe der Südkarpaten eröffnete, als völlig unvorbereitet und unfähig, so dass sie im Herbst in einer Gegenoffensive von österreichischen, deutschen und bulgarischen Einheiten schnell besiegt werden konnte. Am 25. September rückten deutsche Truppen, zu denen ein Alpenkorps gehörte, in Siebenbürgen ein, am 5. Dezember wurde die rumänische Hauptstadt Bukarest erobert. Kommandeur der vereinigten Truppen der Mittelmächte war Falkenhayn, der mit dem Sieg seinen schwer beschädigten Ruf als mi-

■ Die Brussilow-Offensive im südlichen Teil der Ostfront

Frontverlauf am 4. Juni 1916
Vormarsch bis 10. Juni 1916
Vormarsch bis Mitte Juli 1916
endgültige Stellung am 20. September 1916
im Mai 1916 geplante Operationen

litärischer Befehlshaber in bescheidenem Umfang wiederherstellen konnte.

Der rasche Erfolg über Rumänien brachte den bedrängten Mittelmächten für die nächsten anderthalb Jahre zusätzliche und dringend benötigte Ressourcen an Öl und Getreide. Schließlich trat noch Griechenland im Juni 1917 auf der Seite der Entente in den Krieg ein, was den Alliierten keinen militärischen Vorteil, wohl aber später politische Probleme brachte, als sich in Griechenland ein extrem nationalistisches und antitürkisches autoritäres Regime etablierte, das mit seinem Traum von einem Großgriechenland die Bemühungen der Westmächte um eine Friedensordnung im östlichen Mittelmeer erheblich erschweren sollte.

DIE DRITTE OBERSTE HEERESLEITUNG UND DIE WIRTSCHAFTLICHE MOBILMACHUNG

Der Sieg der Russen unter Brussilow und der unerwartete Kriegseintritt Rumäniens hatten nach den Misserfolgen an der Westfront das Schicksal Falkenhayns besiegelt und zu seiner Ablösung durch Hindenburg und Ludendorff geführt, die nun die dritte OHL bildeten. Die beiden Heerführer, die seit dem Erfolg bei Tannenberg – auch durch kräftiges eigenes Zutun – den Nimbus der Retter und der unbesiegbaren Nationalhelden besaßen, denen man zunächst fast überall vertraute, mussten bei ersten Inspektionsreisen feststellen, dass sie die Heftigkeit der Kämpfe und den Ernst der Lage an der Westfront erheblich unterschätzt hatten. Nur unter schwersten Anstrengungen und mit einem immer besser ausgebauten Grabensystem hatte man hier die ständigen alliierten Angriffe abwehren können, zusätzliche Reserven für eine neue strategische Offensive ließen sich kaum gewinnen. Je dichter das Stellungssystem geworden war, desto schwieriger war es, diesen Zustand durch neue Offensivanstrengungen zu verändern. Hinzu kam, dass das Niemandsland zwischen den Fronten sich mittlerweile in eine Zone der Verwüstung verwandelt hatte, das sich zu beiden Seiten zwischen 1,5 bis 3 Kilometer breit über 650 Kilometer von der Nordsee bis an die Schweizer Grenze erstreckte. In dieser Zone gab es nur noch entlaubte Bäume, Häuser und Kleinstädte waren fast vollständig zerstört. Nur außerhalb der Reichweite der Artillerie, das waren etwa 10 Kilometer, waren Stadt und Land scheinbar unberührt. Die Widersprüche zwischen Frontgebiet und rückwärtigen Gebieten, zwischen einer blühenden Kriegswirtschaft im Hinterland bzw. einer strengen deutschen Besatzungsherrschaft in Belgien und Nordfrankreich einerseits und den Todeszonen an den Fronten andererseits ließen überall mit großer Dringlichkeit die Frage aufkommen, ob es angesichts dieser sinnlosen Zerstörungskraft der Kriegsmaschinerie denn keine

Aussicht auf einen Frieden gäbe, wenn es schon keine Aussicht auf einen Sieg gab.

Veränderungen gab es am Ende der ersten beiden Kriegsjahre jedoch nur auf der militärischen Führungsebene. Zu Beginn des Jahres 1917 sollten an der Spitze nicht nur des deutschen, sondern auch des britischen und französischen Heeres neue Oberbefehlshaber stehen. Besonders einschneidend war sicherlich der Wechsel an der Spitze der deutschen Heeresleitung, weil dieser mit der Veränderung der militärischen Strategie, der Kriegswirtschaftspolitik und mittelfristig auch der politischen Verfassung des Reiches einherging. Angesichts der schwierigen Lage versprachen Hindenburg und Ludendorff neue Anstrengungen und die Organisation einer noch weitreichenderen Mobilisierung im militärischen wie im wirtschaftlichen Bereich. Schon zwei Tage nach der Übertragung der militärischen Führung legten sie am 31. August 1916 dem Preußischen Kriegsministerium die Forderung nach einer umfassenden Mobilisierung aller wirtschaftlichen und sozialen Ressourcen für die Kriegsanstrengungen und die Ausweitung der Kriegsproduktion vor. Außerdem forderten sie, durch eine Rationalisierung der Westfront dort Truppen für andere Fronten einzusparen, und schließlich griffen sie den politisch umstrittenen Plan des uneingeschränkten U-Boot-Krieges auf, den eben noch Falkenhayn vorgetragen hatte. Mit dem massiven Einsatz von U-Booten wollten sie die Blockade des Deutschen Reiches durch die britische Marine aufbrechen bzw. selbst eine Blockade der Entente errichten.

Das „Hindenburg-Programm“, wie es bald genannt wurde, bedeutete nach einigen gescheiterten Anläu-

■ Das belgische Dorf Passchendaele in Flandern wurde wie viele Ortschaften entlang der Front vollkommen zerstört. Mancherorts mussten nach Kriegsende die Häuser an neuen Orten wiederaufgebaut werden, da die Böden durch Munitionsreste, Giftgas und die vielen Toten kontaminiert waren und nicht mehr landwirtschaftlich genutzt werden konnten.

MAX BAUER
*31. JANUAR 1869 QUEDLINBURG
†6. MAI 1929 SCHANGHAI

Der ungewöhnlich befähigte preußische Offizier wurde als Oberst während des Krieges zum engsten Mitarbeiter von Erich Ludendorff. Im Generalstab war er für den Einsatz schwerer Geschütze zuständig und betrieb maßgeblich die Erprobung und die Einführung von Giftgas. Als Alter Ego von Ludendorff mischte er sich in die Angelegenheiten anderer Ressorts ein, spielte eine wesentliche Rolle bei der Entlassung Falkenhayns und Bethmann Hollwegs und wurde schließlich zum Verfechter der Dolchstoßlegende. Nach seiner Beteiligung am Kapp-Putsch 1920 musste er ins Exil gehen.

fen einen neuerlichen Versuch der zentralen Steuerung der Kriegswirtschaft mit dem Ziel der optimalen Ausnutzung aller Ressourcen. Es basierte auf einem Rüstungsprogramm, das Oberstleutnant Max Bauer, ein enger Vertrauter Ludendorffs, der auch über gute Kontakte zur Schwerindustrie verfügte, schon früher entwickelt hatte. Aber auch im Preußischen Kriegsministerium gab es bereits ähnliche Überlegungen zur Ausweitung der Kriegsproduktion, die angesichts der militärisch desolaten Lage des Deutschen Reiches nach den beiden großen Schlachten um Verdun und an der Somme dringend nötig war. Am 16. September umriss der deutsche Kriegsminister Adolf Wild von Hohenborn, der am 21. Januar 1915 das Amt von Falkenhayn übernommen hatte, die Grundgedanken eines Programmes zur Rüstungssteigerung durch Mechanisierung und Rationalisierung: „Je mehr wir mit unserem Menschenmaterial schließlich einmal in die Hinterhand kommen, desto mehr muss die Maschine, das Geschütz, das Maschinengewehr an die Stelle des Menschen treten und daraus folgt, dass wir nicht nur mit unseren Gegnern mindestens Schritt halten müssen, sondern dass wir sie überflügeln müssen."

Die Ziele, die das „Hindenburg-Programm" setzte, waren nicht nur sehr ehrgeizig, sondern auch illusionär. Bis zum Frühjahr 1917 sollte die Produktion von Munition und Minenwerfern verdoppelt, diejenige von Geschützen und Maschinengewehren sogar verdreifacht werden. Auch die Produktion von Pulver und die Förderung von Eisenerz und Kohle sollten deutlich gesteigert werden. Dies wollte man neben der Mechanisierung der Industrie auch durch eine Mobilisierung der knappen Ressource Arbeitskraft erreichen. Mit einem Kriegsleistungsgesetz sollte eine allgemeine Arbeitspflicht für die gesamte arbeitsfähige Bevölkerung verhängt werden. Die Freizügigkeit der Arbeiter sollte eingeschränkt und zudem belgische Zivilarbeiter eingesetzt werden. Bauer ließ sich von einer Mischung aus technokratischer und kriegswirtschaftlicher Effizienz bzw. Rücksichtslosigkeit und einem reaktionären Gesellschaftsmodell leiten: „Der Grundsatz ‚wer nicht arbeitet, soll auch nicht essen' ist in unserer jetzigen Lage mehr denn je berechtigt, auch Frauen gegenüber." Kriegerfrauen, die „nur dem Staat Geld kosten" sowie Frauen, die „nichts tun oder unnützen Berufen nachgehen", sollten einem Arbeitszwang unterworfen werden. Kriegsunwichtige Betriebe sollten ebenso wie die Universitäten geschlossen werden. Doch stießen diese Pläne, die eine Militarisierung der Arbeitsverhältnisse bedeutet hätten, sowohl auf den Widerstand der zivilen Reichsregierung als auch auf die Ablehnung durch Gruppen der Militärbürokratie, die durch Maßnahmen dieser Art eine „gefährliche Beunruhigung" der

Bevölkerung befürchteten. Reichskanzler Theobald von Bethmann Hollweg und auch das Preußische Kriegsministerium waren der Auffassung: „Gegen die Arbeiter können wir diesen Krieg überhaupt nicht gewinnen." Darum sollten in den Plänen auf jeden Fall die sozialpolitischen Forderungen der Arbeiterorganisationen Berücksichtigung finden. Auch in den anderen Krieg führenden Staaten wie Österreich-Ungarn, Großbritannien und Frankreich, wo man vor ähnlichen Problemen der wirtschaftlichen Mobilisierung stand, schreckte man vor derart drakonischen Maßnahmen zur Militarisierung der Arbeitsverhältnisse zurück und gestand den Arbeitern Schlichtungseinrichtungen mit erweiterten Einflussmöglichkeiten der Gewerkschaften zu.

In der Folge innenpolitischer Debatten und Interventionen wurde das „Hindenburg-Programm" in einigen Punkten abgemildert. Dieser sozialpolitische Kompromiss fand Eingang in die gesetzlichen Regelungen des Hilfsdienstgesetzes vom 5. Dezember 1916. Es sah die Zwangsverpflichtungen aller männlichen Personen zwischen dem 17. und 60. Lebensjahr zum Arbeitsdienst vor, eine Zwangsverpflichtung von Frauen wurde aber nicht mehr in den Gesetzesentwurf aufgenommen. Von der ursprünglichen Konzeption blieben die Feststellungs- und Einberufungsbehörden erhalten, die dem Kriegsamt bzw. den militärischen Ersatzbehörden unterstellt waren. Sie waren für die Kontrolle nicht kriegswichtiger Branchen und Berufe zuständig und sollten mit Hilfe von Arbeitsnachweisen den Einsatz von Arbeitskräften in kriegswichtige Betriebe lenken. Hilfsdienstpflichtige durften überdies den Arbeitsplatz nur noch mit Zustimmung des Arbeitgebers wechseln.

■ Um den Mangel an Arbeitskräften zu beheben, wurden bereits 1917 für die Arbeit in den AEG-Transformatorenwerken in Oberschöneweide bei Berlin türkische Arbeitskräfte angeworben.

■ Da viele Männer an der Front waren, arbeiteten zunehmend auch Frauen in den Rüstungsbetrieben.

Jedoch hatte die linke Reichstagsmehrheit gegenüber dem ursprünglichen Programm noch einige weitere Lockerungen durchsetzen können. Wichtigste Kompensation war die Einrichtung von Arbeiterausschüssen in allen Betrieben mit mehr als 50 Beschäftigten und von Schlichtungsausschüssen für die Regelung von Konflikten, die sich in der Praxis des Gesetzes vor allem im Bereich der Arbeitsverpflichtung und des Arbeitsplatzwechsels ergaben. Auch behielt sich der Reichstag ein Kontrollrecht durch einen Ausschuss beim Kriegsamt vor, der die Umsetzung des arbeitspolitischen Kompromisses überwachen sollte.

Das Hilfsdienstgesetz trug alle Merkmale eines politischen Kompromisses und verband Kooperation mit Disziplinierung: Die Gewerkschaften wurden zwar als Ansprechpartner anerkannt, umgekehrt mussten die Arbeiter aber eine bürokratische Überwachung bzw. Steuerung ihres Arbeitseinsatzes hinnehmen. Das Hilfsdienstgesetz zeigte, wie unentbehrlich mittlerweile die Gewerkschaften für die Erhaltung des sozialen Friedens geworden waren und welche Möglichkeit der innenpolitischen Mitwirkung mittlerweile auch der Reichstag besaß. Die Gewerkschaften wurden erstmals von der Regierung als gleichberechtigte Partner anerkannt und von den Arbeitsgebern nolens volens akzeptiert.

Sowohl die ehrgeizigen Produktionsziele des „Hindenburg-Programms“ als auch die arbeitsmarktlenkenden Absichten des Hilfsdienstgesetzes blieben in der sozialen Wirklichkeit der Kriegswirtschaft unerreicht. Der Versuch, innerhalb kürzester Zeit alle Ressourcen verfügbar zu machen und den Einsatz aller Arbeitskräfte zu überwachen und zu steuern, stellte die Behörden vor unvorhergesehene wirtschaftliche und administrative Probleme. Zwar wurde noch im Herbst 1916 mit dem Bau neuer Fabrik- und Fertigungsanlagen begonnen, doch stieß man bald an die Grenzen der Steuerungsfähigkeit. Es fehlten zum einen notwendige Übersichten und Pläne, zum anderen Möglichkeiten zur Anpassung von Vorgaben, die aus rein militärischer und übereilter Perspektive aufgestellt worden waren, an eine komplexe Wirklichkeit. Das Programm führte zu einer Überhitzung der Wirtschaft und brachte das Gleichgewicht der Produktionsfaktoren im wirtschaftlichen System durcheinander. Es verschärfte zudem die ohnehin schon vorhandenen Transportprobleme und Engpässe bei der Kohleversorgung. Darum konnten die ehrgeizigen Ziele in fast allen Bereichen nicht erreicht werden. Die Reichsbahn war damit überfordert, gleichzeitig rüstungswichtige Produkte, Truppen und Nahrungsmittel zu transportieren, und dies noch unter extremen Witterungsbedingungen.

Schon im Februar 1917 sah sich die OHL gezwungen, einige Ziele zurückzunehmen und neue Richtlinien zu erlassen. Nach diesen sollten nun vor allem vorhandene Fabrikanlagen besser ausgelastet und Neu- und Erweiterungsbauten nur dann ausgeführt werden, wenn sie im Frühjahr auch in Betrieb genommen werden konnten. Damit erreichte man zwar im Frühjahr die angestrebte Pulverproduktion, allerdings musste man die Produktionsziele angesichts der militärischen Lage schon wieder nach oben korrigieren. Sogar erst im Herbst 1917 näherte man sich der für das Frühjahr vorgesehenen Produktionsquote von Maschinengewehren und leichten Geschützen. Insgesamt stieg bis zum Frühsommer 1917 die Zahl der gefertigten Feldartilleriegeschütze von 5300 auf 6700 und die Zahl der schweren Geschütze von 3700 auf 4300 pro Monat. Die Stückzahlen der Maschinengewehrproduktion, die Anfang 1916 noch bei 2300 pro Monat gelegen hatten, stiegen durch das „Hindenburg-Programm" bis zum Herbst 1917 auf monatlich 14 400.

Auch das Hilfsdienstgesetz konnte weder die anhaltend hohe Fluktuation der Arbeiter zwischen den Betrieben nennenswert begrenzen noch Arbeitsunwillige wirkungsvoll zur Arbeit heranziehen. Dazu waren die Sanktionsmöglichkeiten tatsächlich zu gering. Allerdings wurden die Schlichtungsausschüsse immer häufiger und auch vorwiegend durch Kollektivbeschwerden in Anspruch genommen, was ihre wachsende sozialpolitische Bedeutung zeigt. Auch wenn dadurch die aktuellen Probleme in der Kriegswirtschaft nicht gelöst wurden, eröffnete das Hilfsdienstgesetz mittel- und langfristig jedoch die Chance zu einer verbesserten Kooperation zwischen ziviler Regierung und militärischer Führung, zwischen Unternehmern und Gewerkschaften.

KRIEGSWIRTSCHAFT UND GESELLSCHAFT IM KRIEG

Die Probleme der wirtschaftlichen Mobilmachung für den Krieg, d. h. die alle anderen Interessen dominierende Versorgung des Staates mit militärischen Gütern, zeigten in allen Krieg führenden Staaten trotz der unterschiedlichen politischen Verfassungen grundsätzliche Parallelen und ähnliche Lösungsversuche. Überall kam es schrittweise zu einer stärkeren Regulierung von Wirtschaft und Gesellschaft vor allem durch staatliche Interventionen, auch wenn die jeweiligen Ausformungen und Wirkungen sehr unterschiedlich waren. Eine Zäsur bildeten fast überall die Jahre 1916/17, als die Folgen der großen Materialschlachten und der dramatischen Verknappung an Rohstoffen und Lebensmitteln offen zutage traten. Die Transformation der Friedenswirtschaft in eine Kriegswirtschaft verlief dabei allerorts weitgehend improvisiert. Gleichzeitig brachten die wachsenden Erfordernisse des Krieges immer größere Störungen und Verzerrungen bei der Produktion und dem Konsum, was sich auf den Märkten in steigenden Preisen niederschlug.

Wie stark der Einfluss und die Bedürfnisse des Staates gestiegen waren, zeigt die Quote der Staatsausgaben, die vor dem Krieg nirgends mehr als 20 Prozent des Sozialproduktes ausgemacht hatte, während im Verlauf des Krieges überall der Anteil der öffentlichen Ausgaben stieg – in Deutschland bis 1917 auf über 70 Prozent, in Großbritannien bis 1918 auf etwa 48 Prozent und in den USA auf 22 Prozent im Jahr 1918. Dabei waren die institutionellen Formen der zunehmenden Staatsintervention bei den Kriegsgegnern trotz der grundsätzlichen Gemeinsamkeit in dem Bestreben, Staat, Militär und Wirtschaft eng miteinander zu verflechten, unterschiedlich. Zwar setzte überall ein Prozess der Bürokratisierung und Zentralisierung ein, doch ging dieser von sehr unterschiedlichen Voraussetzungen aus und unterschied sich darum in seiner Intensität und Ausgestaltung. Dort wo die staatlichen Organisationen vor 1914 relativ schwach entwickelt gewesen waren, gab es einen größeren Nachholbedarf. Dies war beispiels-

GUY ARNOUX
Le Bon Français
travaille pour nos soldats

weise in Großbritannien der Fall, wo im Laufe des Krieges zwölf neue Ministerien und 260 neue Behörden entstanden.

In Deutschland bestimmten die Militärs den Prozess der staatlichen Mobilisierung und sie waren es, die – wie das „Hindenburg-Programm" zeigt – die Organisation der Kriegswirtschaft vorantrieben. Freilich geschah dies mit Hilfe von zivilen und ökonomischen Fachleuten sowie mit wirtschaftlichen Selbstverwaltungsorganen bzw. privatwirtschaftlichen Verbänden. Unter den Bedingungen des Krieges entstand eine Verflechtung von Staat, Militär, Privatwirtschaft und Verbänden, die man später als „Korporativismus" bezeichnete, und die die Gesellschaft der Zwischenkriegszeit prägen sollte. Noch weiter reichte in Österreich-Ungarn die Macht der Militärs. Sie kontrollierten die gesamte Rüstungswirtschaft und auch die Durchführung des Kriegsleistungsgesetzes, das noch rigidere Eingriffe als das deutsche Hilfsdienstgesetz vorsah.

Im demokratisch-zentralistischen Frankreich fehlten in besonderer Weise die administrativen Voraussetzungen für ein direktes Eingreifen des Staates in die Wirtschaft. So gab es keine offiziellen industriellen Statistiken, und die Regierung musste sich bei ihren Regulierungsversuchen vor allem auf Organe der Unternehmer stützen. Erst allmählich wurden Ämter eingerichtet, die über Subventionsmittel verfügten, und Kommissionen gegründet, die mit der Überwachung und Vereinheitlichung der Produktion beauftragt wurden. Das Militär spielte dabei eine geringere Rolle als in Deutschland oder in Österreich-Ungarn. Sowohl das anfänglich dominierende Kriegsministerium als auch das im Dezember 1916 unter dem sozialistischen Abgeordneten Albert Thomas daraus hervorgegangene Rüstungsministerium lagen in ziviler Verantwortung. Dadurch blieben Staat und Wirtschaft klarer voneinander getrennt, und die Steuerung und Organisation der Kriegswirtschaft lag in Händen von regionalen Komitees, die vom Comité des Forges, der Spitzenorganisation der Unternehmer aus der Metallindustrie, koordiniert wurden. Ab Mitte 1916 verstärkte sich die Kooperation zwischen Staat, Gewerkschaften und Unternehmern, die sogenannte Konsortien mit eigenen Exekutivausschüssen bildeten. Erst 1917 konnte das Handels- und Industrieministerium stärkeren Einfluss auch auf die nichtmilitärische Industrie nehmen. In Großbritannien hatte hingegen der Staat mit seinen neuen Ministerien und Behörden sehr viel entschiedener die Rüstungsindustrie reguliert.

Obwohl bis 1918 die Mobilisierung des Wirtschaftslebens neben den dominanten Privatwirtschaftsbürokratien auch immer stärker staatlichen Einrichtungen oblag, war man in Frankreich von einer einheitlichen Ausrichtung der Volkswirtschaft weit entfernt. Was dennoch vielfach als Anfang eines „Staatssozialismus" kritisiert wurde, war in Wirklichkeit eine Mobilisierung der Kräfte der Privatunternehmen durch den Staat, bei der die Unternehmerorganisationen eine entscheidende Rolle spielten. So regelte etwa das Comité des Forges den Import und die Verteilung von Rohstoffen. Das Rüstungsministerium war für Fragen der Rüstungsproduktion, aber auch der Arbeitsbeziehungen zuständig und nahm dabei eine Mittlerrolle zwischen Arbeitgebern und Arbeitnehmern ein. Wie sehr man aber auch in Frankreich, gerade im unruhigen Jahr 1917, den Gewerkschaften entgegenkommen musste, zeigte ein Dekret vom Januar 1917, das durchaus vergleichbar mit den deutschen Regelungen die obligatorische Schlichtung bei Lohnkonflikten verfügte. Zwar träumte Thomas davon, die Ansätze einer im Verbund von privatwirtschaftlichen und staatlichen Institutionen gesteuerten Kriegswirtschaft, wie sie sich seit 1916/17 schrittweise herausbildete, in der Friedenszeit zu einem Gesamtmodell für eine „organisierte Ökonomie" zu machen, doch erhielt die Privatwirtschaft nach Kriegsende ihre vollständige unternehmerische Freiheit wieder.

Der Schwerpunkt aller kriegswirtschaftlichen Anstrengungen lag auf der Umstrukturierung der Ökonomien und vor allem der Steigerung der Produktion von rüstungswirtschaftlich wichtigen Gütern, hauptsächlich von Waffen und Munition. Dies führte, wie schon angedeutet, überall zu beachtlichen Steigerungen im Output. Der Anteil der Rüstungsgüter stieg bezogen auf das Sozialprodukt und im Vergleich mit den geringsten, den russischen Rüs-

■ „Der gute Franzose arbeitet für unsere Soldaten" – Plakate wie dieses sollten die Produktivität der Rüstungsindustrie ankurbeln.

■ Der Mangel an Lebensmitteln wurde immer eklatanter – selbst Knochen waren rationiert.

tungsanstrengungen in Frankreich um das Siebenfache des Vorkriegsniveaus, in Deutschland um das Fünffache, ähnlich wie in Großbritannien, wo der Anteil auf 4,7 anstieg. Eine der Folgen der einseitigen Kriegswirtschaft war die Verzerrung der industriellen Produktion, eine Störung des gesamtwirtschaftlichen Gleichgewichts und die Zerstörung vieler wirtschaftlicher Beziehungen im Inland und mit dem Ausland. Die industrielle Produktion des Deutschen Reiches sank um die Hälfte, während in Großbritannien nur ein leichterer konjunktureller Abschwung bemerkbar war. Nur in Russland und in den USA brachte der Krieg eine Steigerung der Industrieproduktion: In Russland führte der Krieg zu einer Beschleunigung der Industrialisierung, in den USA kam es seit 1917 zu einem wirtschaftlichen Boom.

Die Steigerung der Rüstungsproduktion bei sinkender Gesamtindustrieproduktion zog in den meisten europäischen Staaten einen Umbau der nationalen Industrien nach sich: Die Produktion nicht kriegswichtiger Güter wurde teilweise drastisch eingeschränkt und auch der Einsatz von Arbeitskräften in verschiedenen Branchen verschob sich dadurch. Im Deutschen Reich waren schließlich 1918 45 Prozent der Beschäftigten in Kriegsindustrien tätig. Auch die Landwirtschaft bekam die Folgen der Kriegswirtschaft drastisch zu spüren. Die deutschen Bauern erzeugten im Krieg um ein Drittel weniger als vor 1914, weil sie zu wenig Futtermittel hatten und weil die Zahl der Beschäftigten und der Nutzflächen zurückging. Auch in Frankreich sank die Agrarproduktion, vor allem weil die nördlichen, von den Deutschen besetzten Departements fehlten. Schließlich führte die wirtschaftliche Umstrukturierung zu Engpässen bei Rohstoffen, da es vermehrt zu Transport- und Förderungsproblemen kam, deren Grund der Mangel an Arbeitskräften war. Der Mangel an Rohstoffen traf die Mittelmächte heftiger als die Alliierten und führte einerseits zu Zwangsbewirtschaftungen, andererseits zur verstärkten Suche nach Ersatzstoffen.

Die Schwierigkeiten der Rohstoff- und Nahrungsmittelversorgung schlugen sich unmittelbar im Rückgang des privaten Konsums nieder. Das war zwar in allen Kriegswirtschaften zu beobachten, doch waren die Unterschiede im Grad der Versorgung und des Angebots wie der Nachfrage sehr groß. Obwohl in Großbritannien die Versorgung vergleichsweise gut war und blieb und der private Konsum weniger eingeschränkt werden musste als auf dem Kontinent, gingen wegen der steigenden Preise auch auf den Britischen Inseln die Ausgaben für den privaten Konsum während des Krieges um rund 20 Prozent zurück. Erst in der Endphase des Krieges ging man in Großbritannien zu einer Rationierung der Nahrungsmittel – mit Ausnahme von Brot – über, ähnlich wie in Frankreich, wo erst 1918 die Bewirtschaftung in größerem Umfang ausgeweitet wurde. Ganz anders sah die Situation bei den Mittelmächten aus, wo die Zivilbevölkerung ihren Konsum sehr stark einschränken bzw. sich mit einer deutlichen Qualitätsminderung der Waren abfinden musste. In den Schuhgeschäften wurden seit 1916 beispielsweise „Kriegsstiefel“ angeboten. In einer Zeitungsannonce hieß es dazu: „Das Oberteil dieser Schuhe besteht aus starkem, wasserdichtem, grauem oder schwarzem Segeltuch, wie es die

Militärbehörde für die Herstellung ihrer Tornister vorschreibt. Die Brandsohlen, Laufsohlen und Absätze sind aus Holz, und zwar dünne Holzschichten kreuzweise wasserdicht verleimt. Die Sohlen selbst sind elastisch, und man geht in den Schuhen ebenso bequem wie in Lederstiefeln ... Die Sohlen halten sogar wärmer als solche aus Leder, weil Holz ein schlechterer Wärmeleiter ist."

Nach sehr früh eingeführten Regulierungen von Preisen nahmen in Deutschland die Formen der Bewirtschaftung bei Nahrungs- und Versorgungsmitteln allmählich zu, bis schließlich nur noch der Mangel zu verwalten blieb. Schrittweise entschlossen sich die kommunalen Behörden in Deutschland zu einer immer weitergehenden Rationierung der Lebensmittel. Im Januar 1915 wurde eine Brotkarte eingeführt, bis schließlich im Herbst alle Lebensmittel für fast alle Bevölkerungsgruppen rationiert waren. Nur die Produzenten erhielten Vorzugsbedingungen. Die festgelegten Rationen waren so gering, dass der normale Kalorienbedarf eines erwachsenen Menschen damit höchstens zur Hälfte zu decken war. Ein knappes Angebot, eine ungerechte Verteilung trotz oder gerade wegen einer Überbürokratisierung und die wachsende Bedeutung des Schwarzmarktes führten zu sozial immer schwerer erträglichen Verzerrungen, und am Ende des Krieges zu erheblichen Erschütterungen und Gefährdungen des sozialen Gefüges.

Die Ursachen für den Rückgang der Agrarproduktion waren vielfältig: Sie reichten von fehlendem Kunst- und Naturdünger über Missernten bis zum

■ Die europäischen Armeen hatten einen großen Bedarf an Pferden, die in der Landwirtschaft, in der ohnehin ein kriegsbedingter Mangel an Arbeitskräften herrschte, requiriert wurden. Diese französischen Bäuerinnen zogen den Pflug daher notgedrungen selbst.

■ Wegen der schlechten Versorgungslage mussten Kartoffeln rationiert werden. Im Winter 1916/17 kam es zu einer Hungersnot im Deutschen Reich.

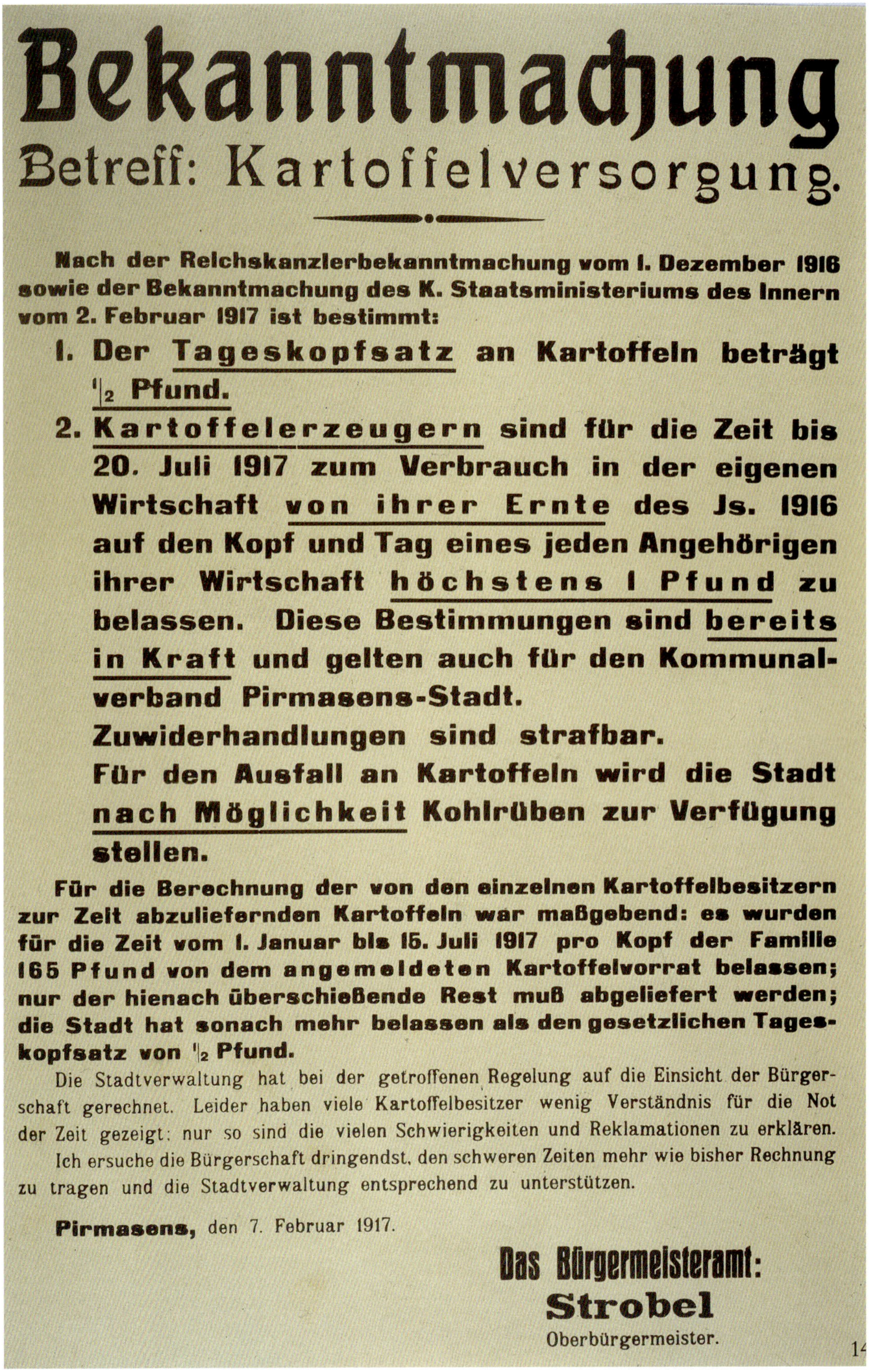

Bekanntmachung

Betreff: Kartoffelversorgung.

Nach der Reichskanzlerbekanntmachung vom 1. Dezember 1916 sowie der Bekanntmachung des K. Staatsministeriums des Innern vom 2. Februar 1917 ist bestimmt:

1. **Der Tageskopfsatz an Kartoffeln beträgt ½ Pfund.**
2. **Kartoffelerzeugern sind für die Zeit bis 20. Juli 1917 zum Verbrauch in der eigenen Wirtschaft von ihrer Ernte des Js. 1916 auf den Kopf und Tag eines jeden Angehörigen ihrer Wirtschaft höchstens 1 Pfund zu belassen. Diese Bestimmungen sind bereits in Kraft und gelten auch für den Kommunalverband Pirmasens-Stadt.**
   Zuwiderhandlungen sind strafbar.
   Für den Ausfall an Kartoffeln wird die Stadt nach Möglichkeit Kohlrüben zur Verfügung stellen.

Für die Berechnung der von den einzelnen Kartoffelbesitzern zur Zeit abzuliefernden Kartoffeln war maßgebend: es wurden für die Zeit vom 1. Januar bis 15. Juli 1917 pro Kopf der Familie 165 Pfund von dem angemeldeten Kartoffelvorrat belassen; nur der hienach überschießende Rest muß abgeliefert werden; die Stadt hat sonach mehr belassen als den gesetzlichen Tageskopfsatz von ½ Pfund.

Die Stadtverwaltung hat bei der getroffenen Regelung auf die Einsicht der Bürgerschaft gerechnet. Leider haben viele Kartoffelbesitzer wenig Verständnis für die Not der Zeit gezeigt; nur so sind die vielen Schwierigkeiten und Reklamationen zu erklären.

Ich ersuche die Bürgerschaft dringendst, den schweren Zeiten mehr wie bisher Rechnung zu tragen und die Stadtverwaltung entsprechend zu unterstützen.

Pirmasens, den 7. Februar 1917.

Das Bürgermeisteramt:
Strobel
Oberbürgermeister.

14

Kriegseinzug von als Zugvieh genutzten Pferden und zum Mangel an Saatgut. Verschärft wurde die Situation durch eine verfehlte Preispolitik der Behörden. Die Folgen waren in der zweiten Kriegshälfte Hunger und Unterernährung. Das traf vor allem die städtischen Konsumenten. Die offiziell festgelegten Rationen deckten nur noch 50 bis 60 Prozent des Kalorienbedarfs, wobei der Tagesbedarf mit 2570 Kalorien berechnet wurde. Nach einer Untersuchung des Reichsgesundheitsamtes war bereits 1915 eine verbreitete Unterernährung festzustellen. Im sogenannten Steckrübenwinter 1916/17 waren sogar nicht mehr als 1000 Kalorien verfügbar. Bis 1918 verloren Erwachsene im Durchschnitt 20 Prozent ihres Körpergewichts. Wer über Geldreserven oder Sachwerte verfügte, konnte und musste sich zusätzliche Nahrungsmittel über den Schwarzmarkt besorgen. Nach Berechnungen der Behörden musste sich die Bevölkerung 1918 zusätzlich zu den zugeteilten 1200 Kalorien mindestens 300 weitere auf dem Schwarzmarkt besorgen. Vor allem die Generalkommandos versuchten aus Furcht vor inneren Unruhen, die städtischen Verbraucher in ihrem Kampf um das tägliche Brot zu unterstützen. 1916 forderten die Gewerkschaften ein „Reichsernährungsamt", das sie mit „militärischer Gewalt" ausgestattet wissen wollten, um gegen die Abgabeverweigerung von Landwirten vorzugehen, die Vorräte horteten. Im Mai 1916 entstand tatsächlich ein Kriegsernährungsamt, das aber keine militärische, sondern eine zivile Führung erhielt und das durch die Mitwirkung der Verbände eine Form des Kriegskorporativismus betrieb, ohne dass damit eine nennenswerte Verbesserung der Versorgung eingetreten wäre. Zu sehr gingen die Bedürfnisse von Verbrauchern und die ökonomischen Interessen agrarischer Großproduzenten, die eine lautstarke und mächtige Lobby besaßen, auseinander, zu groß war die Ungerechtigkeit bei der Verteilung der Lebensmittel, und zu groß war die Lücke in der deutschen Selbstversorgung. Im Steckrübenwinter 1916/17 war der Tiefpunkt erreicht. Die Steckrübe wurde anstelle der Kartoffel zum Massennahrungsmittel. Hungerunruhen und Teuerungskrawalle überall im Deutschen Reich waren die Folge, und eine politisierte Streikwelle schlug über dem Land zusammen. Wie immer im landwirtschaftlichen Krisenzyklus war es auch 1917 im Frühjahr am schlimmsten, als die alte Ernte vorzeitig verbraucht und die neue noch nicht reif war. Tatsächlich kam es erst im Herbst 1917 zu einer leichten Entspannung bei der Nahrungsmittelversorgung, bis sie dann im Frühsommer 1918 wieder auf einen Zusammenbruch zutreiben sollte.

Zu der dramatischen Unterversorgung an Nahrungsmitteln kamen Einbrüche bei der Kohleversorgung durch eine Förder- wie eine Beförderungskrise. Die Eisenbahn war dem Transportaufkommen nicht mehr gewachsen. In den Wintermonaten, als Kanäle wie Eisenbahnweichen durch den harten Frost zugefroren waren, kam es zu erheblichen Produktionsausfällen, Lieferschwierigkeiten und zu „Kohleferien". Fürstin Blücher von Wahlstatt erinnerte sich in ihrem Tagebuch an den Februar 1917: „Die Kohlen, vielmehr deren Mangel, bilden das Tagesgespräch. Sie scheinen plötzlich aus dem Deutschen Reiche verschwunden oder nicht erreichbar zu sein, und lagern abseits irgendwo in unzähligen Wagenladungen auf fernen Seitenlinien in den Kohlenbezirken. Man bedenke die Folgen! Überall bleiben die Leute im Bett, unempfänglich für jeden Trost, oder sie verlassen ihre Wohnungen, um in Hotels und Pensionen Zuflucht zu suchen, wo sie sehr ‚kühl' empfangen werden." Kohle- und Gasrationierungen machten zusätzlich zum Hunger das Leben im Winter 1916/17 unerträglich. Die Rationierung und der Mangel gingen so weit, dass man überlegte, ob man seine Toten nicht mehr in ihrer besten Kleidung, sondern in einer Totenkleidung aus Papiergewebe beerdigen sollte, um die Kleidungsstücke bei Altbekleidungsstellen abliefern zu können.

Dass die großen Produktionssteigerungen in der Kriegswirtschaft und der gewaltige Einsatz von Waffen und Munition riesige Summen verschlingen würden, war vorhersehbar, vor allem seitdem erkennbar wurde, dass dies kein kurzer Krieg bleiben würde. Doch woher kam das Geld? Es gab drei Möglichkeiten, um den Krieg zu finanzieren: Durch Steuern, durch Anleihen oder durch Geld-

schöpfung. Die Krieg führenden Mächte, ob Mittelmächte oder Alliierte, stützten sich überall auf ein vergleichbares Verfahren. Sie scheuten eine Finanzierung durch zusätzliche Steuern, um ihre Gesellschaft nicht noch zusätzlich zu belasten und den inneren Frieden nicht zu gefährden. Darum setzte man, nachdem das Rezept der Geldschöpfung durch kurzfristige Schuldtitel sehr schnell ausgereizt war, vor allem auf Kredite, um die rasch wachsenden Ausgaben für das Militär zu finanzieren. Die Schulden, die sich dadurch auftürmten, hoffte man nach dem Krieg durch Reparationen, die der unterlegene Gegner zu zahlen hätte, wieder tilgen zu können. Das Deutsche Reich legte bis 1918 neun Kriegsanleihen auf, Österreich acht, Ungarn siebzehn, Großbritannien bis 1917 drei und Frankreich seit 1915 vier, Russland bis 1917 acht. Die Staaten schürten mit großem Propagandaaufwand die notwendige patriotische Gesinnung und Siegeszuversicht, die erforderlich waren, um die Anleihen zu zeichnen. Sie sind insofern auch ein Gradmesser der nationalen Stimmungslage, zumal die Obligationen möglichst breit in der Bevölkerung gestreut wurden. Immerhin waren es etwa sieben Millionen Deutsche, die oft in kleinen Beträgen die Kriegsanleihe vom März 1917 zeichneten.

Daneben gab es den Weg der Kreditaufnahme im Ausland, möglichst bei Verbündeten. So verschul-

■ Der bekannte Schauspieler Douglas Fairbanks wirbt vor dem Schatzamt in New York für den Kauf einer Kriegsanleihe.

■ Eine französische Postkarte wirbt für die Zeichnung von Kriegsanleihen.

deten sich Russland, Frankreich und auch Großbritannien kräftig bei den USA. Insgesamt hatten die Verbindlichkeiten der Entente einen Umfang von 16,4 Milliarden Dollar. Umgekehrt lieh auch Großbritannien seinen Verbündeten etwa sieben Milliarden Dollar. Frankreich stand bei Großbritannien mit 1,7 Milliarden Dollar in der Kreide und bei den USA mit zwei Milliarden. Am Ende hatten fast alle Staaten, mit Ausnahme der USA, einen gewaltigen Schuldenberg aufgetürmt. Deutschland erreichte die Höhe von 156 Milliarden Mark, Großbritannien kam auf 5,8 Milliarden Pfund, und Frankreich auf 130 Milliarden Francs. Tilgung und Verzinsung stellten die Nachkriegsgesellschaften und ihre Regierungen vor erhebliche Probleme und führten besonders in Deutschland zu einer stetig steigenden Inflation.

Die sozialen Verwerfungen, die der Krieg und die Kriegswirtschaft mit sich brachten, waren sehr unterschiedlicher Art und machten sich teilweise kurzfristig, teilweise erst mittel- und langfristig bemerkbar. Überdies ergibt sich kein einheitliches Bild über die Auswirkungen der Kriegswirtschaft. Es gab eindeutige Gewinner und ebenso eindeutige Verlierer, was die Gesellschaft mittelfristig durcheinanderwirbeln sollte. Zu den langfristig wirksamen Folgen gehörten etwa die großen Vermögensverluste und -verschiebungen, die erst in der Inflation der Nachkriegszeit erkennbar wurden und mit der Verarmung vor allem des bürgerlichen Mittelstandes dramatische soziale und politische Folgen hatten. Vielfach wurden Tendenzen des Industrialisierungsprozesses verstärkt oder vorübergehend abgebremst. Profiteure der Kriegswirtschaft waren vor allem große Unternehmen der Eisen- und Stahlindustrie sowie der Chemieindustrie, die sich aus verschiedenen Gründen bei ihren Investitionen der besonderen Förderung durch den Staat erfreuen konnten, während die Profite aus diesem kriegsbedingten künstlichen Wachstum bei den Kapitaleignern verblieben. Umgekehrt konnten viele Kleinbetriebe, vor allem wenn Inhaber und Mitarbeiter zum Kriegsdienst eingezogen wurden, sich oft nur mühsam über Wasser halten oder gingen bankrott. Andere Betriebe, besonders im Nahrungsmittelbereich, waren Nutznießer der Kriegskonjunktur. Dementsprechend gingen Löhne und Profite weit auseinander. Von einer „Volksgemeinschaft" konnte man nur in der politischen Rhetorik sprechen, in der Realität kam es zu einer zunehmenden Fragmentierung und Polarisierung der Gesellschaft.

Bei den Beschäftigten bestätigten sich diese Tendenzen, obwohl es im industriellen, kriegswichtigen Bereich zu einer Abflachung der innerbetrieblichen Hierarchien kam: Der Unterschied zwischen Facharbeitern und angelernten Arbeitern wurde geringer, auch der Status der weiblichen Beschäftigten verbesserte sich. Ihre Löhne stiegen zudem schneller als die der männlichen Kollegen. Wenn sich die Unterschiede zwischen Arbeitern und Angestellten abschwächten, dann lag das vor allem an der Verschlechterung der Einkommenssituation vieler Angestellter, die in einen Sog der Proletarisierung gerieten. Auch die Lage der Beamtenschaft verschlechterte sich signifikant. Ihnen wurden im Namen der nationalen Opferbereitschaft spürbare Gehaltskürzungen auferlegt. Schließlich gehörten kleine Gewerbetreibende und Kaufleute, Hausbesitzer und Rentiers, die bis dahin von ihrem Geldvermögen leben konnten, zu den Verlierern. Sie wurden spätestens von der Inflation, aber auch schon vorher von der Knappheit an Lebensmitteln und Versorgungsgütern getroffen und fanden sich plötzlich bei den Wohlfahrtsämtern wieder. Dort richtete man eigene Referate für die sozialen Gruppen ein, die durch den Krieg plötzlich in Armut geraten waren und die bisher nicht zur Klientel der kommunalen und privaten Fürsorge gehört hatten. Das betraf Kleinrentner ebenso wie Kriegsversehrte und Kriegerwitwen.

FRAUEN AN DER HEIMATFRONT

Eine wichtige Funktion kam in allen Kriegsgesellschaften den Frauen zu. Sie bestimmten das Alltagsleben an der Heimatfront und mussten die Erschwernisse des Alltags maßgeblich bewältigen. Sie mussten teilweise den Ausfall von männlichen Arbeitskräften, die zum Kriegsdienst eingezogen worden waren, kompensieren, sie entschieden über die Stimmungslage in den Gesellschaften und über die Bereitschaft, unter den Bedingungen des Krieges Kinder zur Welt zu bringen. Die Behörden forderten die Frauen auf, alles zu tun, um den Sieg der deutschen Soldaten sicherzustellen. „Jeder Deutsche, vor allem jede Frau“, erklärte der preußische Innenminister im Januar 1915, „sei Soldat in diesem wirtschaftlichen Krieg. Was Todesmut und Tapferkeit vor dem Feind ist, das ist Sparsamkeit und Entsagung daheim.“

Neben diesen Appellen galt den Frauen auch eine staatliche Unterstützung. „Kriegerfrauen“ und „Kriegerfamilien“, wenn sie als bedürftig galten, erhielten als Ausgleich für den Ausfall des männlichen Verdieners eine Unterstützung von den Kommunen, die jedoch in der Regel sehr gering ausfiel. Ende 1915 erhielten vier Millionen Familien eine solche Beihilfe. In Frankreich erhielten Frauen mit minderjährigen Kindern unabhängig von ihrer Bedürftigkeit Familienunterstützung. In den Jahren 1915 und 1916 versuchten die Behörden verstärkt, den Arbeitskräftemangel durch die Mobilisierung von Frauen zu ersetzen. Die französische Regierung wie das Preußische Kriegsministerium forderten zunächst die Rüstungsindustrie auf, neben ausländischen Arbeitern und Kriegsgefangenen auch verstärkt Frauen zu beschäftigen. Britische Suffragetten forderten auf ihren Märschen nicht länger nur „Women's Right to Vote“, sondern nun proklamierten sie, gefördert von der Regierung, „Women's Right to Serve“. Doch konnten Frauen durch ihren Arbeitseinsatz das zentrale Beschäftigungsproblem nicht lösen, denn sie waren nicht als Facharbeiter ausgebildet, die besonders gesucht waren. Darum bevorzugten die Unternehmen ausländische Arbeiter. Erst 1916 erreichte das Niveau der weiblichen Erwerbstätigkeit wieder den Vorkriegsstand. In Deutschland hatte vor dem Krieg die Frauenquote unter der Erwerbsbevölkerung ca. 27 Prozent betragen. In Großbritannien stieg die Frauenarbeit bis Juli 1916 auf vier Millionen weiblicher Erwerbstätiger an, nachdem sie 1914 nur 3,2 Millionen betragen hatte. Insgesamt verstärkte sich zwar während des Krieges der langfristige Trend zur Berufstätigkeit von Frauen, insgesamt aber kam der Kriegszeit keine maßgebliche Rolle bei dieser Entwicklung zu.

Allerdings gab es unter den Bedingungen der Kriegswirtschaft einen branchenspezifischen Zustrom in den rüstungsrelevanten Industrien. Zu diesen gehörten die Metallverarbeitung, der Maschinenbau, die elektrochemische und die chemische Industrie. Hier stieg der Frauenanteil von 1914 bis 1916 um 320 Prozent. Der relative Anteil an der Gesamtbeschäftigtenzahl in der Berliner Metallindustrie und im Maschinenbau stieg von August 1914 bis Oktober 1917 von 23 auf 52 Prozent.

Bei den Arbeiterinnen in den Rüstungsindustrien handelte es sich meist um junge Frauen, die zum ersten Mal ins Erwerbsleben traten, oder um solche, die auch schon vor 1914 erwerbstätig gewesen waren, dies aber an anderen, im sozialen Ansehen schlechter beleumundeten und schlechter bezahlten

Arbeitsplätzen. Doch auch die Arbeitsbedingungen in den Rüstungsbetrieben waren oft katastrophal. Oftmals bedeutete die achtstündige Arbeit eine extreme physische Überforderung, mussten die Arbeiterinnen doch oft schwerstes Gerät und Produkte heben oder bewegen. In einer Granatenfabrik mussten auch die Frauen 37 Kilogramm schwere Schrapnells ohne technische Hilfsmittel vom Boden bis auf Brusthöhe anheben, in eine Maschine spannen und wieder herabsetzen. Unterstützung von männlichen Arbeitskollegen war nach vielen Berichten eher die Ausnahme, eine fachliche Ausbildung war kaum möglich.

Sehr viel mehr interessierten sich Frauen, auch aus den Mittelschichten, für Büroarbeit. Die Zahl der weiblichen Angestellten und der Sekretärinnen stieg überall deutlich an und blieb auch nach 1918 auf diesem Niveau. Dennoch haben die veränderten Lebensverhältnisse arbeitender Frauen nicht zu einer Veränderung der Geschlechterverhältnisse geführt. Weder brachte der Krieg einen Siegeszug der Frauenemanzipation noch veränderten sich die häuslichen und familiären Verhältnisse.

Zu den zusätzlichen Aufgaben auch derjenigen Frauen, die in einem Arbeitsverhältnis standen, gehörten darum neben der Hausarbeit die Pflichten und An-

■ Frauen bespannen in einer deutschen Kampfflugzeugfabrik die Tragflächen mit Segeltuch. Die Volkswirtschaft wurde immer stärker auf die Rüstungsproduktion ausgerichtet, und in diesen Industrien fanden verstärkt Frauen Beschäftigung.

strengungen bei der Versorgung der Familie und des Haushaltes mit Lebensmitteln. Stundenlanges Schlange stehen vor den Geschäften und das Hamstern auf dem Schwarzmarkt und auf dem Land zogen sich oft bis tief in die Abend- und Nachtstunden hin. Zur Versorgung der Berufstätigen richteten zwar viele Großbetriebe eine „Werkspeisung" ein, was sicherlich auch eine Entlastung der Frauen bedeutete. Dennoch breiteten sich gerade unter Arbeiterinnen zunehmend Unterernährung und Hungerödeme aus. Das Generalkommando München stellte im Juli 1917 fest: „In der ärmeren Bevölkerung greift eine immer stärker werdende Gereiztheit und Verbitterung Platz, die noch mehr auf die Ungleichheit der Lebenshaltung und auf die nicht immer gerechte Art der Lebensmittelverteilung als auf den herrschenden Mangel zurückzuführen ist."

Zu den vielen Bürden, die Frauen im Kriegsalltag zu ertragen hatten, gehörten die Sorge um die Ehemänner und Söhne „im Felde". Rund zwei Millionen Frauen verloren im Krieg ihren Ehemann, hinzu kamen die Belastungen durch die Sorge und Pflege von Millionen von Kriegsverletzten und Kranken, die in den Lazaretten lagen oder auf Genesungsurlaub waren. Insgesamt betrug im Deutschen Reich die Zahl der Verwundeten, Invaliden, Kriegsblinden und an Kriegspsychosen Leidenden mehr als 4,3 Millionen. Wenn in der Kriegspropaganda immer wieder darauf verwiesen wurde, dass der „Dank des Vaterlandes" allen an der Front wie in der Heimat, auch den Kriegerwitwen, gebühre, dann war in der Realität die materielle Unterstützung, die den 553 000 Witwen und 1,2 Millionen Kriegswaisen tatsächlich gewährt wurde, nicht mehr als eine Hungerversorgung. Eine Witwe erhielt pro Monat 33 Mark, wenn ihr Ehemann einfacher Soldat war, die Witwe eines Unteroffiziers erhielt 42 bis 50 Mark. Das reichte zum Leben nicht aus, nicht zuletzt wegen der steigenden Preise und vor allem der Nachkriegsinflation. Die Berichte aus der Hinterbliebenenfürsorge ließen etwas vom Schicksal der Kriegerwitwen erahnen, für die die Gedenkblätter, die massenhaft verteilt wurden, und die Gebetsgottesdienste, die in den Kirchen abgehalten wurden, nur ein schwacher Trost waren. „Im Sommer 1915", berichtete eine Helferin, „wurden wir von der sozialen Krankenhausfürsorge auf Frau G. aufmerksam gemacht. Die junge 21-jährige Frau hatte, als sie die Nachricht vom Tode ihres Mannes bekam, einen schweren Nervenanfall gehabt und lag nun schon wochenlang im Krankenhaus. Da sie damals noch Kriegsunterstützung bezog, sollten wir Mittel des Lieferungsverbandes für den so notwendigen Erholungsaufenthalt flüssig machen. Nach ihrer Rückkehr lernten wir sie selber kennen, eine kleine, zarte, kinderlose Frau, die, ihren Eltern innerlich entfremdet, mit dem geliebten Manne alles verloren hatte, was sie an Glück, Liebe und Freude auf Erden besaß, aber auch den Halt, die Aufgabe und den Sinn des eigenen Lebens."

Kapitel 5

1917: KRIEGSMÜDIGKEIT UND UMWÄLZUNGEN

ZU BEGINN DES JAHRES 1917 SAH DER KRIEG AUF DEN ERSTEN BLICK NICHT ANDERS AUS ALS ZWEI JAHRE ZUVOR: DER VERLAUF DER FRONTEN HATTE SICH KAUM VERÄNDERT, DIE MILITÄRISCHEN DURCHBRUCHSVERSUCHE DES ZURÜCKLIEGENDEN JAHRES WAREN FAST ALLE GESCHEITERT. AUCH DER ALLTAG DES KRIEGES AN DER FRONT WIE AN DER „HEIMATFRONT" ZEIGTE DIESELBE MISCHUNG VON OPFER- UND ENTBEHRUNGSREICHER ROUTINE UND VON AUSSERGEWÖHNLICHEN POLITISCHEN WIE MILITÄRISCHEN ENTSCHEIDUNGEN.

„IM WESTEN NICHTS NEUES"

An der Westfront gab es kaum etwas Neues. Die kämpfenden Armeen hatten sich nach wie vor in ihren Stellungslinien zwischen Flandern und den Vogesen festgekrallt und sich bei den Offensiven, die sie seit 1914 unternommen hatten, zunehmend verausgabt. Auf einer Länge von über 650 Kilometern, von der Nordsee bis zur Schweizer Grenze, zog sich ein relativ schmaler Streifen mit Schützengräben, Drahtverhauen und Unterständen. Auf jeder Seite dieses Niemandslandes gab es eine Zone der Verwüstung. In dieser waren die Bäume entlaubt, der Boden von Granaten umgepflügt und die meisten Gebäude zerstört. Ganze Dörfer waren verschwunden, Städte wie Ypern und Arras lagen in Trümmern. Außerhalb der Reichweite der Artillerie waren Stadt und Land von der Zerstörungskraft des Krieges weitgehend unberührt geblieben. Auf der westlichen Seite hatte der Krieg eine Scheinblüte mit Läden, Cafés und Kneipen geschaffen. Hinter der Front waren Barackenlager und Zeltstädte entstanden, in denen die Soldaten untergebracht wurden, die von hier aus an die Front gingen bzw. von ihr zu kurzen Ruhezeiten zurückkehrten. Auf der östlichen, der deutschen Seite, herrschte das strenge Regiment deutscher Besatzungs- und Wirtschaftspolitik. Rohstoffe und industrielle Produkte sowie landwirtschaftliche Erzeugnisse wurden für den Export ins Reich beschlagnahmt und Zwangsarbeiter rekrutiert.

■ Deutsche Soldaten während eines Angriffs an der Ostfront.

Auf deutscher Seite hatte man seit dem September 1916 an der Verlegung und Verbesserung der Stellungen gearbeitet. Im Januar 1917 wurde auf Anordnung Erich Ludendorffs ein vorspringender Frontbogen zwischen Arras und Soissons, um den es erbitterte und verlustreiche Kämpfe gegeben hatte, begradigt und mit der kürzeren und gut befestigten „Hindenburg-Linie" eine „endgültige Stellung" bezogen. Während des Rückzugs zerstörten oder verbrannten die Deutschen gegen die Regeln der Haager Landkriegsordnung alle Häuser, schlachteten das Vieh und vergifteten die Brunnen. Einmal mehr gab man den Schreckensbildern, die die gegnerische Propaganda von den deutschen Barbaren zeichnete, neue Nahrung.

Dank einer veränderten Abwehrtechnik wurden die Stellungen nach neuen Grundsätzen entworfen. Die Frontlinie wurde verkürzt und konnte dadurch von geringeren Kräften gehalten werden. Die Truppen mussten sich nicht mehr für längere Zeit in den frontnahen Gräben aufhalten, wo sie leicht Ziel der feindlichen Artillerie werden konnten, da die Grabenlinien durch Verteidigungszonen

■ Hinter den Linien der Front an der Aisne ruhen sich französische Soldaten nach dem Mittagessen auf einer Wiese aus. Die Kampfzone scheint von dieser trügerischen Idylle weit entfernt.

ersetzt wurden, deren Kernstück weit auseinandergezogene Maschinengewehrstellungen aus Beton, durch eine vorgelagerte Artillerie gedeckt, bildeten. Dadurch ließ sich die Zahl der frontnah eingesetzten Soldaten deutlich reduzieren. Die Hauptmasse der Infanterie stand unterdessen außerhalb der Reichweite der feindlichen Artillerie in Eingreifdivisionen bereit. Diese kamen zum Einsatz, sobald die ersten Wellen der angreifenden Infanterie den Feuerschutz durch ihre Artillerie verlassen hatten.

An der Ostfront lag die Schützengrabenlinie nun zwischen dem Schwarzen Meer und der Ostsee. Sie hatte sich also an ihrer südlichen Flanke um rund 500 Kilometer nach Osten bewegt. Auch an der österreichisch-italienischen Front hatte sich die Kampflinie geografisch leicht verschoben. Dennoch blieben die Bedingungen des Alpenkrieges so hart wie zuvor.

Weithin erkennbare Veränderungen vollzogen sich auch auf der militärischen Führungsebene und im Verhältnis zwischen ziviler und militärischer Füh-

rung. Am Beginn des Jahres 1917 hatten das britische und französische wie das deutsche Heer neue Oberbefehlshaber. Schon im August 1916 hatte das Gespann Hindenburg/Ludendorff die dritte Oberste Heeresleitung übernommen. In Großbritannien war es zum Wechsel an der Spitze des Kriegsministeriums gekommen, als der Panzerkreuzer „HMS Hampshire“ im Juni 1916 während einer diplomatischen Reise des Ministers Herbert Kitchener auf eine Mine auflief, wobei Kitchener zu Tode kam. In Frankreich endete im Dezember 1916 das lange Kommando von Joseph Joffre. Sein Nachfolger, General Robert Nivelle, stand zunächst für einen Wechsel der militärischen Taktik, das Scheitern der von ihm geplanten französischen Offensive an der Somme Anfang April 1917 führte aber bereits am 30. April zu seiner Ablösung durch General Philippe Pétain. Fast überall beschleunigte der wachsende Misserfolg vieler Angriffsoperationen und der Vorwurf des Versagens den militärischen und nervlichen Verschleiß der Generalität. Die Generäle

scheiterten jedoch nicht an ihrer persönlichen Unfähigkeit oder menschlichen Unzulänglichkeit, sondern an den neuen Herausforderungen durch die sich rasant verändernden Militärtechnologien, die zwar ein riesiges Zerstörungspotenzial besaßen, aber strategisch und kommunikationstechnologisch nur schwer zu beherrschen waren.

U-BOOT-KRIEG, KRIEGSZIELE UND FRIEDENSINITIATIVEN

Einer, der jedoch meinte, die neuen Kräfte beherrschen zu können, war Ludendorff. Er war der eigentliche geistige Vater aller politisch-strategischen und kriegswirtschaftlichen Veränderungen in Deutschland. Er setzte zusammen mit Paul von Hindenburg, der durch seine Aura des Helden dem Ganzen den Stempel der militärischen Solidität aufdrückte, eine neue, militärisch zwar durchdachte, politisch aber äußerst riskante Strategie durch: An der Westfront sollten Truppen für den Einsatz an anderen Fronten abgezogen werden, zu Hause wurde die Wirtschaft für den totalen Krieg mobilisiert, und mit dem politisch umstrittenen Beschluss zum uneingeschränkten U-Boot-Krieg vom 31. Januar 1917 wollte man die Seeblockade brechen. Doch man schuf sich dadurch mit den USA, die am 6. April 1917 in den Krieg eintraten, einen neuen, kriegswirtschaftlich und politisch sehr viel stärkeren Gegner. Das Deutsche Reich legte sich selbst die Schlinge um den Hals.

Hindenburg und Ludendorff waren bei ihrem Amtsantritt zu der Überzeugung gekommen, dass man Großbritannien eher mit einem Wirtschaftskrieg als mit einer direkten militärischen Konfrontation auf den Schlachtfeldern Flanderns und Frankreichs in die Knie zwingen könnte. Auch wollte man sich angesichts der neuen militärischen Belastungen in Südosteuropa an der Westfront eher defensiv verhalten. Umso gelegener kam der OHL die Denkschrift des Stabschefs der Marine, Henning von Holtzendorff, der versprach, mit dem uneingeschränkten U-Boot-Krieg bis zum Herbst 1917 den Krieg entscheiden zu können. Dies war allerdings ebenso einseitig wie kurzsichtig gedacht.

Dass die Verschärfung des U-Boot-Krieges einen amerikanischen Kriegseintritt immer wahrscheinlicher machen würde, wurde seit der Versenkung der „Lusitania“ in der englischen und amerikanischen Politik und Öffentlichkeit ebenso diskutiert wie innerhalb der deutschen Reichsleitung und in der politischen Öffentlichkeit Deutschlands. Der neue amerikanische Außenminister Robert Lansing war seit dem Untergang der „Lusitania“ davon überzeugt, dass ein Kriegseintritt der USA unvermeidlich wäre. Präsident Woodrow Wilson hatte zwar im Herbst 1916 den Wahlkampf für seine Wiederwahl mit der Parole geführt, er wolle sein Land aus dem Krieg heraushalten, doch hatte er stets zu verstehen gegeben, dass seine Politik des Internationalismus es auch erfordern könnte, dass die USA zu den Waffen greifen müssten. Die Voraussetzungen dafür hatte er durch zwei Dekrete vom Mai und Juni 1916 schon geschaffen, mit denen er die Verdoppelung der Armee angeordnet und den Aufbau von Seestreitkräften betrieben hatte.

■ Propagandistisch wurde der U-Boot-Krieg auf deutscher Seite als überaus erfolgreich dargestellt.

■ Im Kriegsverlauf war der Reichstag immer weniger dazu bereit, den Forderungen der OHL nach einem Siegfrieden zu folgen.

Unmittelbar nach seiner Wiederwahl im November 1916 lud er die Krieg führenden Staaten ein, ihre Friedensbedingungen zu formulieren. Die Zeit schien reif für einen solchen Vorstoß, denn keine europäische Regierung konnte die Forderungen nach Frieden länger ignorieren. Auch Ludendorff musste erkennen, dass der österreichische Verbündete in arger Bedrängnis war und dass auch im deutschen Reichstag die Rede von einem Frieden „ohne Annexionen und Kontributionen" lauter wurde. Die Friedensdiskussion hatte überdies einen politischen Mobilisierungseffekt, kündigte sie doch die Verschiebung der Mehrheiten und Bündnisse im Reichstag an und gab der Debatte um die Parlamentarisierung der Verfassungsordnung neue Nahrung.

In Deutschland hatte die schroffe amerikanische Reaktion auf die Versenkung der „Lusitania" im Mai 1915 zunächst dazu geführt, dass Reichskanzler Theobald von Bethmann Hollweg und auch die Umgebung des Kaisers eine strengere Beachtung der Regeln des Kreuzerkrieges angeordnet hatten. Das änderte zunächst aber nichts daran, dass die deutschen U-Boote weitere Handelsschiffe versenkten, da sie auch mit dem völkerrechtlich legitimierten Einsatz ihrer Kanonen über Wasser sehr erfolgreich waren. Neue Zwischenfälle und ihre diplomatischen Folgen hatten den Stab der deutschen Kriegsmarine zwischenzeitlich dennoch dazu veranlasst, den U-Boot-Krieg auszusetzen. Nach der Schlacht vor dem Skagerrak, in der es der deutschen Hochseeflotte am 31. Mai und 1. Juni 1916 nicht gelungen war, die britische Seeblockade zu beenden, gewannen aber diejenigen Stimmen an Überzeugungskraft, die im U-Boot-Krieg den einzigen Ausweg für eine erfolgreiche deutsche Kriegführung und für eine Lockerung der britischen Blockade sahen. Unterstützung fanden sie auch durch die neue OHL. Hindenburg versuchte mit seiner Forderung, es müssten „alle politischen Rücksichtnahmen angesichts unserer verzweifelten Lage zurückgestellt werden", Druck auf die politischen Entscheidungsträger auszuüben. In der Frage des U-Boot-Krieges wie in der Debatte über die Kriegsziele mehrten sich die Anzeichen, dass die militärische Führung entschlossen war, den Krieg mit allen Mitteln zu gewinnen.

Reichskanzler Bethmann Hollweg, der schon seit 1914 immer stärker daran gezweifelt hatte, dass Deutschland siegreich aus dem Krieg hervorgehen können würde, fürchtete die innen- wie die außenpolitischen Folgen der sich verschärfenden politischen Debatten um Krieg und Sieg. Er hoffte auf eine Vermittlung des US-amerikanischen Präsidenten und sah in Friedensgesprächen die letzte Möglichkeit, den uneingeschränkten U-Boot-Krieg zu verhindern. Selbst für den Fall ihres Scheiterns würde sich aus einem solchen Vorstoß eine verbesserte politische Ausgangslage für einen dann nicht mehr zu vermeidenden U-Boot-Krieg ergeben, hätte man doch den eigenen guten Willen gezeigt. Verhandlungen mit dem österreichischen Außenminister Stephan Burián über ein Friedensangebot an die Entente verzögerten sich aber wiederholt. Burián forderte verbindliche Kriegsziele, zu denen Garantien für die Sicherung der territorialen Integrität Österreichs und weitere Annexionen auf dem Balkan gehörten. Das bedeutete eine Maximallösung, die die Entente mit Sicherheit abgelehnt hätte.

Die Eroberung der rumänischen Hauptstadt Bukarest durch deutsche Truppen am 5. Dezember 1916 gab dem deutschen Reichskanzler jedoch die Chance, ohne noch weitere Rücksicht auf Wien nehmen zu müssen, die Oberste Heeresleitung davon zu überzeugen, dass eine Friedensinitiative keineswegs ein Zeichen von Schwäche sein müsse. Doch die Kriegsziele, die ihm von der Heeresführung vorgetragen wurden, waren so überzogen, dass der Kanzler es nicht wagte, sie zu veröffentlichen. Für Hindenburg und Ludendorff konnte Frieden nur als „deutscher Frieden" buchstabiert werden.

Mit einem eigenen, sehr viel zurückhaltenderen Friedensangebot, das er am 12. Dezember in einer Rede vor dem Reichstag der deutschen wie der internationalen Öffentlichkeit vorstellte, unternahm Bethmann Hollweg einen letzten Versuch, den U-Boot-Krieg zu verhindern. Doch seine Vorschläge waren zu vage und vieldeutig, um bei den Neutralen wie bei der Entente auf ernsthaftes Interesse zu stoßen. Auch in einer vertraulichen Note an Wilson wurde er kaum deutlicher, sondern beschränkte sich aus Furcht vor einer vorzeitigen öffentlichen Diskussion in Deutschland und vor der ablehnenden Reaktion der US-amerikanischen Regierung, die die Parole eines Friedens „ohne Sieger und Besiegte" ausgegeben hatte, auf eine stark abgeschwächte Fassung der von der OHL formulierten Friedensbedingungen: Belgien sollte nicht offen annektiert werden, aber politische und wirtschaftliche Garantien abgeben, die das Land de facto zu einem deutschen Protektorat gemacht hätten. Damit wurde die zentrale Forderung der Entente, Belgien freizugeben, nicht erfüllt. Auch die Erzlagerstätten um Briey sollten in deutscher Hand bleiben, wie auch das Elsass und Lothringen. Im Osten sollte in Polen und den baltischen Provinzen ein deutsches Protektorat errichtet werden. Österreichs Vorherrschaft auf dem Balkan sollte wiederhergestellt werden, wie auch die deutschen Kolonien in Afrika.

Das war, trotz aller Bemühungen um verklausulierte Formulierungen, ein eindeutiges Siegfrieden-Programm, das für die Alliierten ebenso unannehmbar war wie umgekehrt die Kriegsziele der Entente für die Mittelmächte. Trotz wachsender Kriegsmüdigkeit wollten die Regierungen der Krieg führenden Staaten lieber weiterkämpfen, als einem Frieden zu den von den jeweiligen Gegnern vorgeschlagenen Bedingungen zuzustimmen.

Auch die Entente-Mächte hatten die Einladung Wilsons, ihre Friedensbedingungen zu formulieren, gerne angenommen, um ihrerseits Ziele vorzulegen, die geeignet waren, in der amerikanischen Öffentlichkeit auf Sympathien zu stoßen, in Deutschland

WOODROW WILSON
*28. DEZEMBER 1856 STAUNTON
†3. FEBRUAR 1924 WASHINGTON

Der Professor für Politische Wissenschaften und Präsident der Princeton University wurde 1910 zum Gouverneur des Staates New Jersey gewählt. 1912 gewann er als Kandidat der Demokraten die Wahl zum US-amerikanischen Präsidenten. Trotz eindeutiger Sympathien für die Alliierten hielt er bis 1916 an seinem Neutralitätskurs fest. Nach dem uneingeschränkten deutschen U-Boot-Krieg erklärte er im April 1917 den Kriegseintritt der USA. Er deutete den Krieg als einen Kreuzzug für die liberale Demokratie und proklamierte im Januar 1918 mit seinem Vierzehn-Punkte-Programm eine Friedensordnung auf der Grundlage des Selbstbestimmungsrechts der Völker, der Demokratie und der Abrüstung. Im Herbst 1918 scheiterte er im Kongress mit der Ratifizierung des Völkerbundbeitritts.

aber abgelehnt werden mussten: Sie verlangten, die Unabhängigkeit Belgiens und Serbiens wiederherzustellen, die besetzten Gebiete in Frankreich, Russland und Rumänien zu räumen und die Schäden zu begleichen, die die deutsche Besatzung dort angerichtet hatte. Zusätzlich forderten sie die „Rückerstattung von Provinzen und Territorien, die den Alliierten in der Vergangenheit gewaltsam entrissen“ worden waren. Gemeint waren damit ganz offensichtlich das Elsass und Lothringen. Auch für die Unabhängigkeit bzw. „Befreiung“ der Italiener, Slawen, Rumänen und Tschechen, die unter der Herrschaft Österreich-Ungarns standen, setzte man sich ein. Vor allem sollte Polen unabhängig werden, was der Zar schließlich seinen Bündnispartnern zugestehen musste. Auch sollte die osmanische Herrschaft in Südosteuropa beendet werden. Die Alliierten forderten also nichts anderes als die Zerstückelung der drei Reiche, die das Bündnis der Mittelmächte bestimmten. Ganz offenkundig wollten sich die Mächte der Entente keinen Frieden von Amerika vorschreiben lassen und Verhandlungen, die auf eine deutsche Initiative zurückgingen, wollten sie ohnehin nicht akzeptieren. Wilson war vorerst gescheitert, will man nicht die Tatsache, dass international nun überhaupt über einen möglichen Frieden geredet wurde, als ersten Schritt verstehen. Vorerst ließen die gegenseitigen Forderungen der Krieg führenden Mächte aber keinen realistischen Weg zu einem Friedensschluss erkennen, denn eigentlich wiederholten beide Seiten nur die eigenen Forderungen aus dem Jahr 1914. Eine Friedensregelung wäre 1917 nur dann möglich gewesen, wenn eine Konfliktpartei nicht länger an den eigenen Sieg geglaubt hätte.

Das starre Beharren auf den Ausgangspositionen, die mittlerweile durch eine nationalistische Propaganda auf beiden Seiten noch bekräftigt wurden, war nach mehr als dreißig Monaten Krieg nur deshalb noch möglich, weil zur Jahreswende 1916/17 die Regierungen in London wie in Paris und noch mehr in Berlin meinten, sich sicher sein zu können, dass ihre Nationen durchhielten und Loyalität wahrten – trotz der ungeheuren Opfer, die der Krieg mittlerweile gefordert hatte und trotz der Belastungen, die der Blockadekrieg für die deutsche und die österreichische Gesellschaft brachte.

Seit 1916 wurden die Folgen der Blockade immer spürbarer. Im Laufe des Jahres 1917 mussten die Deutschen ihren Verbrauch von Fisch, Eiern und Zucker um die Hälfte reduzieren, auch die Versorgung mit Grundnahrungsmitteln wie Kartoffeln und Gemüse wurde immer schwieriger. Im Winter 1916/17 musste man sich daran gewöhnen, als Ersatz oder Zusatz für gewohnte Nahrungsmittel, die es nicht mehr gab, auf die Kohlrübe zurückzugreifen.

Am größten war die Not in Wien, wo sich auch die Stimmungslage am frühesten ändern sollte. Der Tod von Kaiser Franz Joseph im November 1916 nach 68-jähriger Regierungszeit, die von den meisten Untertanen als eine Zeit der Stabilität und Sicherheit wahrgenommen worden war, verstärkte die Sehnsucht nach einem Ende des Krieges. Eine der ersten Amtshandlungen seines Nachfolgers Karl I. war es dann auch, mit Unterstützung seines Außenministers Ottokar Graf Czernin baldige Friedensverhandlungen anzukündigen. Die indirekten Verhandlungen, die Karls Schwager Prinz Sixtus von Bourbon-Parma mit der französischen Regierung anknüpfte, führten jedoch zu keinem Ergebnis, weil der junge Kaiser nicht bereit war, die territoriale Integrität seines eigenen Reiches zu gefährden. Die Schäden durch die gescheiterten Gespräche waren umso größer: Die Westmächte wussten nun, wie kriegsmüde Österreich war, und die deutschen Verbündeten waren über die Verhandlungen verärgert, weil sie territoriale Einbußen hätten hinnehmen müssen – Sixtus hatte am Verhandlungstisch die Rückgabe Elsass-Lothringens an Frankreich angeboten.

■ Erzherzog Joseph von Österreich, Kommandant in Ostsiebenbürgen, bei einem Besuch an der rumänischen Front in den Karpaten. Mit solchen Frontbesuchen sollte die Moral der Soldaten gestärkt werden.

■ Ethnien im Vielvölkerstaat Österreich-Ungarn

Von anderem Rang als die direkten Kontakte zwischen den Krieg führenden Mächten war der Vermittlungsversuch des Papstes. Bislang waren die bilateralen und direkten Friedensbemühungen letztlich alle daran gescheitert, dass die Kriegsziele beider Seiten miteinander völlig unvereinbar waren und jeder Friedensvorstoß sofort als Schwäche des Gegners gewertet wurde. Dagegen verfügte der Papst bei seinen Friedensappellen über ein unvergleichliches moralisches Gewicht. Er blieb aber letztlich auch erfolglos, weil die Betonung seiner Neutralität auf beiden Seiten auf Unverständnis und, angesichts seiner früheren Parteinahme für Italien, auch auf Misstrauen stieß.

Die Art und Weise, wie die Krieg führenden Staaten auf die Aufrufe zur Beendigung der Feindseligkeiten reagierten, ließ Rückschlüsse auf ihr inneres, verfassungspolitisches System und dessen Stabilität zu. Während Bethmann Hollweg mühsam und letztlich erfolglos zwischen der OHL und dem Kaiser einerseits und dem Reichstag und den Parteien andererseits zu lavieren suchte, konnte sich die französische – wie die britische – Regierung einigermaßen sicher sein, dass der innenpolitische Grundkonsens im Zeichen der „Union sacrée" trotz der inzwischen eingetretenen Koalitionskrisen und Regierungswechsel vorerst noch hielt. Die Parteien akzeptierten die Dominanz der Kriegskomitees, die mit nahezu uneingeschränkter Vollmacht regierten. Auch der Sturz der Regierung Herbert Henry Asquiths in London im Dezember 1916 führte nicht zurück zu Liberalismus und Parlamentarismus, sondern die Macht der Exekutive blieb unangefochten. Die Öffentlichkeit, in England und noch mehr in Frankreich, verlangte geradezu nach einer Ausweitung der Befugnisse des Staates in Zeiten des Krieges, so dass die Engländer ihm mehr Regelungskompetenz, vor allem in der Wirtschaft und der Steuerpolitik, zuerkannten, als dies vor 1914 denkbar gewesen wäre. Die wichtigste Ausweitung der Staatsmacht war zweifelsohne die Einführung der Wehrpflicht, die die Koalitionsregierung Asquith 1916 verkündete. Damit war ein wichtiger Grundsatz der englischen politischen Kultur und des Liberalismus, die Freiwilligkeit des Dienstes, aufgehoben. Auch störte es nicht, dass die englischen Wahlen, die es 1915 hätte geben müssen, schon lange überfällig waren. Ebenso wurde die Führungsrolle von Asquiths Nachfolger als Premierminister, David Llyod George, akzeptiert, obwohl sein Egoismus und seine Verschlagenheit ihm nicht gerade viele Sympathien geschaffen hatten.

Die deutsche Friedensnote vom 12. Dezember 1916 reichte dem Oberkommando als Rechtfertigung aus, um Anfang Januar 1917 den entscheidenden Schritt zum U-Boot-Krieg zu wagen. Bei einer Audienz beim Kaiser am 8. Januar 1917 stellten Heer und Marine fest, dass der Kaiser den uneingeschränkten U-Boot-Krieg billigte und auch bereit war, gegen das ausdrückliche Votum seines Reichskanzlers zu handeln, da er befand, dass es sich bei dem Entschluss ausschließlich um eine „militärische Sache" handele, die den „Kanzler nichts anginge". Diesem blieb, wollte er nicht demonstrativ zurücktreten, nichts anderes übrig, als die Entscheidung zu akzeptieren und diese am 1. Februar im Reichstag zu verkünden. Seine Stimme sei dabei, so ein Beobachter, „heiser und rau" gewesen.

Bethmann Hollweg war mit seiner „Politik der Diagonale", dem Versuch, die Gegensätze zwischen Sozialdemokraten und konservativen Kräften zu

BENEDIKT XV.

* 21. NOVEMBER 1854 GENUA
† 22. JANUAR 1922 ROM

Giacomo della Chiesa wurde im September 1914 zum Papst gewählt. Trotz großer kirchenrechtlicher Leistungen bestimmte der Krieg seine Amtszeit. Erschüttert über die „unnötigen Massaker" des Krieges, forderte er die Völker wiederholt zum Friedensschluss auf und bot sich als Vermittler an. Seine Friedensnote von 1917, an deren Entwurf und Verbreitung Eugenio Pacelli, der spätere Papst Pius XII., als Sekretär der Päpstlichen Kongregation für außerordentliche kirchliche Angelegenheiten entscheidend mitwirkte, scheiterte am Unverständnis der Kriegsparteien und auch an den eigenen Widersprüchen. Erfolgreicher waren die Hilfsmaßnahmen, die der Papst für Verwundete und Kriegsgefangene einführte.

DAVID LLOYD GEORGE
* 17. JANUAR 1863 MANCHESTER
† 26. MÄRZ 1945 LLANYSTUMDY

Ursprünglich Führer des radikalen Flügels der Liberalen Partei, stieg Lloyd George während des Krieges zu einer beherrschenden Figur der britischen Politik auf. Seit 1908 war er Schatzkanzler und wechselte im Mai 1915 in das neu eingerichtete Rüstungsministerium. Am 7. Dezember 1916 wurde er Premierminister. Mit seinem auf fünf Mitglieder verkleinerten Kriegskabinett organisierte er die Kriegswirtschaft und griff in militärische Entscheidungen ein. Trotz seines selbst- und machtbewussten Herrschaftsstils genoss er eine große Popularität und errang im Dezember 1918 einen großen Wahlsieg.

überbrücken, gescheitert. Der OHL war er mit seiner vorsichtigen Friedensinitiative und seiner ablehnenden Haltung zum U-Boot-Krieg politisch zu weit gegangen, einer Mehrheit des Reichstages umgekehrt nicht weit genug. Mit dem Beschluss zum uneingeschränkten U-Boot-Krieg, der dem Kanzler am 9. Januar als vollendete Tatsache präsentiert wurde, hatten sich die Gewichte im komplizierten Machtgefüge der deutschen Reichsleitung eindeutig zugunsten der OHL verschoben. Umgekehrt hatte die schleichende Entmachtung des Reichskanzlers auch dem Reichstag und den Parteien die Möglichkeit einer verstärkten politischen Einflussnahme genommen.

Am 31. Januar informierte der deutsche Botschafter die Regierung in Washington darüber, dass am folgenden Tag der uneingeschränkte U-Boot-Krieg eröffnet würde. Wilson brach sofort die Beziehungen zu Deutschland ab und erklärte Berlin am 5. April den Krieg.

Es ging Wilson nicht länger um einen „Frieden ohne Sieg“, wie er es noch Wochen zuvor propagiert hatte. Nun sollte der Krieg nach seinem Willen ein „Kreuzzug für die Demokratie“, für eine allgemeine Herrschaft des Rechtes und eines Bundes der freien Völker werden, um allen Nationen Frieden und Sicherheit zu bringen. Das war ein völliger Bruch mit den bisherigen Kriegszielen, für die die europäischen Völker in den Krieg gezogen waren. Der französische Intellektuelle Daniel Halévy, der für die Propagandaabteilung des französischen Außenministeriums tätig war, versprach sich daher von dem Einsatz der USA neben der wirtschaftlichen Stärkung der Alliierten einen moralisch-ideologischen Gewinn: „Unser Krieg wird nach und nach zu einem Kampf der Nationalismen, wobei der stärkste und echteste der europäische Nationalismus ist. Dank Wilson ist der Krieg zu einem Kampf der humanitären Zusammenarbeit gegen nationalistischen Absolutismus geworden.“ Zwei Jahre später jedoch sollte Wilsons Politik an diesem Nationalismus abermals scheitern.

Ludendorff zeigte sich von der amerikanischen Kriegserklärung unbeeindruckt, ging er doch davon aus, dass die USA frühestens im Jahre 1919 eine starke Armee auf den europäischen Kriegsschauplatz würden bringen können. Bis dahin wollte er die deutschen Armeen längst zum Sieg geführt haben. Was er bezeichnenderweise nicht bedachte, waren die Folgen der Kriegserklärung für den Wirtschaftskrieg. Mit den Anleihen, die sie den westlichen Verbündeten gewährten, konnten die USA schon früh Einfluss auf die Kriegführung nehmen. Ab 1917/18 bildete sich ein starker Wirtschaftsblock, mit dessen Hilfe die Alliierten Waren kaufen und die Märkte dirigieren konnten. Die Wirkung der Blockade wurde dadurch noch verstärkt, und die USA konn-

■ US-Präsident Woodrow Wilson kündigt im Kongress den Abbruch der diplomatischen Beziehungen zu Deutschland an.

ten die Warenströme, auch der neutralen Staaten, an den Mittelmächten vorbei steuern, die somit immer weniger Zugang zum Weltmarkt hatten. Am 9. April 1917 landeten überdies die amerikanischen Seestreitkräfte in Großbritannien und eröffneten den Kampf im U-Boot-Gebiet. Die ersten amerikanischen Bodentruppen sollten am 1. Mai 1918 an der Westfront eingesetzt werden.

Vorerst blieben die militärischen Auswirkungen des Kriegseintrittes der USA jedoch tatsächlich gering. Noch einmal plante die Entente eine große und koordinierte Offensive für das Frühjahr 1917. Man hatte sich im November 1916 wieder in Chantilly getroffen und sich vorgenommen, die Fehler des vergangenen Jahres nicht zu wiederholen. Die Italiener planten eine neue Offensive am Isonzo und auch die Russen gaben sich optimistisch, da die Mobilisierung ihrer Kriegswirtschaft so weit vorangekommen sei, dass man genügend Waffen und Munition für eine Frühjahrsoffensive besäße. Der Schwerpunkt der alliierten Offensive sollte aber an der Westfront liegen, vor allem auf den Schlachtfeldern an der Somme. Daran sollte sich eine Offensive in Flandern anschließen, um die U-Boot-Basen zu erobern, von denen die Deutschen mit zunehmendem Erfolg die Schiffe der Alliierten angriffen. Doch bis zum Beginn der Frühjahrsoffensive waren einige militärisch-taktische Veränderungen und vor allem eine fundamentale politische Zäsur eingetreten.

Zunächst einmal hatte der Wechsel im französischen Oberbefehl von Joffre zu Nivelle eine Veränderung der operativen Pläne mit sich gebracht. Nivelle wollte die Schlacht nicht noch einmal an der Somme eröffnen, weil sich das Gelände dort nicht für einen plötzlichen Durchbruch eignete, wie er ihm vorschwebte. Mit einer neuen Taktik wollte er die deutschen Verteidigungslinien über ihre ganze Tiefe mit Artilleriefeuer eindecken und zerstören, bis die Angreifer, weiterhin unter eigenem Sperrfeuer, bis in die rückwärtigen Gebiete des Gegners vorrücken könnten. Dieser Angriff sollte an den Schultern des deutschen Frontvorsprunges eröffnet werden. Die Franzosen sollten an dem südlichen Frontabschnitt, dem Chemin-des-Dames, den Angriff eröffnen, die Briten sollten ihre Offensive an dem nördlichen Abschnitt bei Arras in Richtung auf den Vimy-Rücken

■ Die deutsche Hindenburg-Linie und die Angriffe der Alliierten

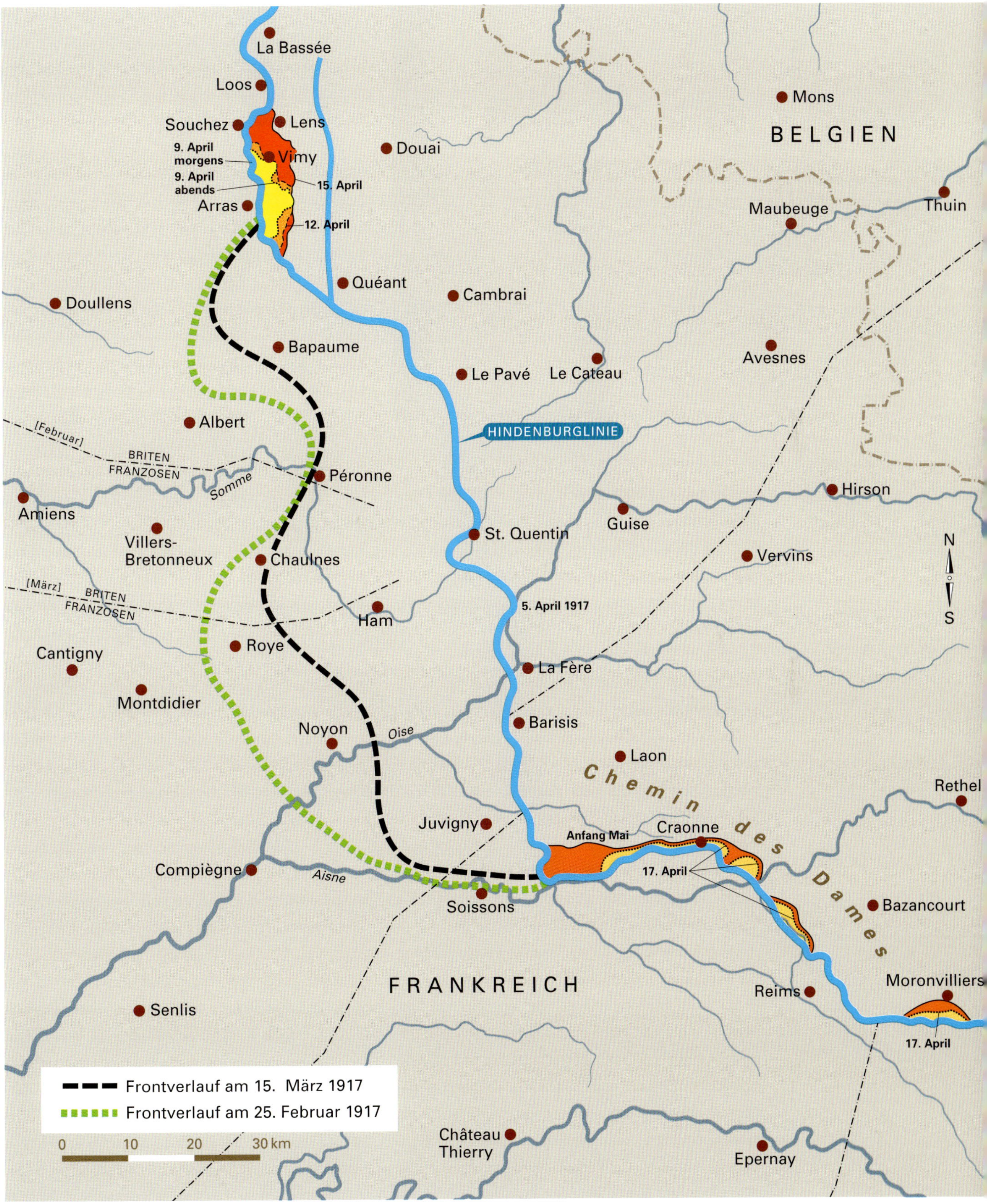
La Bassée
Loos
Souchez
Lens
9. April morgens
Vimy
9. April abends
15. April
Arras
12. April
Douai
Mons
BELGIEN
Maubeuge
Thuin
Quéant
Cambrai
Doullens
Bapaume
Avesnes
Le Pavé
Le Cateau
Albert
HINDENBURGLINIE
[Februar]
BRITEN
FRANZOSEN
Somme
Péronne
Hirson
Amiens
St. Quentin
Guise
Villers-Bretonneux
Chaulnes
Vervins
[März]
BRITEN
FRANZOSEN
Ham
5. April 1917
N
S
Cantigny
Roye
La Fère
Montdidier
Barisis
Noyon
Oise
Laon
Chemin des Dames
Rethel
Juvigny
Anfang Mai
Craonne
17. April
Compiègne
Aisne
Soissons
Bazancourt
FRANKREICH
Reims
Moronvilliers
Senlis
17. April
Frontverlauf am 15. März 1917
Frontverlauf am 25. Februar 1917
0
10
20
30 km
Château Thierry
Epernay

■ Französische Soldaten werden nach einem deutschen Gasangriff mit schweren Bindehautentzündungen in einem Lazarett behandelt.

beginnen. Doch am 15. März bemerkten die Franzosen, dass die Deutschen sich an der gesamten Front zwischen Arras und der Aisne aus ihren Stellungen zurückzuziehen begannen. Durch die Frontrücknahme, mit der die Deutschen im September 1916 begonnen hatten, und den neuen Stellungen der „Hindenburg-Linie", die im Januar 1917 fertig und bis zum 18. März bezogen waren, lief die französische Planung weitgehend ins Leere. Zwar endete die „Hindenburg-Linie", die von den Deutschen in Anspielung auf das Nibelungenlied „Siegfriedstellung" genannt wurde, gerade dort, wo Nivelle losschlagen wollte, doch auch die Verteidigungslinien der Deutschen am Chemin-des-Dames gehörten zu den am stärksten ausgebauten Stellungen. Unter den neuen Voraussetzungen kam das von Nivelle geplante enge Zusammenwirken von Infanterie und Artillerie kaum zustande, weil das steile Gelände das Vorrücken der schweren Artillerie erschwerte. So ging der Vormarsch – innerhalb von 48 Stunden hatte der Durchbruch erfolgen sollen – nur langsam und sehr verlustreich voran. Nach zehn Tagen hatten die Franzosen mehr als 130 000 Mann verloren und Nivelle wurde durch Pétain, den Helden von Verdun, ersetzt. Die britische Offensive, eine Woche vor der französischen bei Arras eröffnet, konnte anfangs größere Erfolge erzielen. Die Briten verfügten über große Munitionsvorräte und eine starke Artillerie, die mit einem gewaltigen Feuerschlag die Offensive eröffnete. Die Infanterie des VI. Korps der 3. Armee wurde in unterirdischen Steinbrüchen bei Arras bereitgestellt und dann durch Tunnel an die Front geführt. Schon am ersten Tag der Schlacht konnten die britischen Truppen die deutsche Front durchbrechen und die Hänge des Vimy-Rückens erobern. Doch bald kam es zu Verzögerungen, die den Fortgang der Offensive erschwerten: Die neuen deutschen Verteidigungsstellungen, die in ihrem Schwerpunkt außerhalb der Reichweite der gegnerischen Artillerie angelegt waren, machten die britischen Offiziere ratlos, und die Deutschen konnten die eintretende Kampfpause zu Umgruppierungen und Verstärkungen nutzen, so dass sie zum Gegenangriff übergehen konnten. Die britische Offensive brachte wieder nicht den erhofften Durchbruch, sondern mündete in einen monatelangen Zermürbungskrieg ohne nennenswerte Geländegewinne, aber mit hohen Opferzahlen auf beiden Seiten.

Folgenreich war die Tatsache, dass der Kampfgeist der französischen Truppen deutlich nachließ. Seit dem Januar streikten die französischen Textilarbeiter und bald folgten ihnen die Arbeiter der Munitionsfabriken. Die Unzufriedenheit der Zivilbevölkerung griff schließlich auf die Soldaten über. Schon in den ersten Monaten des Jahres 1917 hatten die Desertionen zugenommen, unmittelbar nach dem Scheitern der Nivelle-Offensive Mitte April begannen Meutereien französischer Truppen, die es in einer Art Militärstreik ablehnten, in die Schützengräben zurückzukehren. Schließlich weigerte sich fast die Hälfte des Heeres, an weiteren Angriffen teilzunehmen. Im Unterschied zu einer klassischen Meuterei waren die Verweigerungen in den meisten Fällen aber nicht gegen die Offiziere gerichtet und auch nicht von Gewaltanwendungen begleitet. Oft begegneten sich Soldaten und Offiziere, wie es der britische Militärhistoriker John Keegan beschreibt, „in einem seltsamen gegenseitigen Respekt [...], als hätten beide Seiten erkannt, dass sie gemeinsam Opfer einer Tortur waren, die für die Mannschaften schließlich unerträglich wurden." Die Forderungen, die die Soldaten erhoben, zielten auf eine Verbesserung ihrer Lage: auf mehr Urlaub und Kampfpausen, auf eine bessere

Nahrung, auf eine Besserstellung der Familien und schließlich auf eine Ende des „Gemetzels“. Ähnlich wie die Streikparolen der Arbeiter, die sich gegen die steigenden Lebenshaltungskosten richteten, erhoben auch die Soldaten keine revolutionären Forderungen. Ihre Anliegen waren vielmehr Ausdruck einer nationalen Krise. Auch blieb die patriotische Bereitschaft anfangs ungebrochen: Im Bedarfsfall wollte man die Front gegen feindliche Vorstöße verteidigen.

Das Ausmaß der Krise war so groß, dass die Regierung von Alexandre Ribot, die zwischen den sozialistischen Forderungen nach einem Verhandlungsfrieden und den sehr viel weiter gehenden, mit den Verbündeten abgestimmten Kriegszielen stand, im September 1917 stürzte. Ribot wurde durch Paul Painlevé ersetzt, der aber nicht mehr die Unterstützung der Sozialisten fand. Damit war die Union sacrée von 1914 am Ende. Der neue Oberbefehlshaber Pétain, ein Vertrauter Painlevés, reagierte mit einem gewissen Verständnis auf die Unzufriedenheit der Soldaten und gab den Forderungen nach mehr Urlaub und Erholung statt. Gleichzeitig ging er gegen die Meuterer hart vor: 3427 Soldaten kamen vor das Kriegsgericht; von diesen wurden 554 zum Tode verurteilt, 49 von ihnen wurden erschossen. Der größere Teil wurde zu längeren Haftstrafen begnadigt. Auch änderte Pétain die Kampfweise und orientierte sich am deutschen Vorbild. Die Infanterie wurde nicht länger in den Frontstellungen zusammengedrängt, sondern das Gros der Soldaten nun in der zweiten Li-

■ Britische Soldaten wehren während der Schlacht um Flandern nahe der Ortschaft Passchendaele einen deutschen Gegenangriff ab. Die Offensive vom Herbst 1917 wurde von britischen und kanadischen Einheiten geführt, französische Einheiten beteiligten sich nach den Meutereien des Frühjahrs nicht.

nie aufgestellt. Auch sollte die Disziplin durch eine bessere Information der Soldaten wiederhergestellt werden. Der Kommandeur der 5. Division gab die Richtlinien weiter: „Es dürfen keine harten Maßnahmen ergriffen werden. Wir müssen unser Bestes tun, die Bewegung abzuschwächen durch Überzeugungsarbeit, durch Gelassenheit und durch die Autorität der Offiziere, die den Männern bekannt sind."

Dass die Ordnung in den französischen Truppen bis zum Sommer wieder weitgehend hergestellt war, hatte auch damit zu tun, dass die Regierung Painlevé und der Oberbefehlshaber Pétain eine wichtige Forderung der „Meuterer" erfüllten: Zwischen dem Sommer 1917 und dem Juli 1918 verzichtete die französische Armee an der Westfront, von zwei Ausnahmen abgesehen, auf größere Offensiven. Zu den Ausnahmen gehörte eine begrenzte Operation bei Verdun, die die Frontlinie wieder auf die ursprüngliche Linie vor der deutschen Offensive vom Februar 1916 führte, und im Oktober drängte man die Deutschen an der Aisne zurück und erreichte die Linie, die Nivelle mit seiner gescheiterten Offensive bereits am ersten Tag hatte erreichen wollen. Die Stillhaltepolitik Frankreichs hinderte allerdings die Briten nicht daran, nun in alleiniger Verantwortung im Sommer eine neue Offensive bei Ypern zu eröffnen.

■ Bei Cambrai starteten die britischen Truppen die erste große Panzeroffensive der Geschichte. Dennoch konnten sie die deutschen Linien nicht dauerhaft durchstoßen.

Kriegsmüdigkeit und Friedenssehnsucht beschränkten sich keineswegs auf Frankreich. Auch bei den anderen Konfliktparteien wurden im Laufe des Jahres 1917 die Klagen der Soldaten über den menschenverachtenden Krieg immer lauter, und in der Heimat griffen die Streikbewegungen angesichts sinkender Reallöhne immer weiter um sich. In den industriellen Zentren und großen Städten, wo breite Teile der Bevölkerung, vor allem der Arbeiterschaft, bereits politisiert und mobilisiert waren, spitzte sich die Situation zu: Aus der Kriegsmüdigkeit wurde ein politischer Streit um Krieg oder Frieden.

In Frankreich sah Präsident Raimond Poincaré schließlich keine andere Chance zur Beruhigung der Lage, als den 76-jährigen Georges Clemenceau, den er einst als atheistischen Radikalen angegriffen hatte, zum Ministerpräsidenten zu ernennen und damit eine neue Koalition zu stiften. Auch Clemenceau wollte erst einen Frieden abschließen, wenn der Krieg gewonnen war.

Dass in jedem Land die Kriegsmüdigkeit und sozialen Proteste gegen die Verschlechterung der Lebensbedingungen ebenso unterschiedlich verliefen wie die Reaktionen der Regierungen darauf, hatte viel mit dem Mobilisierungs- und Politisierungsrad der jeweiligen Gesellschaften und den verschiedenen Verfassungs- und Parteiensystemen zu tun. In Frankreich, England und auch in Italien blieben die „Meutereien“ bzw. die Kriegsmüdigkeit der Soldaten relativ getrennt von den Streikbewegungen in den Industriezentren, von denen wiederum die ländliche Gesellschaft in der Provinz unberührt blieb. In England proklamierten zwar die Independent Labour Party und die British Socialist Party die Bildung von Arbeiter- und Soldatenräten, jedoch kam es nicht dazu. Wohl aber war man in London besorgt, dass die Unzufriedenheit und die Friedenssehnsucht dem deutschen Gegner zugutekommen könnten. In Italien richteten sich seit dem Frühsommer 1917 Massenproteste in den großen Städten, besonders in Mailand, gegen die Brotknappheit. Sie mündeten teilweise in eine Antikriegsbewegung, die selbst von den Parteien des demokratischen Reformismus nicht mehr aufgefangen werden konnte. Stattdessen wuchsen auf der einen Seite ein sozialistischer Extremismus, auf der anderen ein radikaler Nationalismus gefährlich an. Auch das tief gespaltene Parlament, das seit Kriegsbeginn ohnehin de facto ausgeschaltet war, konnte keine integrative Wirkung ausüben.

JULIKRISE UND ABSCHIED BETHMANN HOLLWEGS

Auch in Deutschland wuchsen die innen- und gesellschaftspolitischen Spannungen und stellten die Integrationsfähigkeit des politischen Systems des Kaiserreichs vor eine schwere Belastungsprobe, die es trotz verschiedener Reformansätze im Augenblick der militärischen Niederlage 1918 nicht bestehen konnte. Wie in den anderen Krieg führenden Staaten stieg auch in Deutschland 1917 als Reaktion auf die Lebensmittelknappheit und die sinkenden Reallöhne die Zahl der Streiks deutlich an. Vor allem die kleinen Beamten und Angestellten waren von der wachsenden Schere zwischen steigenden Lebenshaltungskosten und stagnierenden bzw. nur leicht steigenden Gehältern besonders betroffen und radikalisierten sich, ähnlich wie das bei den Metallarbeitern, besonders bei den weiblichen Arbeitskräften, geschah. Unabhängig davon meuterten zwischen Mai und August 1917 auch deutsche Soldaten an der Westfront. Im Frontabschnitt von Ypern stieg im Sommer die Zahl der Desertionen deutlich an. Im August 1917 brachen auf den in Wilhelmshaven vor Anker liegenden Großkampfschiffen (nicht auf den U-Booten) Meutereien aus.

Die verschiedenen Reformversprechen, die von Regierung und Parteien im Frühjahr und Sommer 1917 entwickelt wurden, waren Versuche, angesichts der sich verschlechternden Stimmungslage und einer wachsenden Opposition gegen den Krieg den Radikalisierungen entgegenzutreten und vor allem die revolutionäre Linke politisch zu isolieren. Im April 1917 hatte sich in Gotha die „Unabhängige Sozialdemokratische Partei Deutschlands“ (USPD) von der SPD abgespalten. Wenn der Reichskanzler zumindest die Mehrheitssozialdemokratie (MSPD) bei der Stange halten wollte, dann musste er ein

■ Paul von Hindenburg, Kaiser Wilhelm II. und Erich Ludendorff während einer Besprechung im Januar 1917. Zu diesem Zeitpunkt bestimmte die OHL bereits maßgeblich die Politik des Deutschen Reichs.

Stück weit auf ihre Reformforderungen eingehen. Also ließ er sich, vorsichtig und voller Widersprüche, auf eine behutsame Novelle des Wahlrechts ein, der weitere Schritte folgen sollten. Er sprach zwar intern darüber, dass eine wirklich entschiedene Politik nur mit der Linken machbar sei, scheute jedoch vor einer offenen Zusammenarbeit mit ihr zurück. Immerhin brachte er den Kaiser aber dazu, in seiner Osterbotschaft vom 7. April 1917 die vage Zusicherung der Einführung eines allgemeinen, direkten und geheimen, nicht aber gleichen Wahlrechts in Preußen zu machen. Mehr ließ offenbar der hartnäckige Widerstand der alten Eliten nicht zu. Für die politische Rechte war dieser zaghafte Vorstoß schon so empörend, dass sie auf einen Sturz des Reichskanzlers hinzuarbeiten und eine neue Kriegszieldiskussion loszutreten begann. Daraufhin verständigten sich die Mittelmächte auf einer Konferenz in Bad Kreuznach am 23. April auf Druck der OHL auf einen Katalog von Maximalforderungen, in dessen Zentrum die Forderung nach einer Kontrolle Belgiens stand. Zusammen mit den maßlosen Forderungen Österreich-Ungarns bedeutete das, dass alle Hoffnungen auf einen Verständigungsfrieden begraben werden mussten. Die Friedensfrage war endgültig zur innenpolitischen Machtfrage geworden und spitzte sich auf die Entscheidung darüber zu, ob zukünftig die Oberste Heeresleitung die Entscheidungsmacht besitzen sollte – was nichts anderes als eine Militärdiktatur bedeutet hätte –, oder ob es doch zu einer Wahlrechtsreform in Preußen und zu einer Parlamentarisierung im Reich kommen würde, mit der allein eine weitere Radikalisierung zu verhindern gewesen wäre. Je mehr die Widersprüchlichkeit und Hilflosigkeit der Reformversprechen des Reichskanzlers zunahmen bzw. offensichtlich wurden, desto größer wurde die Entschlossenheit der sich herausbildenden Reichstagsmehrheit von Zentrum, Fortschrittspartei, Mehrheitssozialdemokraten und Teilen der Nationalliberalen, sich in einem Verfassungsausschuss, dem sogenannten „Interfraktionellen Ausschuss", zu organisieren und die Reformen voranzutreiben.

Am 6. Juli 1917 kritisierte der Zentrumsabgeordnete Matthias Erzberger im Hauptausschuss des Reichstags heftig, dass trotz großer Erfolge der U-Boot-Waffe die Vorhersagen der Marineleitung und damit ein Ende des Krieges nicht eingetroffen seien. Er forderte darum eine Erklärung des Reichstags für einen „Frieden des Ausgleichs", die am 19. Juli von einer Mitte-Links-Koalition des Reichstages, bestehend aus dem Zentrum, der Fortschrittspartei und den Sozialdemokraten, angenommen wurde und in der sich die Parteien für einen Verhandlungsfrieden ohne Annexionen und Kontributionen aussprachen. Für die Rechte bedeutete diese Entwicklung eine deutliche parlamentarische Schwächung, doch blieben ihre außerparlamentarischen Positionen davon völlig unberührt.

Bethmann Hollweg hatte nach ihrer Ansicht seine eigentliche Aufgabe, den Reichstag zu kontrollieren, nicht mehr erfüllt und wurde darum am 13. Juli auf Betreiben der Obersten Heeresleitung gestürzt. Sie präsentierte auch sofort seinen Nachfolger, den farblosen Bürokraten Georg Michaelis, der nur mühsam kaschieren konnte, dass er im Interesse des Militärs handelte. Die Oberste Heeresleitung war zu einer Nebenregierung aufgestiegen, die mit dem ständigen Verweis auf militärische Notwendigkeiten aus eigener Machtvollkommenheit handeln konnte, eine offene Diktatur aber vermied. Es kennzeichnete die Machtverhältnisse am Ende der Julikrise 1917, dass der neue Kanzler die Friedensresolution abqualifizieren konnte und die Reichstagsmehrheit zu schwach war, um den Kurs des Verständigungsfriedens gegenüber der Reichsleitung und der Obersten Heeresleitung durchzusetzen. Auch der neue „Interfraktionelle Ausschuss" war dazu außerstande und konnte vor allem keinen Einfluss auf die Entscheidungen der Obersten Heeresleitung nehmen. Das lag auch daran, dass bereits in der zentralen Frage der Friedensresolution zwischen den Parteien große Meinungsverschiedenheiten bestanden: Der Führer der Nationalliberalen, Gustav Stresemann, geriet zunehmend unter den Druck des rechten Flügels seiner Partei, der einen Verständigungsfrieden ablehnte. Hinzu kam, dass sich unter dem Eindruck der Friedensresolution vom 19. Juli am 2. September, dem Sedantag, mit der „Vaterlandspartei" eine politische Gegenmacht bildete, die sich einen Siegfrieden (den sie „Hindenburgfrieden" nannte) sowie die Stärkung der inneren Volksgemeinschaft und die Ablehnung aller Parlamentarisierungsversuche auf ihre Fahnen geschrieben hatte. Kein Wunder, dass die Oberste Heeresleitung und die Vaterlandspartei eng zusammenarbeiten sollten.

Die Reichstagsmehrheit hatte unter diesen Bedingungen keine Chance, mit ihren Friedens- und Reformbestrebungen auch nur einen nennenswerten Schritt weiter zu kommen und der selbstgefälligen Herrschaft der Obersten Heeresleitung entgegenzuwirken. Daran änderte auch die Tatsache nichts, dass die Mehrheitsparteien am Sturz des Reichskanzlers Michaelis, der über seine harte Reaktion auf die Meutereien der Matrosen vom August stolperte, Anteil hatten, und dass sein Nachfolger, der ehema-

GEORG GRAF VON HERTLING
*31. AUGUST 1843 DARMSTADT
†4. JANUAR 1919 RUHPOLDING

Nach dem Studium der Philosophie (Promotion 1864, Habilitation 1867) wurde der Sohn einer katholischen Beamtenfamilie 1875 für die Zentrumspartei in den Reichstag gewählt und engagierte sich dort auf sozialpolitischem Feld. Seit 1909 war er Fraktionsvorsitzender seiner Partei und gehörte deren christlich-konservativem Flügel an. Trotz seiner angegriffenen Gesundheit ernannte ihn Kaiser Wilhelm II. im November 1917 zum Reichskanzler und preußischen Ministerpräsidenten. Der Kompromisskandidat und überzeugte Monarchist Hertling konnte sich gegenüber den Militärs nicht durchsetzen und versagte auch in der Frage der Wahlrechts- und Verfassungsreform. Auch im Reichstag fand er wenig Unterstützung. Am 30. September 1918 trat er zurück.

lige Zentrumsangehörige Georg Graf von Hertling, verstärkt Kontakte zu den Mehrheitsparteien suchte. Auch der Kaiser bekam die Machtanmaßung der Militärs zu spüren, als er in der Öffentlichkeit die Rolle des Obersten Kriegsherren immer mehr an Hindenburg abtreten musste, den auch die Vaterlandspartei als solchen feierte.

REVOLUTION IN RUSSLAND

Auch in Russlands Armee nahmen die Kriegsmüdigkeit und die Unzufriedenheit über die inneren Verhältnisse des Landes deutlich zu. In den Städten des Zarenreichs kam es vermehrt zu Revolten, da sich die Lebensbedingungen der Bevölkerung durch Versorgungskrisen und Inflation erheblich verschlechtert hatten. Unter den nationalen Minderheiten des Russischen Reiches stiegen die Unruhe und die Empörung über die rücksichtslose Politik der Regierung während des Krieges deutlich an, so dass die Separationsbestrebungen in Polen, Finnland und der Ukraine erstarkten. Dass die Krise anders als im Westen schließlich in eine Revolution mündete, lag an den Strukturschwächen des Riesenreiches, die durch den Krieg noch verschärft wurden. Am Ende war der alte Staat den Belastungen nicht mehr gewachsen.

Schon bei Kriegsbeginn waren überall Anzeichen seiner Auflösung erkennbar gewesen, und sie wurden durch das verstärkte Wachstum der Rüstungsindustrie während des Krieges noch einmal verstärkt. Die Erfordernisse des Krieges, im Bereich der Armeefürsorge sowie der Hinterbliebenen- und Invalidenfürsorge dringende Notstände zu beheben, hatten die Rolle der russischen Selbsthilfeorganisationen gestärkt. Diese wurden nach einem gestuften Wahlrecht gewählt und vereinten Vertreter der adligen Großgrundbesitzer mit Repräsentanten städtischer Schichten sowie einer kleinen bäuerlichen Schicht. Sie übernahmen Aufgaben, die von der staatlichen Bürokratie nicht erfüllt wurden. Sie boten im Kern die Chance zur Zusammenarbeit von Bürokratie und Schichten der Staatsbürgerschaft, doch prallte ihre Tätigkeit hart mit den Interessen und der starren Haltung der mächtigen Zentralbehörden zusammen. Da die Gruppen sich immer stärker auf nationaler Ebene vernetzten, bildeten sie bald ein Gegengewicht zum Regierungsapparat.

Nachdem das militärische Debakel sich seit dem Sommer 1915 abzeichnete und die Loyalität vor allem des bäuerlichen Volkes zur Regierung des alten Regimes abnahm, nahm der Gegensatz zwischen Regierung und Selbstverwaltungseinrichtungen, aber auch zwischen Regierung und der Mehrheit des Parlaments, der Duma, gewaltig zu. Auch die Gegensätze zwischen Obrigkeit und öffentlicher Meinung wurden immer unversöhnlicher. Der Regierung wurde von allen Seiten vorgeworfen, völlig unfähig zur Lösung der Probleme und zur siegreichen Beendigung des Krieges zu sein. Hintergrund der zunehmenden Erosion der alten Ordnung war die an vielen Missständen zu beobachtende Tatsache, dass die soziale Kluft zwischen den alten Eliten und der kleinen Gruppe des gebildeten Bürgertums einerseits und den bäuerlichen Volksschichten und den Arbeitern andererseits immer größer wurde. Auch von der bürgerlichen Opposition und den Reden wohlmeinender Professoren und Advokaten konnte die gesellschaftliche Spaltung nicht überwunden werden, zumal auf allen Seiten die Emotionalität, mit der die politischen und sozialen Forderungen vorgetragen wurden, ständig zunahm. Die russische Gesellschaft bestand aus einem beziehungslosen Neben- und Gegeneinander verschiedener, antagonistischer sozialer Welten.

Auch in den städtischen Arbeiter- und Unterschichten hatten sich die sozialen Verhältnisse verändert und verschärft. Die Konjunktur der Rüstungs- und Schwerindustrie hatte zunächst zu Lohnsteigerungen geführt, die dann aber die Preissteigerungen für Grundnahrungsmittel nicht mehr auffangen konnten. Ab 1916 nahmen Lebensmittelstreiks und Demonstrationen zu. Die Kriegskonjunktur hatte zudem zu einem verstärkten Zuzug in die Städte und zu einer Veränderung der Zusammensetzung und Lebensweise des Industrieproletariats geführt. Bei den aufflammenden Streikbewegungen verhielt sich das neue Proletariat sehr viel exzessiver und elementarer als die Facharbeiter, die bereits Organisationserfahrung besaßen.

Die wachsende Nachfrage nach Facharbeitern für die industrielle Mobilisierung im Rahmen der Kriegswirtschaft hatte außerdem dazu geführt, dass diese aus dem Heer entlassen und in die Industrie abgeordnet wurden. Das schuf Unzufriedenheit unter den Soldaten bäuerlicher Herkunft, für die eine solche Freistellung vom Krieg nicht möglich war. Zudem hatte die einseitige Ausrichtung der Wirtschaft auf Rüstungsgüter zu Engpässen bei der Versorgung mit Konsumgütern und zu einer galoppierenden Inflation geführt. Katastrophale Folgen hatte die Inflation für die Agrarproduktion. Großgrundbesitzer legten Flächen still, weil sie die verdreifachten Landarbeiterlöhne nicht mehr zahlen konnten. Die Masse der kleinen Bauern, die die hohen Preise für die Handelsgüter nicht mehr bezahlen konnten, produzierten nur noch für den Eigenbedarf. Engpässe im Bereich des Eisenbahntransports, der den Bedürfnissen der Armee Vorrang zu geben hatte, taten ein Übriges, um die Versorgung mit Nahrungsmitteln und Brennstoffen in den Städten, vor allem während des extrem kalten Winters 1916/17, zusammenbrechen zu lassen. Die Hauptstadt Petrograd verfügte im März nur noch über einen Getreidevorrat für wenige Tage. So waren es die extremen sozialen Folgen der Lebensmittelknappheit, die am Anfang der Revolution vom Februar (nach gregorianischem Kalender, der 13 Tage voraus ist, im März) 1917 standen.

Die Revolution vom Februar 1917 war zunächst ein unpolitischer, allein auf die materiellen Probleme gerichteter massenhafter Protest, der sich nur deshalb zu einer Revolution auswuchs, weil die öffentliche Ordnung zusammenbrach, als sich die Petrograder Garnison nicht nur weigerte, gegen die Demonstranten vorzugehen, sondern sich diesen sogar noch an-

■ Russische Kriegsversehrte protestieren in Petrograd für ihre Rechte.

■ Demonstranten tragen in den ersten Tagen der Februar-Revolution auf dem Newski-Prospekt ein Banner mit sich, auf dem sie die Demokratie und die verfassungsgebende Versammlung hochleben lassen.

schloss. Es folgte eine Reihe von Streiks, die immer mehr Demonstranten zusammenführten. Am 25. Februar (10. März) waren es 200 000 Arbeiter, die im Zentrum Petrograds zusammenkamen. Zwar besaß das zaristische Regime für solche Fälle öffentlicher Unruhen genügend Garderegimenter, die eingreifen konnten, doch hatten die Rekrutierungen für die Armee dazu geführt, dass die in Petrograd stationierten Regimenter mittlerweile nur noch aus Reservisten und unerfahrenen jungen Offizieren bestanden, die den gewalttätigen Auseinandersetzungen nicht gewachsen waren und oft den Kopf bzw. die Übersicht verloren.

Die Demonstrationen zogen sich über mehrere Tage hin. Der Stadtkommandant versuchte, die Demonstranten auseinanderzutreiben, doch immer größere Teile seiner Truppen verweigerten ihm den Gehorsam. Am 28. Februar (13. März) war schließlich die ganze Petrograder Garnison auf die Seite der Demonstranten übergelaufen. Auch das russische Parlament, die Duma, versuchte Einfluss auf die Entwicklung zu nehmen, musste jedoch mit ansehen, wie sich überall in Fabriken und Werkstätten, aber auch in militärischen Einheiten Arbeiter- und Soldatenräte, sogenannte Sowjets, bildeten, die ihrerseits beanspruchten, das Volk zu vertreten und die etablierten Institutionen zu kon-

trollieren. Das neugebildete Duma-Komitee, das sich die Wiederherstellung der öffentlichen Ordnung zum Ziel gesetzt hatte, stand den Arbeiter- und Soldatenräten gegenüber. Die Sowjetorgane, die nicht in der Lage und nichts willens waren, die Regierungsgewalt zu übernehmen, umklammerten in den folgenden Wochen die Provisorische Regierung, die sich nach langwierigen Verhandlungen zwischen Duma-Komitee und Sowjetsprechern am 3. (16.) März gebildet hatte: Die neuen Räte zerstörten oder ersetzten die bestehenden Institutionen nicht, sondern traten einfach neben sie, um sie zu kontrollieren. Daran zeigte sich die permanente Schwäche der Provisorischen Regierung. Als personelle Klammer zwischen Regierung und Sowjet fungierte einzig der neue Justizminister Alexander Kerenskij, ein 36-jähriger Advokat, der bisher zur äußersten Linken in der Duma gehört hatte und für beide Seiten einigermaßen glaubwürdig war. Neben und gegen die provisorische Regierung stand der Hauptsowjet, der als Exekutivkomitee und als Vertretungsorgan der reformorientierten Menschewiki und der revolutionären Bolschewiki, aber auch der gemäßigten Kräfte fungierte. Die eigentümliche Doppelherrschaft, die sich abzeichnete, spiegelte die tiefen Risse in der russischen Gesellschaft wider und war Ausdruck der improvisierten, unerfahrenen Demokratie.

Der Zar entschloss sich nach einer Besprechung mit seinen militärischen Beratern resigniert dazu, keine Truppen von der Front in die Hauptstadt zu entsenden und es der Duma schließlich zu gestatten, eine Regierung zu bilden. Am 2. März (15. März) erklärte er sich schließlich zur Abdankung zugunsten seines Bruders, des Großfürsten Michael, bereit, der seinerseits am folgenden Tag auf den Thron verzichtete. Die Regierungsgeschäfte übernahm der liberal-konservative Politiker Georgi Jewgenjewitsch Lwow, der sich als Vorsitzender einer der bürgerlichen Selbsthilfeorganisationen zur Versorgung von Verwundeten und Soldaten einen guten Namen gemacht hatte.

Russland besaß nun kein Staatsoberhaupt und bald auch keinen regulären Regierungsapparat mehr. Denn die Provisorische Regierung und das Exekutivkomitee des Petrograder Sowjets einigten sich darauf, auch alle Provinzgouverneure sowie Polizei- und Gendarmerieoffiziere zu entlassen und ihre Apparate aufzulösen. Außerhalb der Hauptstadt gab es nur noch die traditionellen Selbstverwaltungseinrichtungen und die neuen bäuerlichen Räte, die bald mit den Arbeiter- und Soldatenräten zusammengingen. Sie waren jedoch kaum in der Lage, Anordnungen der Provisorischen Regierung aus Petrograd umzusetzen, zumal man auch immer abweichende Vorstellungen und Anordnungen der Sowjets einkalkulieren musste. Dem Russischen Reich drohten die völlige Handlungsunfähigkeit und ein institutionelles Chaos.

Immerhin waren sich Provisorische Regierung und Räte noch einig, dass man den Krieg weiterführen müsse. Der Krieg war die Klammer, der die liberale Regierung und die Räteparteien vorübergehend zusammenhielt. Jedoch standen hinter der Entscheidung zur Weiterführung des Krieges sehr unterschiedliche Motive: Während in der Duma nationalistische Einstellungen für die Fortsetzung des Krieges ausschlaggebend waren, dominierte bei den Sowjets die Absicht, die Revolution durch den Krieg voranzutreiben und die bislang gemachten Fortschritte zu verteidigen. Eine Niederlage gegen Deutschland, so die Angst der Sowjets, könnte zu einer Gegenrevolution führen. Einen Ausweg aus dieser Lage bot die Internationalisierung und Revolutionierung ihrer Forderungen. In einem Aufruf vom 15. März forderten die Sowjets die „Völker der ganzen Welt“ auf, zusammen mit Russland gegen die „herrschenden Klassen“, für den Frieden einzutreten. Gleichzeitig riefen sie jedoch das russische Heer auf, den Kampf gegen die fremden Eroberer fortzusetzen.

Ob jedoch die russischen Soldaten für eine „Regierung des Volkes“ jene Bereitschaft zum Kriegseinsatz wieder aufbringen würden, die sie zuvor völlig verloren hatten, war offen. Anfangs gab es tatsächlich Bekundungen der Soldaten, dass sie von einem raschen Frieden nichts hören wollten, und auch die Bolschewiki, die für einen sofortigen Frieden eintraten, hielten sich mit dieser Forderung zunächst zurück. Auch die Petrograder Garnison war unmittelbar nach der Februarrevolution für die Fortsetzung des Krieges: Die Soldaten demonstrierten für einen „Krieg für die Freiheit bis zum Sieg“.

Die Provisorische Regierung und die Deputiertenvertretungen standen grundsätzlich vor der Notwendigkeit, neues Führungspersonal zu rekrutieren. Außerdem mussten sie den Krieg mit den Frontsoldaten und Offizieren führen, die dem alten Regime gedient hatten und die ein deutliches Misstrauen gegenüber den Dekreten der Revolutionsregierung äußerten. In diesen wurden den Teilnehmern an der Revolution Sonderrechte in Gestalt von Freistellungen vom Fronteinsatz versprochen. Bei der Bildung neuer Führungsgruppen war es schließlich Alexander Kerenskij, der seine Doppelmitgliedschaft sowohl in den sozialistischen Räten als auch als Minister in der Provisorischen Regierung dazu nutzte, um vom Justizminister bald zum mächtigen Kriegsminister aufzusteigen. In dieser Funktion leitete er Säuberungen des Oberkommandos ein und ernannte Alexej Alexejewitsch Brussilow, den bislang erfolgreichsten Heerführer, zum Generalstabschef. Er sollte eine neuerliche Offensive planen und durchführen, die schließlich am 18. Juni 1917 begann, aber in einem Desaster endete. Nach anfänglichen Erfolgen bei Kämpfen um Lemberg ergriffen die nachgeführten Verbände zu Tausenden die Flucht und verließen plündernd und raubend die Front. Sie hatten von den bolschewistischen Plänen einer Landreform gehört und wollten zu Hause sein, wenn der Boden neu verteilt würde. Die Desertionen stiegen vor allem bei den Nachschubeinheiten an und es setzte ein Auflösungsprozess ein, der das russische Heer erheblich schwächte, und den deutschen und österreichischen Truppen eine erfolgreiche Gegenoffensive erlaubte. Das Scheitern der Kerenskij-Offensive hatte auch diejenigen Soldaten entmutigt, die sich für die Fortsetzung des Krieges eingesetzt und die Fahnenflucht vieler Kameraden verurteilt hatten. Das Scheitern des militärischen Unternehmens führte darüber hinaus zum Ende der Provisorischen Regierung, deren Autorität man mit Hilfe der Offensive gerade hatte stärken wollen. Kerenskij übernahm im Juli zusätzlich zum Kriegsministerium auch noch das Amt des Ministerpräsidenten vom zurückgetretenen Lwow.

Kerenskijs neuer Oberkommandeur, General Lawr Georgijewitsch Kornilow, war ein Mann des Volkes, der hoffte, die enttäuschten Soldaten für seine Ziele gewinnen zu können: Er wollte im Inneren zuerst gegen die Bolschewiki und dann gegen die äußeren Feinde Russlands vorgehen. Am 25. August setzte er zuverlässige Truppen ein, um Petrograd zu besetzen und die Sowjets zu verjagen. Mit seinen Forderungen nach Abschaffung der Soldatensowjets und der Auflösung politischer Regimenter wollte Kornilow die Autorität der militärischen Führung wiederherstellen, untergrub aber damit die

ALEXANDER FJODOROWITSCH KERENSKIJ
*4. MAI 1881 ULJANOWSK
†11. JUNI 1970 NEW YORK

Der russische Politiker und Ministerpräsident der Provisorischen Regierung von 1917 war zunächst als Rechtsanwalt tätig, bevor er als Mitglied der sozialistischen Partei 1912 in die Duma gewählt wurde. Obwohl er zuerst Mitglied des Exekutivkomitees des Petrograder Sowjets gewesen war, gehörte er 1917 dem Duma-Komitee und der Provisorischen Regierung unter Georgi Lwow an und organisierte als Kriegs-und Marineminister die russische Offensive im Westen, die im Juli mit einem Fehlschlag endete. Als Ministerpräsident stand er der wachsenden politischen Polarisierung und Radikalisierung hilflos gegenüber. Nach der Machtergreifung der Bolschewiki konnte er sich der Verhaftung entziehen und ging 1918 ins Exil.

Position Kerenskijs. Die Kraftprobe zwischen Kornilow und Kerenskij, die sich daraufhin abzeichnete und die der General mit einem Putsch zu beenden gedachte, führte zum Scheitern Kornilows und veränderte die Machtverhältnisse erneut: Zwar vereitelten die Arbeiter- und Soldatenräte den Putsch des konservativen Generals, doch geriet damit auch Kerenskij in einen zunehmenden Konflikt mit der radikalen Linken.

Das Ende des Putsches von Kornilow erlaubte es Lenin, der bereits Anfang April mit Hilfe der deutschen Militärführung aus seinem Schweizer Exil nach Schweden gebracht worden war, von wo er nach Russland weiterreiste, wieder nach Petrograd zurückzukehren. Seine radikalen April-Thesen hatten zunächst kaum Unterstützung gefunden, bis er von dem sich dramatisch zuspitzenden Lauf der militärischen und politischen Ereignisse im Spätsommer scheinbar bestätigt wurde. Lenins Programm beinhaltete neben Sozialisierungsforderungen vor allem den Aufruf zu einem Frieden ohne Annexionen und die Forderung, alle Macht an die Sowjets zu übertragen. Mit solchen Positionen war eine Zusammenarbeit mit der bürgerlich-demokratischen provisorischen Regierung von Anfang an ausgeschlossen. Das politisch-ideologische Potenzial, das in den radikalen, aber propagandistisch einfachen und wirksamen Forderungen Lenins steckte, sollte zusammen mit seinem Machtwillen und seinem taktischen Geschick die wenigen Bereiche des Einvernehmens zwischen den rivalisierenden Machtträgern in Regierung und Sowjets auflösen.

Um den Putsch von Kornilow niederzuschlagen, hatte Kerenskij den Petrograder Sowjet und dessen Miliz, die Roten Garden unter Führung von Leo Trotzki, zur Hilfe gerufen. Damit begab er sich in die Abhängigkeit von den Radikalen. Hierdurch verlor er die Unterstützung der Offiziere und der gemäßigten Kräfte. Da er umgekehrt die linken Kräfte nicht für sich gewinnen konnte, wurde er zunehmend isoliert. Das wiederum ermutigte die Bolschewiki, eine zweite Revolution, ihre Revolution, einzuleiten. Diese sollte aber nicht durch einen Aufstand in die Wege geleitet werden. Vielmehr ging es darum, die Sowjets zu unterwandern und sie von innen heraus zu revolutionieren, um die Voraussetzungen für eine gewaltsame Machtübernahme zu schaffen.

Die Gelegenheit dazu lieferte der Fortgang des Krieges. Durch den deutschen Vormarsch nach Riga und ins nördliche Baltikum bestand die Gefahr, dass auch Petrograd fallen könnte. Als die provisorische Regierung vorschlug, wegen des Vormarsches der Deutschen den Regierungssitz nach Moskau zu verlegen, prangerten die Bolschewiki diesen Vorschlag als gegenrevolutionären Plan an, mit dem die Regierung die Stadt Petrograd, den Sitz der Sowjets und damit der eigentlichen Volksmacht, den Deutschen ausliefern wolle. Vor dem Hintergrund dieses Vorwurfs ließ sich ein Komitee mobilisieren, das Petrograd mit allen Mitteln verteidigen sollte. Die Bolschewiki verfügten mit ihren eigenen Roten Garden über eine schlagkräftige und disziplinierte Truppe und hofften, auch die Petrograder Garnison für sich zu gewinnen und so einen Staatsstreich organisieren zu können. Die schwache Gegenwehr Kerenskijs, der lediglich mit halbherzigen Maßnahmen den Regierungssitz vor dem deutschen Vormarsch zu schützen versuchte, nutzten die Bolschewiki als Rechtfertigung für das eigene Losschlagen. In der Nacht vom 24. auf den 25. Oktober (6. auf 7. November) besetzten die Roten Garden die wichtigsten Kommunikationszentren und Verkehrspunkte in Petrograd und ermöglichten damit die rasche Machtübernahme in der Hauptstadt durch die Bolschewiki. Die Provisorische Regierung wurde rasch überwältigt und noch am 26. Oktober (8. November) verkündete Lenin die Bildung einer neuen Regierung, des „Rates der Volkskommissare“. Die Machtübernahme der Bolschewiki in Petrograd war ein Sieg, den Lenin und vor allem dank seiner überlegenen revolutionären Strategie auch Trotzkij errungen hatten, indem sie zunächst den Petrograder Sowjet erobert hatten, was ihnen dann die Entwaffnung und Entmachtung der politischen Gegner erlaubt hatte.

Einer der ersten Beschlüsse der neuen revolutionären Machthaber war in weiten Teilen ohne Alternative: Er regelte das massenwirksame Sofortprogramm der „Sozialisierung von Grund und Boden“ und umfasste ein Friedensangebot an die Mittelmächte, das mit einem dreimonatigen Waffenstillstand eröffnet werden sollte. Damit war Russland endgültig aus dem Krieg und dem Bündnis mit den

WLADIMIR ILJITSCH LENIN

(EIGENTLICH W. I. ULJANOW)
*22. APRIL 1870 SIMBIRSK
†21. JANUAR 1924 GORKI

Der russische Revolutionär stammte aus einer bürgerlichen Familie und wurde zunächst Rechtsanwalt. Seit 1900 lebte er als politischer Emigrant in London, München und Genf und entwickelte seine politische Doktrin einer revolutionären Partei und einer Revolution des Proletariats. Während des Krieges agitierte er im Schweizer Exil gegen die sozialdemokratischen Parteien und forderte, den Krieg mit den Mittelmächten in einen Bürgerkrieg zu verwandeln. Nach der Februarrevolution rief er mit seinen Aprilthesen und seiner Forderung nach „Frieden, Land und Brot“ zur proletarischen Revolution auf. Nach dem Juli-Aufstand erneut zur Flucht nach Finnland gezwungen, kehrte er im Oktober 1917 nach Russland zurück und bildete als Vorsitzender des Rates der Volkskommissare die erste Sowjetregierung. Bis zu seinem Rückzug aus der Politik 1924 bestimmte er diktatorisch die sowjetische Innen- und Außenpolitik.

■ Deutsche Soldaten an der Westfront erfahren am 1. Dezember 1917 durch die Zeitung vom russischen Friedensangebot.

Alliierten ausgeschieden. Doch die unmittelbaren Auswirkungen der beiden russischen Revolutionen auf den Fortgang des Krieges hatten schon früher eingesetzt und auch die Fernwirkung der Revolutionen auf die Innen- und Gesellschaftspolitik der west- und mitteleuropäischen Staaten war tiefgreifend und nachhaltig.

DIE FOLGEN DER RUSSISCHEN REVOLUTION FÜR DIE ÜBRIGEN KRIEGSPARTEIEN

Was in Chantilly im Dezember 1916 zwischen den Vertretern der verbündeten Mächte Großbritannien, Frankreich und Italien und der russischen Regierung grundsätzlich verabredet worden war, nämlich im Frühjahr 1917 an allen Fronten eine koordinierte Offensive gegen die Truppen der Mittelmächte zu eröffnen, wurde Ende Januar 1917 in Petrograd konkretisiert. Man sprach über die gemeinsame Strategie, die Produktion von Waffen und Munition sowie über Finanzen. Doch die britischen und französischen Militärs kamen zu der Überzeugung, dass die russische Armee kaum noch in der Lage sein würde, trotz ihrer beträchtlichen Rüstungsanstrengungen die Großoffensive tatsächlich zu eröffnen. Die Berichte von den Massendemonstrationen in Petrograd, an denen schon am 22. Januar über 150 000 Arbeiter teilgenommen hatten und die sich in den folgenden Wochen auch mit politischen Forderungen wie „Nieder mit dem Krieg!“ und „Nieder mit der Autokratie!“ fortgesetzt hatten, ließen berechtigte Zweifel an der Stabilität und Bündnisfähigkeit des zaristischen Russlands aufkommen. Nach der Februarrevolution gaben sich westliche Beobachter zunächst zuversichtlich und auch erleichtert. Denn der autokratisch regierende Zar galt als Bündnispartner in einem „Kreuzzug für die Demokratie“ als Belastung, und sein Sturz versprach nicht nur der Sache des Liberalismus förderlich zu sein, sondern ließ mit neu motivierten russischen Truppen auch spätestens für 1918 günstige Aussichten für eine erfolgreiche Beendigung des Krieges erwarten.

Die Offensive im Frühjahr 1917 mussten Briten und Franzosen folglich allein führen, was zusätzlich noch dadurch erschwert wurde, dass der Umbruch in Russland zeitlich mit einer Serie von Regierungskrisen in Frankreich zusammenfiel, wo die Politiker wieder die zivile Kontrolle über das Militär herstellen wollten. Dabei richteten sie heftige Vorwürfe an die Adresse der Militärs, die sie für die Misserfolge des vorangegangenen Jahres verantwortlich machten. Ohne eine starke russische Offensive an der Ostfront wurde außerdem die bisherige Strategie des Westens hinfällig. Die Mittelmächte waren nun in der Lage, ihre Truppen an der Westfront zusammenzuziehen, was ihnen seit August 1914 nicht möglich gewesen war.

Noch folgenreicher waren die Auswirkungen der bolschewistischen Revolution auf das westliche politische System. Mitten im Krieg, der in ein Desaster größten Ausmaßes geführt hatte, entstand eine Vision von einer künftigen Weltordnung, die den bürgerlichen Liberalismus zu überwinden und auch künftig imperialistische Kriege auszuschließen versprach. Auch ein neuartiger Stil von internationaler Politik kündigte sich propagandistisch wirksam an. Es würde keine Kabinettspolitik mehr geben: Nachdem die Bolschewiki die Geheimverträge der Entente über ihre Kriegsziele veröffentlicht hatten, standen nun auch die westlichen Mächte, ähnlich wie Deutschland, das schon längst des Militarismus bezichtigt wurde, am Pranger.

Dennoch gab es keine Anzeichen dafür, dass sich die Russische Revolution zu einer Weltrevolution auswachsen würde, wie es die Bolschewiki verkündet hatten. Noch bevor der von Lenin verkündete dreimonatige Waffenstillstand ablief, hatten die Mittelmächte die Friedensappelle Lenins aufgegriffen und am 3. Dezember 1917 in Brest-Litowsk mit sowjetischen Vertretern Gespräche über einen Friedensschluss eröffnet. Dort wurden diese mit der Härte machtpolitischer Forderungen konfrontiert. Man verlangte von der neuen sowjetischen Regierung, dem „Rat der Volkskommissare“, die Abtretung Polens und weitere Annexionen in Ostmitteleuropa.

■ Russland nach dem Frieden von Brest-Litowsk

nach dem 3. März 1918 an die Mittelmächte abgetretene russische Gebiete
andere Gebiete im Besitz der Mittelmächte
Ostfront beim Waffenstillstand von Brest-Litowsk 15. Dezember 1917
weitester Vormarsch der Mittelmächte
Grenzen nach dem Vertrag
Russland verzichtet auf das Gebiet westlich dieser Linie
Grenze zwischen der Ukraine und den Mittelmächten nach dem Vertrag vom 9. Februar 1918
RUSSISCHES REICH
St. Petersburg (Petrograd)
Helsingfors
Reval
Stockholm
Ösel
Pskow
Twer
Moskau
Gotland
Riga
Düna
Libau
Ostsee
Witebsk
Smolensk
Tula
Kowno
Wilna
Minsk
Mogilew
Orel
Königsberg
Danzig
Grodno
Tannenberg
Gomel
Kursk
EUTSCHES REICH
Warschau
Brest-Litowsk
Bjelgorod
Charkow
Lodz
Kiew
Breslau
Jekaterinoslaw
Rostow
Taganrog
Krakau
Lemberg
UKRAINE
GALIZIEN
Dnjestr
Czernowitz
BESSARABIEN
MOLDAU
Dnjepr
Wien
Odessa
Budapest
KRIM
Noworossijsk
ÖSTERREICH-UNGARN
Sewastopol
Drau
Donau
Save
RUMÄNIEN
Bukarest
Konstanza
Schwarzes Meer
Belgrad
WALACHEI
N
S
0
100
200
300 km

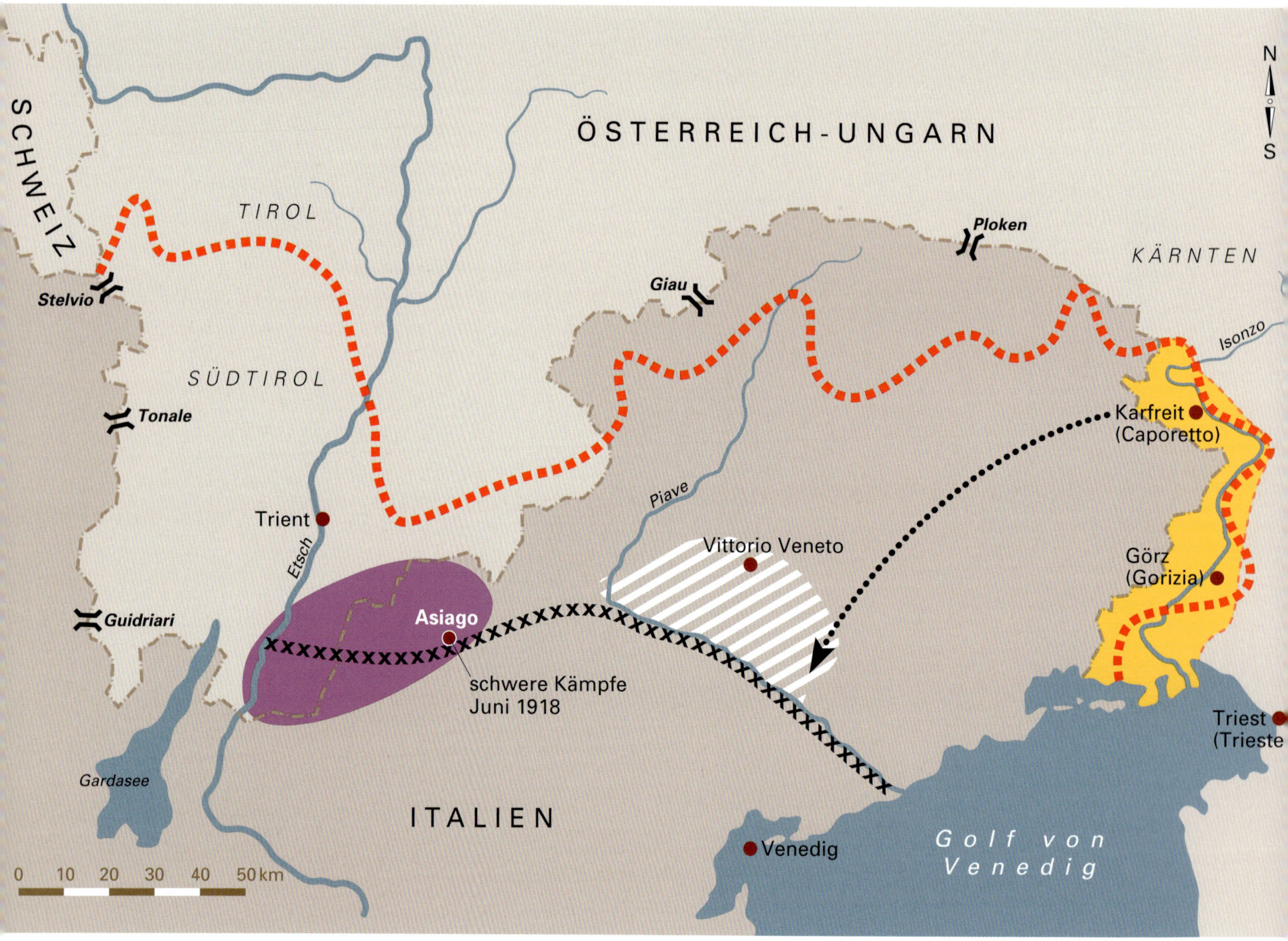

■ Der Krieg in den Alpen in den Jahren 1916 bis 1918

von Italien besetzte Pässe 1915

ital. Geländegewinne am Isonzo 1915 bis 1917

Gebiet der Operationen im Trentino Sommer 1916

ital. Rückzug von Caporetto, 25. Okt. bis 10. Nov. 1917

xxxxx ital. Verteidigungslinie nach dem Rückzug von Caporetto

Schlacht von Vittorio-Veneto 1918

Waffenstillstandslinie vom 4. November 1918

Zu diesem Zeitpunkt besaßen die Bolschewiki keine eigenen Machtinstrumente – mit Ausnahme der Hoffnung auf eine Revolutionierung der westlichen europäischen Staaten. Zudem befanden sich nach der allgemeinen Auflösung der russischen Truppen Ende 1917 etwa vier Millionen russische Soldaten in deutscher oder österreichischer Gefangenschaft. Dennoch lehnten die Bolschewiki die Annexionsforderungen der Mittelmächte entschieden ab. Am 17. Februar 1918 besetzten daraufhin deutsche Truppen russisches Territorium und rückten, ohne auf Widerstand zu stoßen, innerhalb von einer Woche insgesamt 240 Kilometer weit vor. Schließlich zeigte sich die sowjetische Führung bereit, das deutsche

Diktat zu unterschreiben und damit ein Gebiet, das dreimal so groß war wie Deutschland, an die Deutschen abzutreten. Lenin war sich sicher, dass dies keine Entscheidung von Dauer sein würde und nach dem siegreichen, weltweiten Fortgang der Revolution rückgängig gemacht werden könnte.

Für die deutsche Militärführung hatte sich aus dem Zusammenbruch der russischen Militärmacht und durch den einseitigen Frieden von Brest-Litowsk die große Chance ergeben, die besten Verbände des Ostheeres an die Westfront zu verlegen, um dort gegen die Briten und Franzosen eine entscheidende Offensive führen und den Krieg zu eigenen Bedingungen beenden zu können. Die im Osten verbliebenen deutschen Truppen begannen im Frühjahr 1918 mit der Besetzung der Ukraine.

PASSCHENDAELE UND CAPORETTO: NEUE OFFENSIVEN UND ZUSAMMENBRÜCHE

Der Zusammenbruch des russischen Staates und seiner Armee, der in diesen Ausmaßen und Konsequenzen im Westen nicht vorhergesehen worden war, überzeugte die britische Armeeführung davon, nun erst recht den Druck an der Westfront zu erhöhen, während die französische Regierung als Folge der Meutereien erst einmal auf eine strikte Defensive setzte und auf die geplante Ankunft der Amerikaner im Jahr 1918 wartete. Die Stillhaltepolitik des französischen Bündnispartners versetzte die britische Führung erstmals in die Situation, ihre Operationsplanungen alleine durchführen zu müssen. Sir Douglas Haig, der britische Oberbefehlshaber, setzte trotz der Skepsis der britischen Regierung auf die Fortsetzung der Zermürbungsstrategie, um mit dem Ausbluten der deutschen Truppen auch Druck auf die deutsche Gesellschaft ausüben zu können. Neues Operationsziel waren die Schlachtfelder in Flandern rund um Ypern, wo die Briten in der Lage waren, den Kampf alleine aufzunehmen. Zusätzlich wollte man die belgische Nordseeküste erobern, um die Aktionen deutscher U-Boote zu behindern. Haig wollte sein taktisches Ziel mit einer Serie von begrenzten, kurz hintereinander folgenden Angriffen erzielen. Tatsächlich brachte die ersten Angriffe Anfang Juni große Erfolge, denen jedoch bei den Hauptangriffen Ende Juli keine weiteren Durchbrüche folgten. Die deutsche Verteidigung war tief und geschickt gestaffelt, tagelanger heftiger Regen erschwerte weitere Vorstöße, was Haig jedoch nicht davon abhielt, unter hohen Verlusten bis Ende November weiter gegen die deutsche Verteidigung anzurennen. Wieder war der bescheidene Geländegewinn, den kanadische Truppen vor allem mit dem Sturm auf den Höhenrücken von Passchendaele erzielten, durch hohe Opfer erkauft. Günstiger für die britische Seite schien der Angriff auf Cambrai zu verlaufen, wo Haig mit einer neuen Angriffstaktik in engem Zusammenspiel von Artillerie, Infanterie und Panzern auf einer Breite von zwölf Kilometern sechs Kilometer tief in die deutschen Stellungen vordrang. Zehn Tage später jedoch eroberten die Deutschen durch einen erfolgreichen Gegenangriff das gesamte verlorene Gelände zurück. Haig musste seinen Abschied nehmen und Lloyd George übernahm die strategische Kriegführung selbst.

Von einem anderen Kriegsschauplatz hatte sich Lloyd George mehr Erfolg versprochen, doch musste er auch hier eine bittere Enttäuschung erleben. 1916 hatten die Österreicher eine Großoffensive durch die Berge des Trentino geführt, die zwar siegreich endete, die aber auch die österreichischen Reserven aufgebraucht hatte. Diese hatten Conrad dann an der Ostfront gefehlt. Auch die italienischen Hauptkräfte unter General Cadorna hatten ihre blutige Zermürbungsschlacht weiter östlich, am Isonzo, mit leichten Vorteilen fortgesetzt, und wollten diese auch im folgenden Frühjahr weiterführen. Im August 1917 hatte jedoch Cadorna auf diesem blutigsten aller Schlachtfelder wieder über 200 000 Mann verloren und die italienischen (wie die österreichischen) Truppen drohten zusammenzubrechen. Ludendorff, der nun nicht mehr mit den Russen rechnen musste, konnte genügend Kräfte freisetzen, um seinen Verbündeten zu Hilfe zu kommen. Allein sieben Divisionen schickte er zur Verstärkung

■ Bei Cambrai setzten die britischen Verbände Nebelgranaten ein, die die deutschen Soldaten für Gasgranaten hielten, was sie bei ihren Abwehrbemühungen empfindlich störte.

der Österreicher an den Isonzo, wo die Deutschen ihre überlegene Infanterie- und Artillerietechnik ausspielen konnten. Am 25. Oktober 1917 durchbrachen sie bei Caporetto die italienischen Stellungen und nahmen über 30 000 Italiener gefangen. Völlig entmutigt brach die italienische Front daraufhin zusammen und konnte erst zwei Wochen später wieder mit einem Geländeverlust von mehr als 100 Kilometern entlang der Piave stabilisiert werden. Es wurden 275 000 italienische Gefangene gemacht und 2500 Geschütze erobert. Den deprimierenden Zustand der italienischen Armee spiegelt vor allem die Tatsache, dass sich über 500 000 Deserteure auf der Flucht befanden. Der Name Caporetto verband sich für die emotionale italienische Wahrnehmung hinfort mit dem Eindruck einer schmachvollen Niederlage und

nationalen Demütigung, für Deutsche und Österreicher hingegen mit der Vorstellung von italienischer Absetzbewegung und Feigheit.

Im Lager der Alliierten war eine der politischen Folgen des Zusammenbruchs der Italiener, der dem rücksichtslosen Vorgehen des Oberbefehlshabers Cadorna zugeschrieben wurde, die Stärkung der Rolle der zivilen Politik. Sie übernahm nun mit der Einrichtung des Obersten Alliierten Kriegsrates, der aus den politischen Führern der Alliierten mit ihren militärischen Beratern bestand, endgültig die Kontrolle über die Strategie und operative Planung – ganz im Unterschied zu den Kräftekonstellationen zwischen Militär und Politik in Deutschland, wo die Nebenregierung der Obersten Heeresleitung sich inzwischen vollständig durchgesetzt hatte.

Kapitel 6

1918: DAS LETZTE KRIEGSJAHR

ZU BEGINN DES JAHRES 1918 SCHIENEN DIE AUSSICHTEN AUF EINEN DEUTSCHEN SIEG GÜNSTIGER ALS JEMALS ZUVOR. DIE OBERSTE HEERESLEITUNG HOFFTE, DURCH EINE GEWALTIGE OFFENSIVE IM FRÜHJAHR 1918 ENDLICH DIE MILITÄRISCHE ENTSCHEIDUNG IM WESTEN ERZWINGEN ZU KÖNNEN. IMMERHIN HATTE MAN MIT DEM ZUSAMMENBRUCH DER RUSSISCHEN TRUPPEN UND DEM WAFFENSTILLSTAND VOM DEZEMBER 1917 DEN KRIEG IM OSTEN SO GUT WIE GEWONNEN, UND ZUM ERSTEN MAL IN DIESEM KRIEG KONNTE DIE DEUTSCHE HEERESLEITUNG IHRE ARMEEN AN NUR EINER FRONT EINSETZEN.

Der Zusammenbruch der russischen Militärmacht setzte an der Ostfront im günstigsten Falle 50 Divisionen frei. Ludendorff plante den Einsatz von 70 bis 80 Divisionen für seine Frühjahrsoffensive im Westen, was im Augenblick eine zahlenmäßige Überlegenheit gegenüber den alliierten Truppen bedeutete. Das verschaffte der deutschen militärischen Führung eine strategische Pause, die zeitlich freilich begrenzt war. Ludendorff musste im Westen siegreich sein, bevor die USA mit ihrem großen militärischen und wirtschaftlichen Potenzial wirklich eingreifen konnten und bevor die deutschen Truppen, die zahlenmäßig und physisch ihre letzten Reserven mobilisieren mussten, durch die zu erwartenden Leiden und Opfer eines Großangriffs endgültig erschöpft sein würden. Auch wenn sich die öffentliche Meinung und die Parteienlandschaft in Deutschland zunehmend polarisierten, waren angesichts der Erfolgsnachrichten aus dem Osten die Erwartungen auf einen günstigen Kriegsausgang wieder, wenn auch nur vorübergehend, gestiegen. Auch unter den Frontsoldaten machte man sich wieder Hoffnungen auf einen baldigen Sieg und ein Ende des Krieges. Darum hatten viele Soldaten, zumindest zu diesem Zeitpunkt, auch wenig Verständnis für die Streiks, an denen sich Ende Januar 1918 in Kiel, Hamburg und Berlin rund eine Million Industriearbeiter beteiligten. Auch wenn die Streiks bald niedergeschlagen wurden, ließen sie doch das Ausmaß und die sozialen Folgen der wachsenden materiellen Not und der allgemeinen Kriegsmüdigkeit erkennen. Sie waren Vorboten einer dräuenden Radikalisierung der Arbeiterbewegung.

Das russische Beispiel wirkte nicht nur auf Teile der Arbeiterbewegung ansteckend, auch die Tatsache, dass Liberale und Sozialdemokraten mit dem Sturz des Zarenreiches ihr altes Feindbild verloren hatten und in einem sozialdemokratischen Russland einen natürlichen Verbündeten erblicken konnten, brachte die Burgfriedenspolitik endgültig zum Einsturz und beunruhigte die Reichsführung. Die Friedensresolution des Reichstages vom 19. Juli 1917 hatte schon angekündigt, dass die hegemonialen, annexionistischen Ansprüche und die Kriegführung des Deutschen Reiches keine politisch-parlamentarische Unterstützung

■ US-amerikanische Soldaten telefonieren mit einem erbeuteten deutschen Feldtelefon. Das Eingreifen der USA entschied den Krieg endgültig zugunsten der Alliierten.

mehr fanden. Gegen diese Gefährdung der Machtpositionen der traditionellen Eliten, vor allem von Monarchie und Militär, hatte die Oberste Heeresleitung schon im Spätsommer 1917 die Bildung einer außerparlamentarischen, populistisch-reaktionären Massenbewegung, der „Vaterlandspartei", erfolgreich betrieben. Diese hatte lautstark und mit großer Resonanz gegen eine demokratische Verfassungsreform und für einen annexionistischen Frieden (mit der Einverleibung Belgiens und Luxemburgs im Westen und baltischer bzw. polnischer Provinzen im Osten) geworben.

■ Die Propaganda versuchte, die Stimmung an der Heimatfront hoch zu halten, etwa durch Kinofilme. Auf dem Plakat durfte natürlich der Verweis auf den Kriegshelden Hindenburg nicht fehlen.

Nur ein überwältigender militärischer Erfolg im Westen, so Ludendorffs Überlegung, könnte den Zusammenbruch der Heimatfront und der alten Ordnung insgesamt noch verhindern. Die innere Krise des Kaiserreichs und seiner gesellschaftlichen Ordnung, von den wachsenden ethnischen und sozialen Konflikten und Auflösungserscheinungen beim Verbündeten Österreich-Ungarn ganz zu schweigen, meinte die militärische Führung nur durch einen raschen Sieg im Westen lösen zu können. Dafür blieb nach dem Kalkül Ludendorffs jedoch nur wenig Zeit. Den Armeebefehlshabern hatte er daher am 11. November 1917 verkündet: „Unsere Gesamtlage fordert, möglichst früh zuzuschlagen, möglichst Ende Februar oder Anfang März, ehe die Amerikaner starke Kräfte in die Waagschale werfen können." Weiter reichte das strategische Denken der Obersten Heeresleitung nicht.

Ebenso hatte man sich im Zusammenhang mit der U-Boot-Offensive im Jahre 1917 verrechnet: Auch wenn die Marine mehr Tonnage versenkt hatte als geplant, war der U-Boot-Krieg gescheitert. Die Royal Navy hatte durch die Bildung von Konvois, in denen die Handelsschiffe von Zerstörern geschützt wurden und die zudem noch durch Funk miteinander verbunden waren, immer mehr Schiffe an den U-Booten vorbeilenken können. Dabei konnte sie sich auch auf die Hilfe der US-Navy stützen. Zudem lief ein großer Teil der Versorgung über neutrale Schiffe, die sich von den lukrativen Frachtsätzen und den britischen Maßnahmen zur Kontrolle des Versicherungsmarktes zu dem Einsatz hatten locken lassen. Das hatte man sich in der deutschen Marineführung nicht vorstellen können, und es wirkte sich nun nachteilig auf die deutsche Versorgungslage aus.

Vor allem aber erwies sich die siegessichere Vorhersage des deutschen Marineamtes aus dem Frühjahr 1917 als grandioses Fehlurteil: „[Die Amerikaner] werden nicht ankommen, weil unsere U-Boote sie versenken werden. Also bedeutet Amerika militärisch null und noch einmal null und zum dritten Mal null." Tatsächlich hielten am 4. Juli 1917 Teile der 1. Division des amerikanischen Oberbefehlsha-

■ Nachdem die US-amerikanische Rüstungsindustrie erst einmal in Gang gekommen war, wurden – wie hier in der Bethlehem Steel Company – ungeheure Mengen an Waffen und Munition produziert.

bers der „American Expeditionary Force“ eine Parade in Paris ab. In den folgenden Monaten trafen kontinuierlich frische Truppen einer Armee ein, die eine Stärke von bis zu 80 Divisionen haben sollte: Bis März 1918 waren 318 000 Amerikaner in Frankreich angekommen, bis August sollten es 1,3 Millionen Soldaten werden. Mit der Entscheidung für den Krieg mobilisierten die USA außergewöhnliche Kräfte sowohl im Bereich der personellen Rekrutierung als auch in der militärisch-industriellen Produktion, auch wenn letzteres Potenzial erst im Laufe des Jahres 1918 voll einsetzbar war und die ersten amerikanischen Truppen zunächst auf französische Geschütze, Flugzeuge und Tanks angewiesen waren. Dennoch, mit einem Schlag war das militärische Gleichgewicht, das bislang zwischen den Krieg führenden Mächten geherrscht hatte, verändert.

Das gab den verbündeten Armeen auf dem Kontinent mittelfristig eine gewisse Siegeszuversicht, auch wenn zur Jahreswende 1917/18 die Sorgen zunächst noch überwogen. Denn Briten und Franzosen fehlte das Menschenreservoir, um die ungeheuren Verluste zu ersetzen. Dies war nur durch den Zustrom US-amerikanischer Truppen möglich. Allerdings waren sie inzwischen den Deutschen materiell an Geschützen, Flugzeugen und vor allem Panzern erheblich überlegen.

Nicht nur Berlin baute im Frühjahr 1918 auf einen Siegfrieden, sondern auch die Entente. Nach der Erfahrung des deutschen Diktatfriedens von Brest-Litowsk sahen die britischen und französischen Führungskreise keine Möglichkeit einer Verständigung mit dem Kriegsgegner. Der englische Premierminister Lloyd George stellte fest, dass der Krieg nun bis zu einem vollständigen „Knock-out“ geführt werden müsse. Obwohl der Kriegsausgang im Frühjahr 1918 noch einmal auf Messers Schneide stehen sollte, war es angesichts der Kräftever-

■ Zur Vorbereitung auf den Waffengang erhielten die US-amerikanischen Truppen Hilfe bei der Ausbildung: Ein britischer Sergeant Major bildet einen Rekruten im Kampf mit dem Bajonett aus.

hältnisse mittelfristig wahrscheinlich, dass die Westmächte dieses Ziel erreichen würden. Man hatte in der Rüstungswirtschaft und bei der inneren Daseinsvorsorge mittlerweile die Talsohle durchschritten, und gerade England konnte die eigene Bevölkerung noch immer hinreichend mit Lebensmitteln versorgen. Vor allem aber versprach die US-amerikanische Kriegsbeteiligung die mili-

tärische wie wirtschaftliche Lage entscheidend zu verändern, wenn die alliierten Truppen bis zur vollständigen Integration der amerikanischen Streitkräfte durchhielten.

DER „SIEGFRIEDEN" VON BREST-LITOWSK UND DER TRAUM VOM DEUTSCHEN OSTIMPERIUM

Auch noch während der Vorbereitungen der Offensive im Westen blieben die deutschen Interessen auf den Osten fixiert. Hier, wo es keine geschlossenen Nationalstaaten gab und sich mit der russischen Revolution, deren Ausgang noch ungewiss war, ein erneuter Veränderungsprozess ankündigte, meinten deutsche militärische und politische Kreise, jetzt, nachdem die Herrschaft des Zarenreiches gebrochen war, günstige Voraussetzungen für die Errichtung von Vasallenstaaten und von wirtschaftlichen Abhängigkeitsverhältnissen zu finden. In den baltischen Ländern, in denen es schon lange eine große Nähe zu den Deutschen gab und die schon seit den militärischen Erfolgen der Jahre 1916 und 1917 von deutschen Truppen besetzt waren, wurden nach dem Niederschlagen revolutionärer Bewegungen unabhängige, prodeutsche Regierungen eingesetzt. Auch Finnland wollte endgültig seine Unabhängigkeit von Russland sichern und ließ sich dabei von den Deutschen unterstützen. Als es im Januar 1918 zu einem Bürgerkrieg zwischen revolutionären Roten Garden und bürgerlich-konservativen Schutzkorps kam, schickten die Deutschen den Truppen der finnischen politischen Rechten Waffen und unterstützen ihren Oberbefehlshaber, Carl Gustav Freiherr von Mannerheim. Der Preis, den sie von der finnischen Regierung unter Pehr Evind Svinhufvud (gegen den nationalistischen Protest Mannerheims) nach der Unabhängigkeitserklärung für die Waffenhilfe gegen die Roten Garden und für den Schutz vor der bolschewistischen Revolution forderten, war ein Vertrag, der dem Deutschen Reich ein Einspruchsrecht bei allen internationalen Verträgen Finnlands und eine deutliche Begünstigung in den Handelsbeziehungen sicherte.

Dreh- und Angelpunkt der neuen Herrschaftsverhältnisse im Osten war der Friedensvertrag von Brest-Litowsk. Er kam erst drei Monate nach dem Waffenstillstand mit Russland zustande und spiegelte die mittlerweile deutlich zugunsten Deutschlands

JUGEND 1918 Nr. 10 Redaktionsschluss: 25. Februar 1918

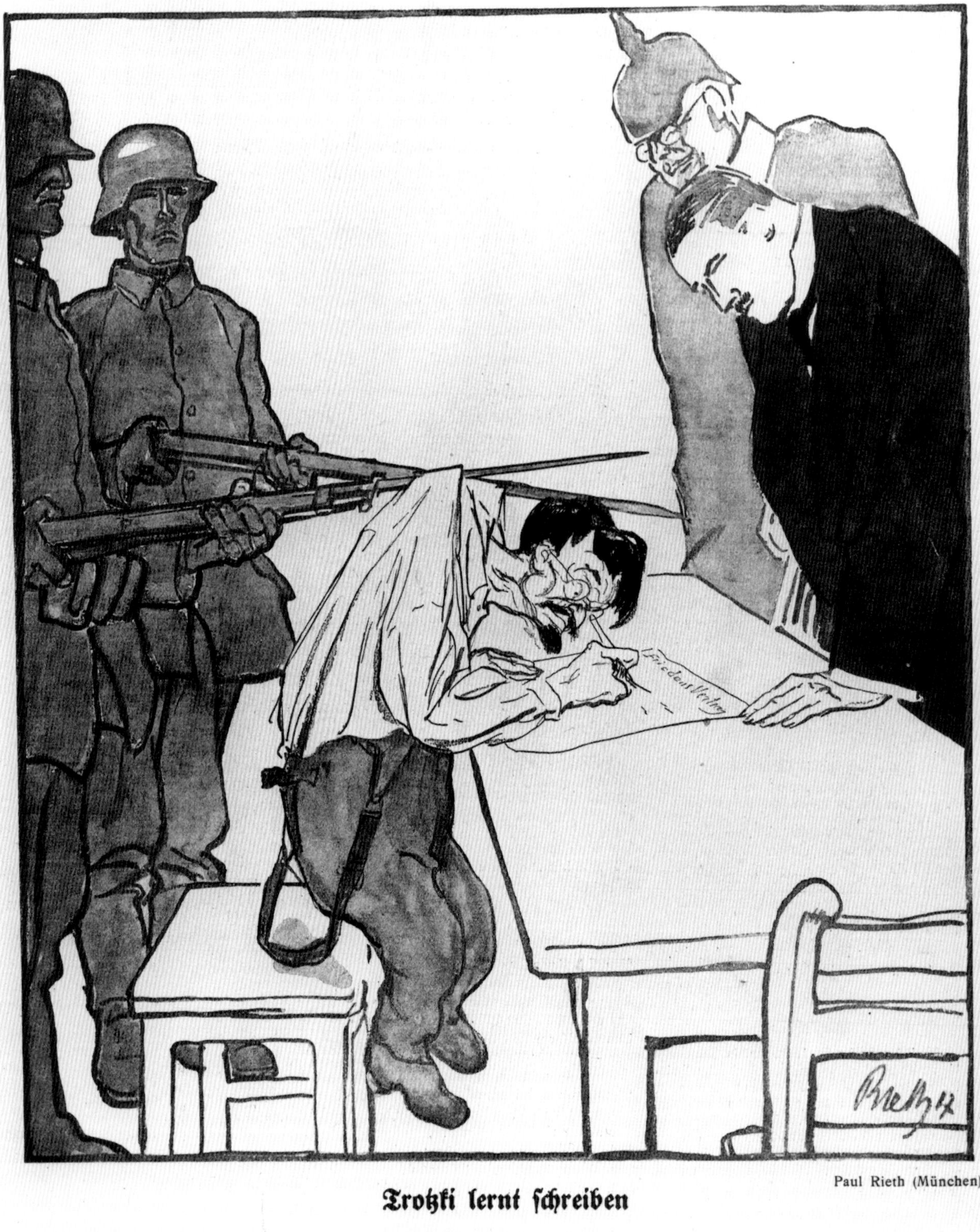

Paul Rieth (München)

Trotzki lernt schreiben

Begründer: Dr. GEORG HIRTH; Redaktion: F. v. OSTINI, A. MATTHÄI, F. LANGHEINRICH, K. ETTLINGER. Für die Redaktion verantwortlich: K. ETTLINGER, für den Inseratenteil: G. POSSELT, sämtlich in München. Verlag: G. HIRTH's Verlag, G. m. b. H., München. Druck von KNORR & HIRTH, Münchner Neueste Nachrichten, München. — Geschäftsstelle für Oesterreich-Ungarn: MORITZ PERLES, Verlagsbuchhandlung Wien I, Seilergasse 4. — Für Oesterreich-Ungarn verantwortlich: JOSEF MAUTNER. — ALLE RECHTE VORBEHALTEN. — Copyright 1918 by G. Hirth's Verlag, G. m. b. H., München. — Nachdruck verboten.

Preis: 70 Pfennig.

veränderte militärische Machtkonstellation wider. Hatte Trotzki noch im Dezember 1917 seine Forderungen nach einem Verzicht auf Annexionen und Kriegsentschädigungen vorgetragen, was von den Mittelmächten sofort abgelehnt worden war und zu einer Unterbrechung der Verhandlungen geführt hatte, so hatten die deutschen Truppen mit der Fortsetzung des Krieges seit dem 18. Februar 1918 auf ihrem Vormarsch noch weitere Gebiete besetzt und die sowjetische Regierung endgültig zur Kapitulation und zu noch größeren territorialen Zugeständnissen gezwungen. In der Operation „Faustschlag“ überrannten deutsche Truppen im Februar innerhalb von knapp zwei Wochen die bolschewistischen Truppen in Weißrussland, in der westlichen Ukraine, auf der Krim und schließlich am Don. Die sowjetische Führung musste darüber hinaus erleben, dass ethnische Minderheiten in Russland die politisch-militärische Situation nutzten, um sich von der russischen Herrschaft loszusagen und eigene Regierungen zu bilden. Sie musste außerdem feststellen, dass ihre gescheiterte Abwehrversuche gegen die deutsche Invasion auch die westlichen Alliierten auf den Plan riefen, die ihrerseits beschlossen, auf russischem Boden Präsenz zu zeigen. Ihre Anwesenheit richtete sich zunächst gegen die drohende deutsche Vormacht, doch schließlich gingen die Alliierten auch gegen die bolschewistischen Truppen vor und mischten sich so in den russischen Bürgerkrieg ein.

Der Frieden von Brest-Litowsk war ein harter Friedensschluss: Die sowjetische Regierung verzichtete auf Russisch-Polen und auf den größten Teil des Baltikums, wo mittlerweile schon deutsche Truppen standen. Russland musste unverzüglich seine Verbände aus Finnland abziehen und auf die von der Türkei beanspruchten Gebiete im Kaukasus verzichten. Die Sowjets mussten sich darüber hinaus zu einem Friedensschluss mit den ukrainischen Nationalisten verpflichten, die auf ihrer Unabhängigkeit bestanden. Zwar fügte sich die sowjetische Führung in das in diesem Augenblick Unvermeidliche, hatte aber die Erwartung, dass man diese Verluste, die immerhin ein Drittel der russischen Bevölkerung und den größten Teil des Rohstoff- und Industriepotenzials betrafen, durch eine erfolgreiche Fortsetzung der sozialistischen Revolution und die Erhebung der „unterdrückten“ Völker gegen die imperialistischen Mächte bald wieder rückgängig machen und kompensieren könne. In Deutschland löste der Vertrag neue Siegeshoffnungen aus. Doch zeigte sich, dass der militärische, wirtschaftliche und politische Nutzen, den der Diktatfrieden schließlich brachte, bei Weitem nicht den Erwartungen entsprach. Umgekehrt stärkte der Siegfrieden von Brest-Litowsk den Widerstandswillen der Entente-Mächte, die diese Form eines deutschen Diktats propagandistisch für sich nutzten.

Unmittelbar nach der Kapitulation musste die deutsche Seite am 11. November 1918 im Waffenstillstand von Compiègne und durch ein Dekret der Sowjetregierung vom 18. November hinnehmen, dass der Vertrag von Brest-Litowsk annulliert wurde und Episode blieb. Das bedeutete freilich nicht, dass die deutsche Eroberungs- und Besatzungspolitik des Zweiten Weltkriegs im Osten sich nicht auch von dem Diktat des Frühjahrs 1918 leiten ließ, wobei sie noch furchtbareres Unheil anrichten und letztlich erneut scheitern sollte.

Auch den Verbündeten Deutschlands in ihrer bedrohten Lage verhieß der Vertrag von Brest-Litowsk neue Hoffnungen auf eine Verbesserung ihrer Lage und auf weitere Eroberungen: Während sich die türkischen Truppen im Süden des Osmanischen Reiches nach Damaskus und Mosul zurückziehen mussten – was als Maßnahme, die Muslime vor Angriffen von Armeniern zu schützen, verkauft wurde –, konnten sie andererseits nun nach Osten vorrücken, in Richtung Baku, Dagestan, Turkestan und Aserbaidschan. Für Österreich war die Sicherung der Lebensmittelzufuhr wichtiger als territoriale Zugewinne. Die Lebensmittelknappheit hatte katastrophale Ausmaße angenommen. Im Januar 1918 musste man in Österreich noch einmal die Mehlrationen drastisch senken, was zu neuerlichen Streiks der Arbeiter des Daimler-Werkes und zur Bildung von Arbeiterräten in der Wiener Neustadt führte und in Moskau Trotzki auf die Ausbreitung der Revolution in Mitteleuropa hoffen ließ. Deswegen strebte Wien angesichts der Lebensmittelknappheit und Hungersituation in den Städten eine Regelung mit der Ukraine zur Siche-

■ „Trotzki lernt schreiben“ – Die Karikatur aus der Zeitschrift „Jugend“ zeigt, wie der Friedensschluss von Brest-Litowsk aufgenommen wurde.

rung von Getreideimporten an. Doch die neue Regierung der Ukraine, nach wie vor von den Bolschewisten bedroht, konnte sehr viel weniger liefern als erwartet. Auch erwies sich der Transport der Nahrungsmittel ins Habsburger-Reich als sehr schwierig, denn es fehlte an Kohle und einem geeigneten Bahnnetz, um den Transport zu gewährleisten. Die unsichere Lage und ihre eigenen Herrschaftsansprüche zwangen mithin die Mittelmächte, noch immer insgesamt 1,5 Millionen Soldaten an der Ostfront stationiert zu lassen. Freilich waren die Soldaten in der Regel älter und weniger leistungsfähig als die, die an der Westfront eingesetzt wurden.

DIE LUDENDORFF-OFFENSIVE 1918

Seit November 1917 hatte Ludendorff eine Offensive für das folgende Jahr im Westen geplant. Rein rechnerisch verfügte er über genügend Truppen, um an der Westfront durchbrechen zu können. Mit den 44 Divisionen, die er von der Ostfront nach Westen verlegen konnte, hatte er hier die deutsche Truppenstärke auf 199 Divisionen gebracht. Dem standen etwa 100 französische Divisionen und 58 britische gegenüber, deren Kampfkraft nach den langen Jahren des Stellungskrieges teilweise geschwächt war. Aber auch Ludendorff hatte Zweifel an der Leistungsfähigkeit und Moral seiner Truppen. Zudem war die operative Planung der OHL alles andere als einheitlich und konsequent. Ohne auf die materiellen Rahmenbedingungen zu achten, meinte man, mit einem durchschlagenden Erfolg an nur einem Frontabschnitt den Zusammenbruch der alliierten Streitkräfte einläuten zu können.

Immerhin wusste auch Ludendorff, wie er am 13. Februar 1918 gegenüber dem Kaiser bekannte, dass „der Kampf im Westen die gewaltigste militärische Aufgabe [darstelle], die je einem Heer gestellt wurde". Kritiker hielten diese Aufgabe von Anfang an für unlösbar. Schließlich musste man Mittel und Wege finden, trotz des Mangels an Kräften – allein die als Zugtiere zur Verfügung stehenden Pferde befanden sich in einem beklagenswerten Zustand – in einer kurz bemessenen Zeit das zu erreichen, was die Entente mit ihren Abnutzungsschlachten in vier Jahren nicht erreicht hatte, nämlich den operativen Durchbruch und den anschließenden Sieg in einer offenen Feldschlacht.

KRONPRINZ RUPPRECHT VON BAYERN
*18. MAI 1869 MÜNCHEN
†2. AUGUST 1955 LEUTSTETTEN

Nach seinem Studium in München und Berlin setzte Rupprecht seine militärische Ausbildung fort und wurde 1899 Oberst, 1906 General der Infanterie und kommandierender General des I. bayerischen Armeekorps. Am 2. August 1914 erhielt er das Kommando über die 6. Armee, die ab September in Nordfrankreich kämpfte und sich vor allem bei der Abwehr der Somme-Offensive hervortat. Die neugebildete Heeresgruppe Kronprinz Rupprecht stand auch bei der Frühjahrsoffensive 1918 im Zentrum der Kämpfe. Nach dem Sturz der Wittelsbacher-Dynastie, den er im Armee-Hauptquartier erlebte, wurde Rupprecht zum Hoffnungsträger monarchistischer Kreise in Bayern, hielt sich jedoch politisch zurück. Schließlich musste er angesichts nationalsozialistischer Verfolgungen von 1939 bis 1945 in die Emigration nach Italien gehen.

Wenn man Frankreich entscheidend schlagen wollte, musste man eigentlich bei Verdun angreifen. Doch davon hielten die Erfahrungen aus der Schlacht von 1916 ab, während der die französischen Truppen dort energischen Widerstand geleistet hatten. Die Briten galten als weniger standhaft, weshalb sich die Heeresgruppe unter Kronprinz Rupprecht von Bayern für einen Angriff in Flandern einsetzte, um die Briten im Frontbogen bei Ypern abzuschneiden. Doch dort war so zeitig im Frühjahr ein schwieriger, morastiger Boden zu erwarten. Schließlich gab es bei der großen Generalstabsbesprechung am 11. November 1917 noch weitere Alternativen: Eine Offensive in Flandern, „Operation Georg" genannt, eine weitere bei Arras, die „Operation Mars", und eine dritte in Richtung Paris, die „Operation Erzengel". Am Ende entschied sich Hindenburg am 21. Januar für die „Operation Michael", eine Offensive an dem Frontabschnitt, der von Arras bis St. Quentin reichte und an das alte Schlachtfeld an der Somme anschloss. Insgesamt sollte sich die deutsche Offensive in vier Angriffswellen über das ganze Frühjahr hinziehen und die deutschen Truppen noch einmal auf die Schlachtfelder von der Somme bis an die Marne führen, wo sie schon blutige Kämpfe erlebt und die sie zwischenzeitlich aufgegeben hatten. Fähnrich Paul Koch vom Fußartillerieregiment 3 der 2. Gardeinfanteriedivision machte der Anblick des Schlachtfeldes nachdenklich: „Im Gebiet der Somme-Schlacht 1916, also Péronne usw., sieht alles furchtbar verwüstet aus. Trichter neben Trichter, manche Dörfer, zum Beispiel Bouchavesnes, bis auf ein Meter hohe Steinmauern von der Bildfläche verschwunden, von Bäumen stehen nur noch zersplitterte Stümpfe. An den Straßen liegen überall tote Pferde, Leichen von Deutschen, Engländern und Franzosen, Ausrüstungsstücke, Gewehre, Munition, hier und da mal eine zerschossene oder zurückgelassene Kanone. Man hat sich schon vollkommen an dieses Bild gewöhnt." General Georg von der Marwitz, Oberbefehlshaber der 2. Armee, erinnerte sich beim Anblick der im März wiedereroberten Stadt Péronne auch an die Kämpfe von 1916, stellte jedoch zufrieden fest, dass seine „vorderste Infanterie schon weiter [ist], als meine Stellung 1916 bei Péronne war."

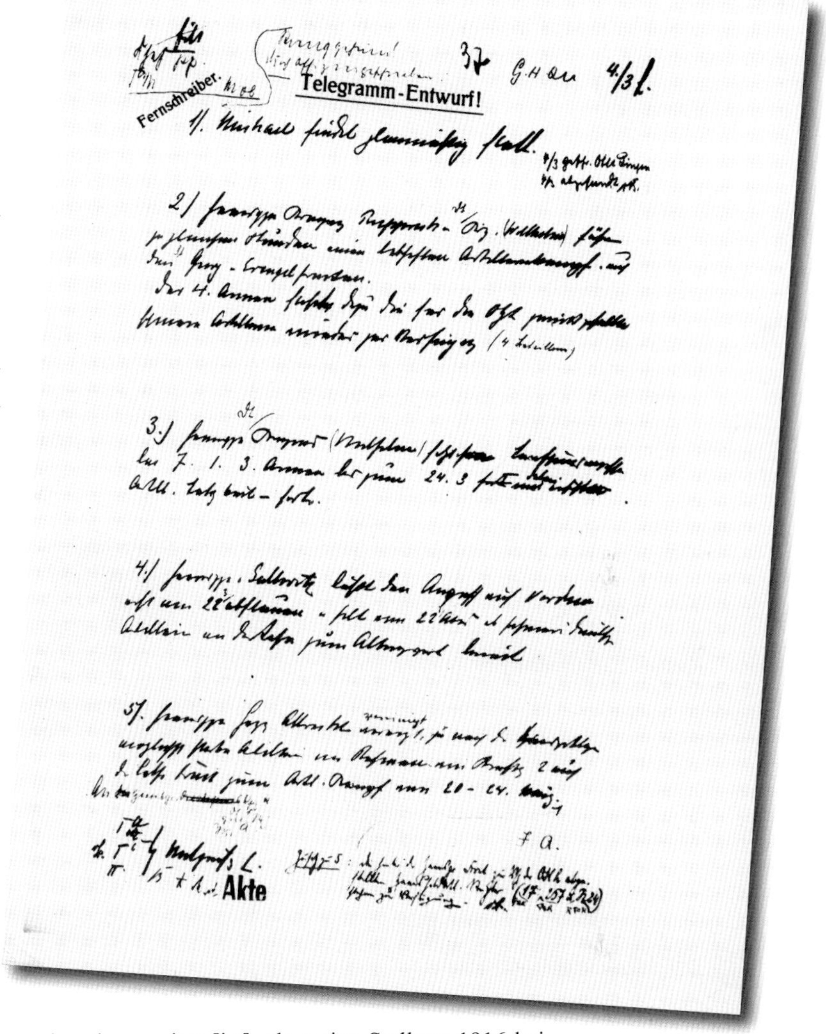

■ Der von Ludendorff unterzeichnete Angriffsbefehl für die „Operation Michael".

Die Sturmdivisionen sollten an der Somme entlang vordringen und dann gegen die britischen Truppen bis zur Kanalküste vorstoßen. Doch musste man dazu das besonders verwüstete Gelände des Somme-Schlachtfeldes entweder umgehen oder sich dort hindurchkämpfen. General von der Marwitz beschrieb in einem Brief an seine Frau die Mühen des Vormarsches: „Welche Schwierigkeiten gerade meine Armee zu überstehen hatte, ist gar nicht zu sagen, da der größere Teil über das Kampfgebiet der Somme-Schlacht hinweg musste. Das Trichtergelände erlaubt nur Bewegung auf den Trichterrändern, so dass Fahrzeuge die größten Schwierigkeiten haben." Bedenken und Warnungen vor diesen Schwierigkeiten, die schlimmstenfalls zu einer Aufsplitterung der deutschen Front führen konnten, wurden von Ludendorff mit Verweis auf seine Erfahrungen in Russland beiseitegewischt – trotz der Einwände des bayerischen Kronprinzen, der zu bedenken gab, dass durch sie ein Angriff operativ in eine ungünstige Richtung führe könne. Ludendorffs Argumentation war sehr schlicht: „Wir haben uns in Russland auch immer nur ein Ziel gesteckt und dann gesehen, wie wir weiterkommen." Im Schützengrabenkrieg käme es allein auf die Taktik an, erst nach einem Durchbruch sei eine weitere Planung möglich und erforderlich. Ludendorffs Operationsziel für das Unternehmen „Michael" war einfach und vom Willen, weniger vom strategischen Kalkül geleitet: „Wir hauen ein Loch hinein. Das Weitere findet sich." Über die erforderlichen materiellen und personellen Ressourcen bzw. Reserven wollte man in der OHL noch nicht nachdenken.

Der Hauptschlag sollte sich gegen den britischen Frontabschnitt richten, den die 5. Armee unter Sir Hubert Gough besetzt hielt. Das war für die Briten, wie sich herausstellen sollte, der schwierigste Abschnitt. Die Stellungen dort waren nur unvollständig ausgebaut, vor allem hatten die Truppen Goughs bei Passchendaele schwere Verluste erlitten, von denen sie sich kaum erholt hatten. Am Morgen des 21. März traten bei dichtem Nebel auf einer Breite von 80 Kilometern 76 deutsche Divisionen zum Sturmangriff gegen 28 britische Divisionen an.

Ludendorff hatte das Angriffsverfahren verändert: Nach einem heftigen, nur rund fünfstündigen Trommelfeuer der Artillerie, die mathematisch präzise vorherberechnet ohne eine langwierige und auffällige vorherige Zielmarkierung feuern musste, sollten alle gegnerischen Nachrichtenverbindungen und die Kommandozentralen hinter den Linien zerstört sein. Dann wurde die Front mit Gas und Sprengstoff belegt. Es folgte der Angriff von Sturmtruppen, die mit leichten Geschützen und Maschinengewehren sowie mit Mörsern und Flammenwerfern feindliche

■ Der deutsche Vormarsch gestaltete sich auf dem Gebiet der Somme-Schlacht von 1916 besonders schwierig, da das Gelände durch die Kampfhandlungen stark in Mitleidenschaft gezogen worden war.

GEORG VON DER MARWITZ
*3. JULI 1856 KLEIN-NOSSIN (KREIS STOLP)
†28. OKTOBER 1929 WUNDICHOW (KREIS STOLP)

Nachdem er 1875 in das 2. Gardeulanenregiment eingetreten war, führte ihn seine militärische Laufbahn bis 1912 zum Generalleutnant und Kommandeur und 1913 zum Generalinspekteur der Kavallerie. Von 1914 bis 1916 war er als Kommandierender General in Polen, Ungarn, an der Somme und in der Ukraine eingesetzt. Im Februar 1915 wurde er mit dem Orden „Pour le Mérite" für seinen Einsatz in der Winterschlacht in den Masuren ausgezeichnet. Ende 1916 übernahm er nach längerer Krankheit das Kommando über die 2. Armee an der Westfront, führte den Rückzug auf die Siegfried-Linie durch und war an der Abwehr der britischen Durchbruchsversuche bei Cambrai beteiligt. Im August 1918 musste seine Armee eine schwere Niederlage bei der alliierten Offensive bei Amiens hinnehmen und er wurde versetzt. Im Dezember 1918 wurde er verabschiedet.

Stützpunkte zerstören oder in Schach halten sollten, bis der Hauptangriff der Infanterie erfolgen und die britischen Linien geradezu überschwemmen sollte. Das Rezept ging auf, auch weil die britischen Truppen überrascht wurden. Nach vier Tagen hatte der deutsche Angriff einen 65 Kilometer tiefen Keil in die gegnerischen Stellungen getrieben. Der Angriff drohte die britischen und französischen Truppen voneinander zu trennen und die Briten zum Rückzug zur Küste zu zwingen.

Vor diesem Hintergrund fand am 26. März in Doullens, in der Nähe von Amiens, eine eilig einberufene alliierte Konferenz statt, an der unter Vorsitz des französischen Staatspräsidenten Raymond Poincaré Ministerpräsident Georges Clemenceau, der britische Kriegsminister Lord Alfred Milner sowie die Oberbefehlshaber Philippe Pétain, Douglas Haig und Ferdinand Foch teilnahmen, um die massiv aufgetretenen Probleme bei der wechselseitigen Kooperation und Koordination der beiden verbündeten Armeen zu lösen. Schließlich sah sich der britische Oberbefehlshaber Haig nach heftigen Wortgefechten veranlasst, sich dem Kommando von Foch, dem neuen, energisch auftretenden französischen Stabschef, unterzuordnen, um das alliierte Handeln in Einklang zu bringen.

Zur selben Zeit kam der deutsche Vorstoß zum Stillstand. Die Verbindungswege waren viel zu lang, so dass die Artillerie mit dem Tempo der Infanterievorstöße nicht mithalten konnte. Die verwüsteten Schlachtfelder der Somme erschwerten, wie befürchtet, den Vormarsch. Schließlich eroberten die erschöpften und hungrigen deutschen Truppen große Depots der Alliierten und ließen sich von den verlockenden Vorräten, die sie dort vorfanden, zu einer Pause verführen.

Foch hatte unterdessen eine Verteidigung organisiert, die die Deutschen nicht mehr durchdringen konnten. Am 5. April brach Ludendorff die „Operation Michael" ab und ordnete einen Angriff nach Norden an. Er wollte nicht wahrhaben, dass die schlecht ernährten und mangelhaft ausgerüsteten deutschen Armeen, die über keine handlungsfähige Panzerwaffe verfügten, für großangelegte Angriffsoperationen nicht mehr tauglich waren.

Dieser zweite Angriff, die „Operation Georgette", in dem rund 50 deutsche Divisionen eingesetzt wurden, richtete sich gegen die britischen Linien südlich von Ypern und setzte später als geplant ein. Das erlaubte den Briten, ihre Verteidigungslinien wirkungsvoll zu verstärken. So geriet auch diese deutsche Offensive trotz einiger Anfangserfolge ins Stocken, weil es an Kraft und Mobilität fehlte. Bis zu diesem Zeitpunkt hatten die Deutschen bereits etwa 350 000 Mann verloren, die Alliierten kaum weniger. Doch sie konnten, auch durch den Zustrom der US-Amerikaner, mehr Reserven als die Deutschen mobilisieren.

Das hielt Ludendorff jedoch nicht davon ab, einen dritten Angriff, nun gegen die Franzosen, zu

Nordsee
GROSS-BRITANNIEN
NIEDERLANDE
Flushing
Zeebrugge
Ostende
Brügge
Antwerpen
Nieuwport
Furnes
Dünkirchen
Dixmude
Dt. 4. Armee
Gent
Schelde
Calais
Belgische Armee
Thielt
Roulers
Ypern
Courtrai
Oudenarde
Brüssel
Brit. 2. Armee
Cassel
Menin
St. Omer
Boulogne
Hazebrouck
Armentières
BELGIEN
Aire
Lille
Dt. 6. Armee
Brit. General-hauptquartier
Brit. 1. Armee
Georgette
Kronprinz Rupprecht Generalhauptquartier
La Bassée
Béthune
Montreuil
Lens
St. Amand
Mons
St. Pol
Douai
Valenciennes
Frévent
Arras
Michael I
2. Armee
Maubeuge
Brit. 3. Armee
Michael II
Doullens
Cambrai
Abbéville
Avesnes
Bapaume
Le Cateau
Somme
18. Armee
Albert
Michael III
Amiens
Péronne
Hirson
Oise
St. Quentin
Brit. 5. Armee
Gneisenau
Vervin
Aumale
Nesle
Marle
7. Armee
Roye
Ham
Montdidier
La Fère
Yorck
Blücher
FRANKREICH
Noyon
Barisis
1. Armee
Laon
Craonne
Rethel
Beauvais
Compiègne
Soissons
Vailly
Clermont
Franz. General-hauptquartier
Reims
Marne
Fismes
Creil
Reims
Chantilly
Villets Cotterêts
Franz. 2. Armee
Franz. 6. Armee
Franz. 4. Armee
Epernay
Dormans
Seine
Meaux
La Ferté
Châlons-sur-Marne
Marne
Paris
0 5 10 15 20 25 km

SIR DOUGLAS HAIG (SEIT 1917 COUNT)

* 19. JUNI 1861 EDINBURGH
† 29. JANUAR 1928 LONDON

Als britischer Generalfeldmarschall und Oberbefehlshaber an der Westfront von 1915 bis 1918 besaß Haig bereits vor Kriegsbeginn den Ruf, einer der fähigsten Offiziere des britischen Heeres zu sein. Während des gesamten Krieges diente er an der Westfront und führte an der Somme 1916, bei Arras und in der dritten Flandern-Schlacht 1917 sowie in den Kämpfen von 1918 die größten Armeen, die je von Großbritannien aufgebrochen waren und die die verlustreichsten Kämpfe zu bestehen hatten. Nach dem Krieg wurde er, vor allem nach den sehr kritischen Kriegserinnerungen Llyod Georges, zu einer der umstrittensten Persönlichkeiten der neueren Kriegsgeschichte. Ihm wurde eine unzeitgemäße, verlustreiche, die moderne Waffentechnik missachtende Gefechtsführung vorgeworfen. Außerdem hielt man ihm schwere charakterliche Mängel vor und bezichtigte ihn der Manipulation von Akten.

eröffnen. Am 27. Mai begann er mit der „Operation Blücher", und wieder griff man zu der vertrauten Angriffstechnik des Artilleriespezialisten Oberst Georg Bruchmüller. Er brachte mit 6000 Geschützen eine starke Massierung von Artillerie an die Front. In viereinhalb Stunden schossen seine Geschütze zwei Millionen Granaten ab, die die 6. französische Armee vernichteten. Die französischen Kommandeure hatten sich geweigert, in die Tiefe zu verteidigen, und ihre Soldaten Meter um Meter kämpfen lassen. Die Deutschen stießen durch die entstandene Frontlücke rund 50 Kilometer weit über den Chemin-des-Dames vor und nahmen die Stadt Soissons ein. Schließlich standen sie nur noch 70 Kilometer vor den Toren von Paris, und in der Hauptstadt breitete sich Unruhe aus. Die deutsche Fernartillerie hatte schon zuvor aus einer Entfernung von 120 Kilometern Paris beschossen. Die Züge, die Paris verließen, waren überfüllt mit Fahrgästen, die Angst vor einer Eroberung der Stadt durch die Deutschen hatten.

Am 9. Juni ließ Ludendorff am Matz, einem Nebenfluss der Oise, eine vierte Offensive eröffnen, um den Frontbogen zwischen Reims und Flandern nach Westen auszudehnen. Noch bevor die weitere Entscheidung getroffen war, ob die Angriffstruppen in nordwestlicher Richtung eingesetzt oder in südlicher Richtung nach Paris geführt werden sollten, wurde dieser Vorstoß jedoch von einem französischen Gegenangriff mit amerikanischer Unterstützung aufgehalten.

Zur deutschen Schwächung trug ganz wesentlich der erste Ausbruch der „spanischen Grippe" bei, von der im Juni bereits eine halbe Million deutsche Soldaten befallen war. Von August 1917 bis zum Juli 1918 erkrankten in den deutschen Armeen insgesamt 708 306 Soldaten. Dass die Grippe anfangs vor allem unter den deutschen Truppen grassierte, hatte mit deren schlechter Verpflegung zu tun, die die Soldaten besonders

Dt. Offensiven:

Michael, 21. März–5. April
Georgette, 9.–11. April
Blücher-Yorck, 27. April
Gneisenau, 9. Juni
Marne-Reims, 15.–17. Juli
Armeegrenzen

■ Deutsche Offensiven an der Westfront im Frühjahr und Sommer 1918 anfällig machte. Aber auch auf den amerikanischen Truppentransportern nach Europa wütete die Grippe, trotz einer besseren Verpflegung. Es handelte sich um eine weltweite Epidemie, die aus Südafrika eingeschleppt worden war und im Herbst 1918 in ganz Europa wütete. Die preußische Medizinalverwaltung untersuchte regelmäßig und einigermaßen hilflos die Ausbreitung der Epidemie bis hin in den entlegensten Gutsbezirk. „In zahlreichen Bezirken wird das erneute Auftreten der Seuche mit der Heimkehr von der Westfront kommender Militär-urlauber in ursächlichen Zusammenhang gebracht. Die Ausbreitung fand meist über alle Teile der Regierungsbezirke statt, auch einzelstehende Gehöfte wurden nicht verschont. [...] Als sehr groß wird die Gefahr der Übertragung der Krankheit geschildert, die hauptsächlich wohl durch Tröpfcheninfektion veranlasst wird, aber auch durch Wäsche, Taschentücher, Bettzeug, Essgerät, Hände usw., die mit dem Auswurf der Kranken verunreinigt waren, erfolgen kann." Insgesamt starben an den Folgen der Grippe, der wohl größten Pandemie des 20. Jahrhunderts, mehr Menschen als an den unmittelbaren Folgen des Krieges. Die Zahl der Grippeopfer weltweit wurde bis Ende 1918 auf mehr als 35 Millionen geschätzt.

Obwohl sich ein Scheitern der deutschen Offensive abzuzeichnen begann und obwohl die Angriffskämpfe allein in den Monaten März und April das Heer 316 000 Soldaten gekostet hatten und die Ersatzlage immer dramatischer wurde, hielt die deutsche Füh-

■ Die ausgeruhten US-amerikanischen Streitkräfte, die ab 1918 an die Westfront kamen, entschieden den Ausgang des Krieges maßgeblich.

GEORG BRUCHMÜLLER
* 11. DEZEMBER 1863 BERLIN
† 26. JANUAR 1948 GARMISCH-PARTENKIRCHEN

Als „Durchbruchmüller" bekannt geworden, bestimmte Oberst Bruchmüller während des Ersten Weltkriegs entscheidend die Entwicklung eines modernen und systematischen Artillerieeinsatzes. Er war 1883 als Fahnenjunker in ein Fußartillerie-Regiment eingetreten und wurde 1884 zum Fähnrich, 1896 zum Hauptmann ernannt. Aus gesundheitlichen Gründen betätigte er sich bis zum Ausbruch des Krieges als Lehrer in Artillerieschulen und übernahm nach seiner Reaktivierung 1914 ein Artilleriekommando an der Ostfront. Hier setzte er seine Erkenntnis erstmals erfolgreich um, dass nicht ein Dauerbeschuss, sondern allein eine hohe Feuergeschwindigkeit und ein punktgenauer, konzentrierter und systematischer Beschuss zu einem erfolgreichen Artillerieeinsatz führten. Sehr bald wurde Bruchmüller mit seiner Taktik an der Westfront eingesetzt und im Mai 1917 mit dem Orden „Pour le Mérite" ausgezeichnet.

rung an ihren Kriegszielen und der Fortsetzung des Angriffs im Westen fest. Immerhin hatte das Deutsche Reich im Juli die bis dahin größte Ausdehnung seines Machtbereichs erreicht. Dieser reichte im Westen bis kurz vor Paris, im Osten hielt man die Ukraine besetzt, im Norden das Baltikum. Im Kaukasus war durch den Zusammenbruch Russlands der Weg nach Baku frei. Ludendorff erging sich darüber hinaus in weiteren Angriffs- und Eroberungsphantasien. Für die Soldaten jedoch bedeuteten die Offensiven des Frühjahrs und Frühsommers eine „fürchterliche Enttäuschung", wie der junge Frontoffizier und spätere deutsche Historiker Gerhard Ritter schrieb. „Abermals war das Kriegsende auf unabsehbare Zeit hinausgerückt, abermals eine Unsumme von Blutopfern gebracht, ohne mehr als eine recht unglückliche Fronterweiterung zu bewirken. Was aber beim ersten Aufgebot aller Kräfte und überraschenden Einsatz eines ungeheuren Trommelfeuers nicht gelungen war, wie sollte das in der Wiederholung mit weit schwächeren Kräften, größtenteils unter Einsatz abgekämpfter und schwer dezimierter Divisionen gelingen?"

Da die deutsche Truppenstärke inzwischen deutlich zurückgegangen war, musste sich Ludendorff für einen einzigen konzentrierten Angriff entscheiden. Sollte er zunächst mit einem Vorstoß in Richtung Paris einen Schlag gegen die Franzosen führen, oder mit einem sehr viel schwierigeren, aber strategisch wichtigeren Angriff auf die Briten in Flandern doch noch eine Entscheidung herbeizwingen? Nach einem Monat der Unentschlossenheit entschied er sich für den Angriff gegen die Franzosen. Währenddessen hatte die deutsche Führung sich am 14. August zum Kronrat in Spa getroffen, um den weiteren Verlauf des Krieges und die Einführung einer „vollen Kriegswirtschaft" zu erörtern. Die politische Führung verharrte in blindem Vertrauen in die übermächtige OHL, die jedoch die militärische Realität noch immer nicht wahrnahm, geschweige denn, sie richtig einschätzte. Inzwischen waren auch die Engpässe in der Heimat immer dramatischer geworden. Das sprach aus der Sicht des Kaisers, der Regierung und der OHL, die in Spa versammelt waren, jedoch nicht für die Suche nach einem Verständigungsfrieden, sondern verschärfte nur die Forderungen nach weiteren wirtschaftlichen Ergänzungsräumen, die man in Luxemburg und in den französischen Erz- und Kohlegruben in Lothringen sah. Es passt in dieses Bild, dass auch der Reichstag am 13. Juli abermals neue Kriegskredite bewilligte, obwohl der Staatssekretär des Auswärtigen Amtes verdeutlicht hatte, dass der Krieg „durch rein militärische Entscheidungen allein" kaum beendet werden könnte.

Die neue Offensive, vielsagend als „Friedenssturm" bezeichnet, war am 16. Juli bei Reims eröffnet worden, am östlichen Rand des Frontbogens, der mittlerweile bis an die Marne nach Süden reichte. Für die Franzosen war die Stoßrichtung des Angriffs

■ Mit Hilfe von Horchposten versuchten die Franzosen, deutsche Artilleriestellungen zu orten.

keine Überraschung mehr, so dass sie mit eigenem Trommelfeuer dem deutschen Artilleriebeschuss zuvorkommen konnten. Außerdem waren auch sie mittlerweile zur Taktik der flexiblen Verteidigung übergegangen und hatten zunächst die Eroberung eines Frontabschnitts durch die Deutschen zugelassen, um dann von den Flanken her ihren erfolgreichen Gegenangriff zu starten – wieder mit der Unterstützung US-amerikanischer Truppen. Am 5. August hatten die alliierten Verbände den gesamten Frontbogen zurückerobert und mehr als 30 000 Gefangene gemacht. Zwischen März und Juli 1918 war damit die deutsche Heeresstärke von 5,1 Millionen auf 4,2 Millionen Mann gesunken und ein entsprechender Personalersatz war, auch wenn man den neuen Rekrutenjahrgang mitberücksichtigte, nicht mehr zu erreichen. Ludendorff hatte sein Pulver verschossen. Einen zusätzlichen Angriff in Flandern musste er abblasen.

Der erschöpften deutschen Armee, in der die Zweifel an Ludendorffs Taktik wie an den eigenen Siegeschancen dramatisch stiegen, stand nun ein Gegner gegenüber, der durch den Zustrom US-amerikanischer Truppen personell gewaltig verstärkt wurde, und der mit den Tanks über eine neue, mittlerweile einsatzreife und mehrere Hundert Stück umfassende Waffe verfügte, die die Gefechtsbedingungen entscheidend veränderte und der die Deutschen nur eine geradezu mickrige Panzerwaffe von 170 Tanks gegenüberstellen konnten. Bei ihnen handelte es sich in ihrer Mehrzahl um vom Gegner erbeutete Fahrzeuge. Im Sommer 1918 waren die Alliierten in der Lage, ihre Gegenoffensive zu eröffnen. Am 26. Juli ordnete Foch den Angriff an allen Fronten an. Die Verstärkung durch die US-amerikanischen Truppen hatte noch einmal den Siegeswillen entfacht. Am 8. August setzten Foch und Haig vor Amiens ihre Panzerwaffe, bestehend aus 530 britischen und 70 französischen Tanks und unterstützt von kanadischen und australischen Infanterieeinheiten, zu einem Angriff auf die deutschen Linien ein. Der Angriff führte über das alte Schlachtfeld an der Somme und stieß Ende August bis zu den Außenwerken der „Hindenburg-Linie“ vor. General von der Marwitz erlebte den Rückzug von der Somme Anfang September mit Wehmut und Sorge: „Die Kampfhandlungen führten zu schrittweiser Aufgabe des Geländes an der Somme, immer näher rückte das Schlachtfeld an die Stadt (gemeint ist Péronne) heran, bis sie gestern aufgegeben werden musste […] Das gab mir die Veranlassung, einen letzten Blick auf die Stätte zu werfen, die so oft für mich und meine Truppen Bedeutung gehabt hatte. Wird’s nun der letzte Blick bleiben oder soll ich es noch einmal wiedersehen?“

Wie ernst die Lage war und in welchem Maße die Moral der Truppe sank, wussten die Frontkommandeure besser – oder sie nahmen entsprechende Hinweise ernster – als die OHL. Die Zensur der Feldpostbriefe ergab ein alarmierendes Bild. Immer häufiger war in den Briefen, die die Soldaten nach Hause schickten, nicht nur von der wachsenden Zahl amerikanischer Soldaten und der Überlegenheit der britischen Flugzeuge und Tanks die Rede, die Soldaten sprachen auch immer häufiger vom Frieden und davon, dass sie Sympathie für die Streiks zu Hause zeigten. „Zu Hause müssen sie streiken", schrieb einer von ihnen, „aber feste, und Revolution machen, dann muss es zum Frieden kommen."

Nach langwierigen und wiederum auf beiden Seiten verlustreichen Kämpfen zogen sich die Deutschen bis Anfang September auf die „Hindenburg-Linie" zurück. Von dort hatten sie ihre Frühjahrsoffensive gestartet, dorthin waren sie nun zurückgeworfen worden. Die Stimmung bei den Deutschen sank täglich. Einen erfolgreichen und auf der deutschen Seite als deprimierend empfundenen Vorstoß der alliierten Panzer-Armada vom 8. August bezeichnete Ludendorff gar als „schwarzen Tag des deutschen Heeres". Auch seine Zuversicht war zunehmend erschüttert, was zu immer hektischeren und unberechenbareren Fehlurteilen führte. Die Folge war ein Befehl zu einer Gegenoffensive, die keine Chance zum Erfolg hatte.

Am 3. September gab der Oberbefehlshaber Foch, der nun zur beherrschenden und unermüdlich antreibenden Figur wurde, den Befehl für eine neue Offensive an allen Fronten: „Tout le monde à la bataille – Alle

■ US-amerikanische Soldaten rücken mit französischen Renault-Tanks gegen die deutschen Stellungen vor.

auf in die Schlacht!“ US-General John J. Pershing bestand darauf, dass sich seine neu formierte Armee an einem Frontvorsprung bei St. Mihiel in Lothringen allein bewähren müsse. Nach der geglückten Bewährungsprobe schwenkte er nach Norden, um sich am 26. September der allgemeinen Offensive der insgesamt 123 alliierten Divisionen gegen die Stellungen der „Hindenburg-Linie“ anzuschließen. Diese wurden von noch immer 197 deutschen Divisionen gehalten, von denen aber nur 51 nach Beobachtungen des Nachrichtendienstes als voll kampffähig galten.

Der alliierte Angriff, der an mehreren Frontabschnitten erfolgte und immer mehr an Kraft gewann, stieß einen Auflösungsprozess bei den deutschen Truppen an. Verschiedene Truppenteile kapitulierten geschlossen. Die hohe Zahl von Gefangenen war ein Indikator für den Stimmungsumschwung bei den deutschen Soldaten. Immer mehr von ihnen setzten sich von ihrer Truppe ab und verschwanden hinter den Linien oder schützten leichte Verletzungen und Krankheiten vor, um sich aus den Schützengräben zu entfernen. Dazu kam die Grippe, die unter den

■ Britische Soldaten nehmen einen deutschen Maschinengewehr-Schützen gefangen. Nach dem Scheitern der Frühjahrsoffensive zeigten sich im deutschen Heer deutliche Auflösungstendenzen.

PAUL VON HINTZE
* 13. FEBRUAR 1864 SCHWEDT/ODER
† 19. AUGUST 1941 MERAN

Nach einer Karriere als Marineoffizier schied Hintze 1911 im Rang eines Konteradmirals aus dem militärischen Dienst aus und wechselte in die diplomatische Laufbahn. Gegen Ende des Kaiserreichs wurde Hintze nach verschiedenen Stationen im Ausland, wo er sich hohes Ansehen erworben hatte, vom 16. Juni 1918 bis zum 7. Oktober 1918 als Staatssekretär ins Auswärtige Amt berufen. Nachdem er am 26. September 1918 von der OHL einen Bericht über die aussichtslose militärische Lage erhalten hatte, entwickelte er das Konzept einer „Revolution von oben", um den Kern der Herrschaftsordnung zu retten. Nach der deutschen Revolution nahm er 1921 u.a. im Geheimen Kontakt mit einem der Repräsentanten der Kommunistischen Internationalen, Karl Radek, auf, um eine politische Verständigung mit dem international geächteten Sowjetregime herzustellen.

deutschen Soldaten grassierte. Schätzungen sprechen davon, dass sich insgesamt rund 800 000 oder gar eine Million Soldaten von der Truppe entfernten. Das glich in den Worten des Militärhistorikers Wilhelm Deist einem „Militärstreik", der den stetig schwindenden Durchhaltewillen von Teilen der deutschen Truppen zeigte. Trotz der Erfolge der alliierten Generaloffensive und der deutlichen Wende in den personellen Mehrheitsverhältnissen war der Krieg jedoch längst noch nicht beendet und auch Foch ging davon aus, dass man im November eine erneute Offensive würde starten müssen.

Seit dem August 1918 war die militärische Lage für die deutschen Truppen immer aussichtloser geworden, auch wenn die Serie von Defensivschlachten und Rückzugsbewegungen zunächst in der Heimat noch weitgehend verschwiegen werden konnte. Als entscheidend stellte sich jedoch die völlig veränderte Stimmungslage, nicht nur unter den Soldaten, heraus. Der alliierte Angriff vom 27. September, der mit einem 24-stündigen Trommelfeuer eingeleitet wurde, brach schließlich auch Ludendorffs Widerstandswillen. Seine Umgebung berichtete davon, dass er am 28. September die Nerven verloren und in einem Wutausbruch „gegen den Reichstag, den Kaiser, die Flotte und die Heimat" gewettert habe – mithin also gegen jene Akteure, die sehr bald von der rechtsnationalistischen Propaganda für die Niederlage verantwortlich gemacht wurden. Nachdem er sich beruhigt hatte, erklärte er Hindenburg, dass sofort ein Waffenstillstand geschlossen werden müsse. Die Stellungen im Westen seien durchbrochen, das Heer kriegsmüde, die Zivilbevölkerung habe den Mut verloren und die Politiker wollten Frieden. Diese Wendung war keineswegs nur Ausdruck eines Stimmungstiefs, sondern, wie die nächsten Tage zeigen sollten, durchaus auch nüchtern kalkuliert – allein schon um Friedensinitiativen des Reichstages zuvorzukommen. Am folgenden Tag, dem 29. September, setzte Ludendorff im großen Hauptquartier in Spa, nachdem er in den Wochen zuvor alle Warnungen seiner Kommandeure vor dem Zusammenbrechen der Front in den Wind geschlagen hatte, völlig überstürzt den Kaiser, Reichskanzler Georg von Hertling und den Staatssekretär im Auswärtigen Amt, Paul von Hintze, davon in Kenntnis, dass keine Aussicht mehr bestünde, den Krieg zu gewinnen. Um eine Katastrophe zu verhindern, müsse man möglichst schnell einen Waffenstillstand suchen. Die deutsche Führung beschloss daraufhin, unter Berufung auf die „Vierzehn Punkte" Wilsons an die Alliierten heranzutreten. Staatssekretär Paul von Hintze vom Auswärtigen Amt argumentierte, dass angesichts der Unruhe der deutschen Parteien im Reichstag nur noch eine demokratische Regierung oder eine Militärdiktatur weiterführend sein könne. Schließlich beschloss man, auf die Karte der Demokratisierung zu setzen, weil nur so eine gemäßigte Politik der Alliierten zu erreichen wäre.

Auslöser dieser plötzlichen Kehrtwendung war die Nachricht, dass die verbündeten Bulgaren an der Saloniki-Front Waffenstillstandsverhandlungen mit den Franzosen und Briten führten. Am 29. September wurden die Gespräche abgeschlossen. Die Risse im Bündnis der Mittelmächte ließen sich nicht mehr verbergen. Besonders dramatisch war der Zustand Österreich-Ungarns. Kaiser Karl I. hatte, wie schon erwähnt, längst Friedensfühler in Richtung Frankreich ausgestreckt, die von Clemenceau im April 1918 öffentlich gemacht worden waren, um den desolaten Zustand des Habsburger-Reiches zu offenbaren. Am 15. Juni hetzte, wie zum Trotz, die österreichische militärische Führung ihre Armeen, obwohl diese völlig geschwächt und von der Auflösung bedroht waren, noch einmal in eine Offensive an der italienischen Front, wo sie unter großen Verlusten zurückgeschlagen wurden. Nun war der Damm gebrochen und es kam zu massenhaften Desertionen. Kaiser Karl I. versuchte in höchster Not, den Zerfall des Kaiserreichs dadurch zu verhindern, dass er es – in einer Art Revolution von oben – zu einem Bundesstaat erklärte und am 16. September den amerikanischen Präsidenten Wilson aufforderte, Friedensbedingungen zu nennen. Dieser ließ den friedenswilligen Kaiser, der um den Erhalt seines Reiches bangte, vier Tage später jedoch wissen, dass sein Vierzehn-Punkte-Programm für die Zukunft Österreich-Ungarns irrelevant sei, da er den Tschechen und auch den Jugoslawen bereits Zusicherungen gemacht habe, dass sie über ihre Zukunft selbst entscheiden könnten. Österreich-Ungarn wurde von der künftigen westlichen Führungsmacht nicht mehr als souveräner Staat anerkannt. Als am 24. Oktober nun die italienische Armee, verstärkt durch französische

■ Österreichische und bulgarische Soldaten feiern im Jahr 1916 gemeinsam hinter der Front. Zwei Jahre später waren beide Heere in Auflösung begriffen.

und britische Truppen, ihrerseits bei Vittorio Veneto zum Gegenangriff überging, lösten sich die österreichischen Truppen innerhalb von zwei Tagen völlig auf. Am 31. Oktober brach in Wien und Budapest die Revolution aus. Österreich konnte sich nur noch in einen Waffenstillstand retten, der am 4. Oktober in Kraft trat.
Mittlerweile war auch die mazedonische Front wieder in Bewegung geraten. Am 15. September hatten französische und serbische Gebirgstruppen die bulgarischen Stellungen angegriffen und Bulgarien am 29. September zur Kapitulation gezwungen. Die Türken folgten einen Monat später und unterschrieben am 30. Oktober einen Waffenstillstand mit den Briten, der es ihnen freilich erlaubte, ihren Feldzug im Kaukasus, den sie nach dem Zusammenbruch Russlands wieder aufgenommen hatten, bis 1919 fortzusetzen. In Deutschland sollten sechs Wochen vergehen, bis Ludendorffs plötzliche Kehrtwendung und seine Entscheidung für ein Waffenstillstandsersuchen Folgen zeigte.
Im Verständnis Ludendorffs bedeutete Waffenstillstand allerdings nur eine Kampfpause, die es ermöglichen sollte, die Streitkräfte neu zu gruppieren und Verhandlungen aufzunehmen, die zu einem akzeptablen Frieden führen könnten. Darum bestand er auch darauf, dass „wir unnachgiebig entschlossen sind, den Krieg fortzusetzen, wenn der Feind uns keinen oder nur einen unehrenhaften Frieden gewährt“. Immerhin war er bereit, zu diesem Zweck auch Abstriche an den bisherigen Kriegszielen hinzunehmen und auf Belgien und Elsass-Lothringen zu verzichten. Dennoch schloss er nicht aus, dass der Krieg weitergeführt und durch eine Art Ermattungsstrategie doch noch zu einem siegreichen Ende gebracht werden könnte. In diesem Sinne war auch Hindenburgs Äußerung zu verstehen, dass „es gelingen werde, auf französischem Boden stehen zu bleiben und dadurch schließlich den Feinden unsren Willen auf[zu]zwingen“. Dieses Hin und Her ließ die Alliierten befürchten, dass es der deutschen Führung nur um taktische Manöver ging. Das trug nicht unwesentlich zur Verhärtung der Position des amerikanischen Präsidenten gegenüber Deutschland bei. Auch unterschätzten die beiden OHL-Führer die inneren Bewegungen und Veränderungen in der Krieg führenden Gesellschaft und in der Politik. Dabei hatte Ludendorff diesen Prozess mit seiner plötzlichen Ankündigung vom 29. September teilweise selbst in Gang gesetzt.

DER ZUSAMMENBRUCH

Mit den Auflösungserscheinungen in den Truppen der Mittelmächte und dem Zerbrechen der Bündnisse verlagerte sich die Macht und die Last der Entscheidungen in Berlin wie in Wien auf die Politik, auch wenn der Einfluss militärischer Führer auf die dramatischen Entwicklungen im Spätherbst 1918 noch groß und oft verhängnisvoll war. Ludendorffs Ankündigung, man müsse einen Waffenstillstand herbeiführen, entsprang, wie sich nun zeigte, einem taktischen Kalkül und führte zu einem wochenlangen Tauziehen zwischen Militär und Politik um die Entscheidung über Krieg und Frieden sowie über die Zukunft des Reiches.
Mit seiner Kehrtwendung wollte Ludendorff die Verantwortung für die drohende Niederlage der Heimatfront und vor allem der Reichstagsmehrheit zuschieben, die schon seit Längerem einen Verständigungsfrieden gefordert hatte. Zu seiner politischen Strategie gehörte es auch, dass die Informationen über die tatsächliche Lage vom Kriegspresseamt noch immer zurückgehalten wurden und es zu unterlassen, die Bevölkerung auf die Niederlage vorzubereiten. Das Ziel der OHL, doch noch einen Verständigungsfrieden nach deutschen Vorstellungen zu erreichen, verlange „ruhige Nerven auch in der Heimat [...], Einigkeit und Geschlossenheit“. Das Heer sei, so wurde vom Kriegspresseamt behauptet, noch immer kampfbereit und kampffähig, der Ausgang des Krieges hinge darum ausschließlich vom Durchhalten der Heimat ab. Darum sei es auch besser, so hatte Oberstleutnant Max Bauer, enger Vertrauter Ludendorffs, bereits Ende Juli in einer Denkschrift festgehalten, wenn „alle Handlungen, Reden usw., die geeignet sind, den inneren Frieden zu stören und damit dem Feinde Vorschub zu leisten, grundsätzlich untersagt werden“. Da „linksstehende Parlamentarier [...] leider“ durch

ihr Immunitätsrecht geschützt seien, müsse man „diesen Leuten einfach eröffnen, dass, wenn sie nicht Order parieren, der Reichstag aufgelöst" würde. Diktaturpläne dieser Art wurden zu dieser Zeit häufiger in Militärkreisen vorgetragen, zuletzt noch Ende September 1918. Die OHL ließ verlautbaren, dass man im Falle ungünstiger Friedensbedingungen bereit sein müsse, den Krieg auch „bis zur Katastrophe" fortzusetzen. Das gebiete allein schon die „soldatische Ehre".

Im Gegensatz zu dieser kalkulierten Katastrophenpolitik Ludendorffs versuchte der am 3. Oktober ernannte neue Reichskanzler, Prinz Max von Baden, genügend Zeit für eine angemessene diplomatische Vorbereitung des deutschen Friedensangebotes zu gewinnen. Auch wollte er dem Verhandlungsangebot durch die Zustimmung einer breiten Reichstagsmehrheit eine größere Glaubwürdigkeit verleihen. Ludendorff forderte hingegen, dass das Angebot ohne weitere Zeitverzögerung herausgegeben werden müsse. Die Bedenken Max von Badens gegenüber einem überstürzten Waffenstillstandsangebot wischte der Kaiser barsch beiseite: „Die Oberste Heeresleitung hält es für notwendig, und man hat Sie nicht hierhergebracht, um der Obersten Heeresleitung Schwierigkeiten zu bereiten." In der Nacht vom 3. auf den 4. Oktober wurde dann tatsächlich das deutsche Friedensangebot, verbunden mit dem Ersuchen um einen sofortigen Waffenstillstand, in einer Note an Präsident Wilson abgesandt.

Doch die politischen Ereignisse der folgenden Tage überschlugen sich. Bei der Konferenz vom 29. September in Spa hatte man sich darauf verständigt, dass in der bedrängten Lage nur noch eine von einer parlamentarischen Mehrheit getragene Regierung die nötige Glaubwürdigkeit besäße, um Erfolg versprechende Verhandlungen über einen Waffenstillstand und einen Verständigungsfrieden zu führen. Darum hatte man sich schließlich darauf geeinigt, dass der süddeutsche Aristokrat Prinz Max von Baden, der sich schon seit einiger Zeit für einen Verständigungsfrieden eingesetzt hatte, den am 30. September zurückgetretenen Reichskanzler Hertling ablösen sollte – als erster vom Parlament gewählter deutscher Regierungschef. Nach langen Gesprächen in den ersten Oktobertagen hatte er schließlich auch die Mehrheitsparteien im Reichstag – Zentrum, Fortschrittspartei und Mehrheitssozialdemokraten – von seinen Friedensvorstellungen und seinem Weg überzeugen können.

Überdies hatte sich Prinz Max, bevor er sich auf den von der OHL beschlossenen Weg eines Waffenstillstandsangebots unter Berufung auf die Vierzehn Punkte Wilsons einließ, von Ludendorff die schriftliche Erklärung geben lassen, dass keine Aussicht mehr bestehe, „dem Feind einen Frieden aufzuzwingen". Das war ein kluger Schritt, denn Ludendorff sollte sich im Laufe des Monats Oktober von seinen Erklärungen vom 29. September immer weiter distanzieren. Als schließlich Präsident Wilson in zwei Noten vom 14. und 23. Oktober immer energischer darauf bestand, dass die Alliierten nur mit einer demokratischen Regierung verhandeln würden, und auch zu erkennen gab, dass er sich in seiner Haltung zu Deutschland und seiner indirekten Forderung nach einer deutschen Kapitulation nicht von seinen europäischen Verbündeten unterschied, forderte Ludendorff eigenmächtig, die amerikanische Note müsse zurückgewiesen und der Krieg weitergeführt werden. Ganz im Sinne seiner bisherigen politischen Strategie wollte Ludendorff mit seiner Rücktrittsdrohung den Kaiser vor die Wahl zwischen der militärischen Führung und dem Reichskanzler stellen, in diesem Falle vor die Wahl zwischen einem Kampf um alles oder nichts und einem Waffenstillstand. Dementsprechend wurden in einem Armeebefehl die neuen und verschärften Forderungen Wilsons nach einer militärischen Kapitulation als „unannehmbar" abgelehnt. Für „uns Soldaten", hieß es weiter, könne dies nur bedeuten, den „Widerstand mit äußersten Kräften" fortzusetzen. Obwohl man behauptete, dieser Aufruf zum Ungehorsam erfolge allein für den Kaiser, dessen Abdankung mittlerweile Ziel der Alliierten war, stand dahinter die Sorge um die eigene Machtstellung, die allein vom Kaiser abhing und die nun fundamental bedroht zu sein schien: Er sorgte sich um die Rolle der Armee als Faktor der Innenpolitik und damit um einen Eckstein der halbautoritären Verfassungsordnung des Kaiserreichs.

■ Das Wahlplakat der Deutschnationalen Volkspartei (DNVP) für die Reichstagswahlen am 7. Dezember 1924 greift die Dolchstoßlegende auf. Sie war ein Menetekel für die Weimarer Republik.

Indes hatten sich vor dem Hintergrund der politisch-militärischen Entwicklung des Oktobers die Gewichte im Machtkampf bereits verschoben. Auch unter den Feldkommandeuren regte sich Widerspruch gegen die Politik Ludendorffs. Kronprinz Rupprecht von Bayern warnte: „Die Moral der Truppen hat ernstlich gelitten und ihre Widerstandskraft schwindet von Tag zu Tag. […] Was auch geschieht, wir müssen Frieden schließen, ehe der Feind in Deutschland einfällt." Solchermaßen bestärkt, forderte die Regierung die Rücknahme des Armeebefehls, und Ludendorff wurde auf Ersuchen des Reichskanzlers entlassen. Hindenburg wurde allerdings dazu überredet, vorerst im Amt zu bleiben. Dieses Vorgehen war für die Stabilisierung der Lage kurzfristig vermutlich richtig, langfristig aber schädlich, denn mit der Demission Ludendorffs und dem Eintreten der Reichsregierung für einen Waffenstillstand war ein weiterer Anknüpfungspunkt für die Erfindung der Dolchstoßlegende gegeben.

Vorerst schien das Konzept einer Verfassungsrevolution von oben aufzugehen. Reichskanzler Prinz Max von Baden konnte, vom Kaiser und der OHL notgedrungen akzeptiert und von der Reichstagsmehrheit unterstützt, in aller Eile eine Verfassungsreform durchsetzen, die das Deutsche Reich die Entwicklungen nachholen ließ, die sich in den Verfassungsstaaten Westeuropas längst vollzogen und die sich auch unter den Bedingungen des Weltkrieges als leistungsfähig und legitimationsfördernd erwiesen hatten: Die überfällige Reform des Dreiklassenwahlrechts in Preußen wurde auf den Weg gebracht und die ministerielle Verantwortlichkeit und die Parlamentarisierung der Entscheidungskompetenzen, vor allem über die Außen- und

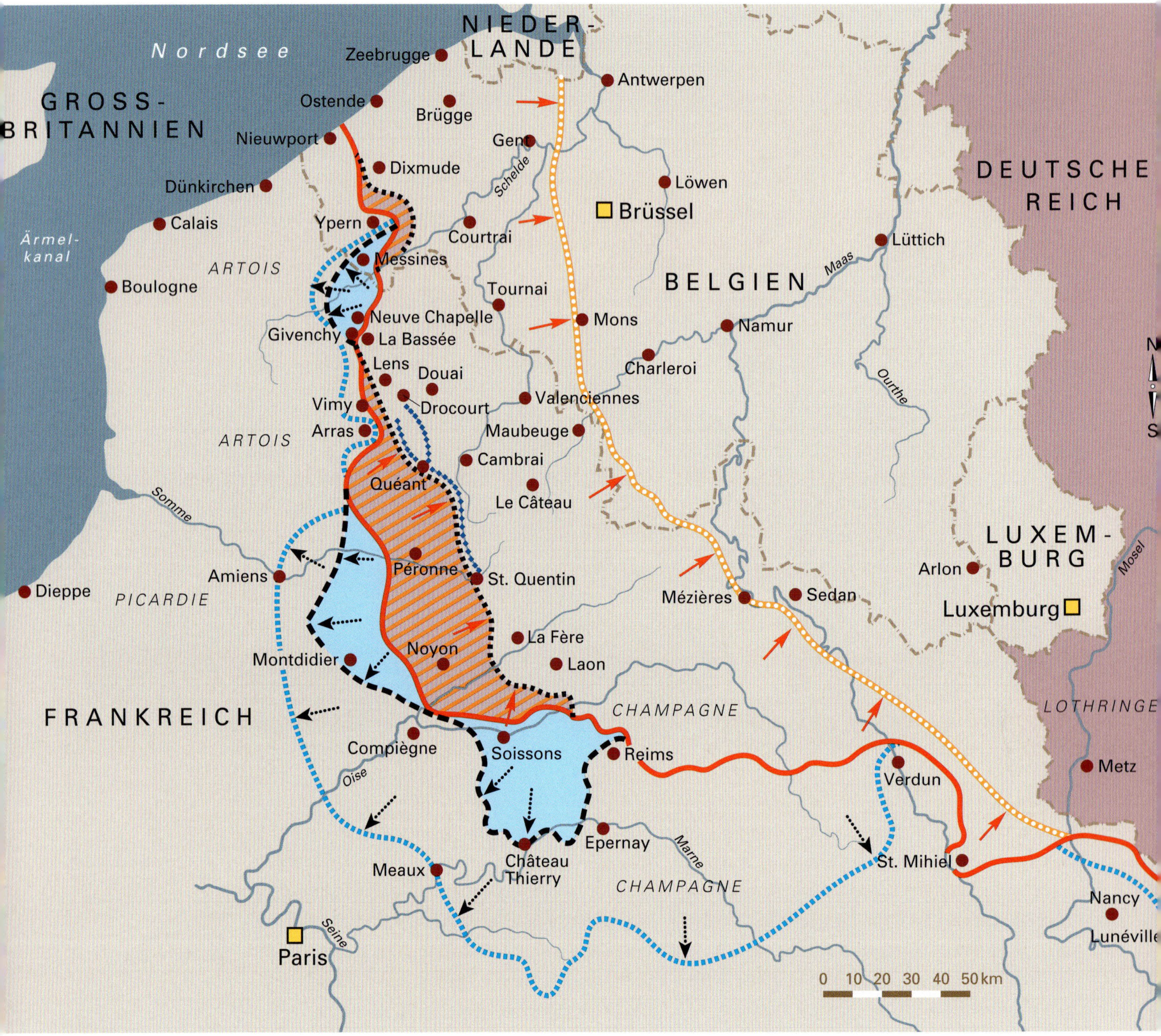

Die Bewegungen an der Westfront im Ersten Weltkrieg und die Waffenstillstandslinie vom 11. November 1918

Militärpolitik, in der Reichsverfassung verankert. Gleichzeitig wurden Verhandlungen zwischen Gewerkschaften und den Arbeitgeberverbänden formal verankert. Damit wurde als Eckstein eines künftigen Sozialstaates das festgeschrieben, was sich die organisierte Arbeiterschaft während des Krieges für ihr Stillhalten von oben hatte zusichern lassen: Der Achtstundentag, die Rechtsgültigkeit von Tarifverträgen und die Einrichtung von Arbeiterausschüssen in größeren Unternehmen.

Das waren wichtige politische und gesellschaftspolitische Veränderungen, die den Weg in die Weimarer Republik wiesen. Doch kamen sie entweder zu spät oder sie wurden kaum noch wahrgenommen – weil die Kämpfe an der Westfront weitergingen, weil die politische Radikalisierung sich

- deutscher Vormarsch
- alliierter Vormarsch
- Ende 1914 bis zum 13.6. 1916 Hauptfrontlinie (vor der Sommeschlacht)
- weitester Vormarsch der Deutschen 1914
- alliierte Eroberungen 1916 bis 1917
- dt. Eroberungen 1918
- Waffenstillstandslinie, 11. November 1918
- Hindenburg-Linie

kaum noch aufhalten ließ und weil vor allem die Gesellschaft längst ihre eigene, unkontrollierbare Dynamik entwickelt hatte. An der Westfront war der Krieg wieder in Bewegung geraten und gefährdete die Zivilbevölkerung mit ihrem Hab und Gut in größerem Maße, als dies bei den Grabenkämpfen der Fall gewesen war. Nach der Kapitulation Österreich-Ungarns Ende Oktober bzw. am 3. November und dem Waffenstillstand, den das Osmanische Reich am 30. Oktober geschlossen hatte, war das Deutsche Reich der einzige Staat der Mittelmächte, der noch kämpfte. Das Heer stemmte sich gegen den Vormarsch der Franzosen, Briten und Amerikaner, die Verluste stiegen wieder an. Auch die deutschen U-Boote machten weiter Jagd auf Handelsschiffe. Am 12. Oktober versenkte ein U-Boot das Passagierschiff „Leinster". Weil dabei mehrere Hundert Briten und Amerikaner ums Leben kamen, steigerte sich in den USA die Kriegspsychose, was auch Rückwirkungen auf die Haltung von Präsident Wilson hatte. Er forderte in dem schon erwähnten Notenwechsel nun einen Waffenstillstand, „der die Vereinigten Staaten und die mit ihnen verbündeten Mächte in eine Lage bringt, in der sie alle möglicherweise zu treffenden Vereinbarungen durchsetzen und eine Wiederaufnahme der Feindseligkeiten durch Deutschland unmöglich machen können". Das war eine deutliche Verhärtung seiner Position und lief auf die Forderung einer deutschen Kapitulation hinaus. Währenddessen verschob sich die Front über die Schlachtfelder von 1914 immer weiter in Richtung deutscher Grenze. Auf alliierter Seite ging man dennoch davon aus, dass der Krieg noch lange dauern könnte. Doch hinter der Front zerbrach auf deutscher Seite der Wille zum Durchhalten und zum Widerstand.

REVOLUTION UND POLITISCHER WECHSEL

Den Anfang machte die deutsche Hochseeflotte. Als die Marineführung die Flotte noch einmal zu einer letzten Schlacht auslaufen lassen wollte, um „die Ehre der Flotte zu retten", kam es zunächst in Wilhelmshaven und dann in Kiel zu Unruhen. Die Matrosen weigerten sich, die Schiffe unter Dampf zu setzen und dem Befehl der Admiralität zum Auslaufen zu folgen. Während in Wilhelmshaven die Rebellion zunächst wieder unter Kontrolle gebracht werden konnte, erhielt die Meuterei in Kiel bald einen sehr viel politischeren Charakter. Die Matrosen forderten dort am 3. November mit Unterstützung der örtlichen Sozialdemokraten einen sofortigen Frieden, eine Verfassungsreform und die Absetzung des Kaisers. Am 4. November bildete sich hier der erste Soldatenrat und bald breitete sich die revolutionäre Bewegung, die im Kern eine Protest- und Verweigerungsbewegung war, mit der Gründung von Arbeiter- und Soldatenräten über das ganze Land aus. Die Revolution brach in Heer und Marine aus, nachdem die OHL die Niederlage hatte eingestehen müssen. Die militärische Niederlage war also keineswegs Folge der Revolution, wie das sehr bald danach von der politischen Rechten mit der Dolchstoßlegende behauptet wurde. Auslöser für die spontane Militärrevolte waren die Maßnahmen der militärischen Führung. Sie traf die politischen Parteien, obwohl diese schon seit einiger Zeit von der Gefahr einer Revolution sprachen, unvorbereitet. Das galt für die radikale Linke wie für die SPD und die Gewerkschaften. Ihre soziale Resonanz erhielt die revolutionäre Bewegung der Soldaten durch die verbreitete Sorge, dass die materielle Not so lange nicht zu überwinden sei, bis nicht der Krieg beendet wäre. Die verzweifelten Versuche der militärischen

2. Extraausgabe Sonnabend, den 9. November 1918.

Vorwärts

Berliner Volksblatt.

Zentralorgan der sozialdemokratischen Partei Deutschlands.

Der Kaiser hat abgedankt!

Der Reichskanzler hat folgenden Erlaß herausgegeben:

Seine Majestät der Kaiser und König haben sich entschlossen, dem Throne zu entsagen.

Der Reichskanzler bleibt noch so lange im Amte, bis die mit der Abdankung Seiner Majestät, dem Thronverzichte Seiner Kaiserlichen und Königlichen Hoheit des Kronprinzen des Deutschen Reichs und von Preußen und der Einsetzung der Regentschaft verbundenen Fragen geregelt sind. Er beabsichtigt, dem Regenten die Ernennung des Abgeordneten Ebert zum Reichskanzler und die Vorlage eines Gesetzentwurfs wegen der Ausschreibung allgemeiner Wahlen für eine verfassungsgebende deutsche Nationalversammlung vorzuschlagen, der es obliegen würde, die künftige Staatsform des deutschen Volk, einschließlich der Volksteile, die ihren Eintritt in die Reichsgrenzen wünschen sollten, endgültig festzustellen.

Berlin, den 9. November 1918. Der Reichskanzler.
Prinz Max von Baden.

Es wird nicht geschossen!

Der Reichskanzler hat angeordnet, daß seitens des Militärs von der Waffe kein Gebrauch gemacht werde.

Parteigenossen! Arbeiter! Soldaten!

Soeben sind das Alexanderregiment und die vierten Jäger geschlossen zum Volke übergegangen. Der sozialdemokratische Reichstagsabgeordnete Wels u. a. haben zu den Truppen gesprochen. Offiziere haben sich den Soldaten angeschlossen.

Der sozialdemokratische Arbeiter- und Soldatenrat.

■ Der sozialdemokratische „Vorwärts" verkündet die Abdankung des Kaisers am 9. November 1918 mit einem Extrablatt.

Führung, den Umsturz doch noch durch militärische Erfolge zu verhindern, mündeten in eine breite, durch Kriegsmüdigkeit und sozialen Protest ausgelöste revolutionäre Bewegung, der sich nicht nur die Arbeiterschaft, sondern vorübergehend auch der städtische Mittelstand und Teile der Bauernschaft anschlossen. Freilich sollte diese breite Basis der Revolte bald wieder auseinanderbrechen.

Den Versuchen der Reichstagsmehrheit, die Ausbreitung der Protestbewegung noch zu stoppen, indem sie den sozialdemokratischen Abgeordneten Gustav Noske nach Kiel zu den revoltierenden Soldaten schickte, war kein Erfolg beschieden. Überall entstanden Arbeiter- und Soldatenräte, die sich als spontane Organisation der Bevölkerung verstanden und eigentlich nur das Ziel verfolgten, die Militärbehörden zu entmachten und die Kontrolle über die Bürokratie zu gewinnen. Die Stimmen innerhalb der Armeehauptquartiere, durch ein Eingreifen der Truppen in der Heimat „die Ordnung wiederherzustellen", fanden angesichts der neuen Realität (zunächst) kein Gehör und wurden vom neuen Generalquartiermeister Wilhelm Groener, der auf Ludendorff gefolgt war, abgelehnt. Er meinte, die Revolution sei nur noch dadurch zu vermeiden, dass der Kaiser sofort abdanke, die Armee die Sozialdemokraten als führende Partei im Reichstag und als potenzielle Ordnungskraft unterstütze und dass man bald Frieden schließe. Doch dazu reichte die Zeit nicht mehr, und politische Überlegungen fanden in der erregten Gesellschaft kaum noch Gehör. Am 7. November eroberte die revolutionäre Bewegung einige Großstädte, darunter Hannover, Frankfurt und München. Dort forderte der Führer der bayrischen Unabhängigen Sozialdemokraten (USPD), Kurt Eisner, an der Spitze einer erregten Massenversammlung die Abdankung des Königs und proklamierte die Gründung einer ersten republikanischen Regierung. Am selben Tag verlangte die SPD-Führung in Berlin die Abdankung des Kaisers und die sofortige Einführung des allgemeinen und gleichen Wahlrechts.

Die SPD geriet immer mehr in eine Zwickmühle zwischen den aufrührerischen Soldaten und der Massenbewegung einerseits und den alten Mächten des Kaiserreichs andererseits, die an der Monarchie festhalten wollten. Der Thronverzicht ließ auf sich warten, was die sozialen Unruhen weiter verschärfte. Schließlich drohte die SPD mit dem Ausscheiden aus der Regierung Max von Badens und verkündete zugleich für den 9. November einen Generalstreik in Berlin, der vor allem das Ziel hatte, der radikalisierten Masse zuvorzukommen und die Kontrolle über die gesellschaftliche Bewegung zu behalten. Gleichzeitig drängte Friedrich Ebert, der Führer der SPD, auf die sofortige Abdankung des Kaisers und die Übergabe der Regierung an seine Partei.

Nachdem Generalquartiermeister Groener am 9. November dem Kaiser mitgeteilt hatte, dass dieser auch nicht mehr das Vertrauen der Armee besitze, war Wilhelm II. zum Thronverzicht und zum Gang ins Exil nach Holland bereit. Am Mittag des 9. November übertrug der Reichskanzler sein Amt an Friedrich Ebert, was einen Bruch mit der Reichsverfassung bedeutete. Dieser Bruch wurde noch einmal vertieft und bekräftigt, als Eberts Parteifreund Philipp Scheidemann anschließend auf dem Balkon des Reichstages die Gründung einer deutschen Republik ausrief und eine Regierung des „Rates der Volksbeauftragten" gebildet wurde. Dem Rat gehörten drei Sozialdemokraten und drei Unabhängige Sozialisten an, mit deren Integration in die Regierungsgeschäfte Ebert versuchte, eine politische Spaltung innerhalb der Linken zu verhindern und die Distanz zur Massenbewegung zu verringern. Diesem Zweck diente auch die Bestätigung des Rates der Volksbeauftragten durch eine große Versammlung der Berliner Arbeiter- und Soldatenräte. Ebert hatte sich damit eine doppelte Legitimation durch den letzten, parlamentarisch gewählten Reichskanzler des Kaiserreichs und durch die Volksbewegung zu verschaffen versucht. Die Macht war der SPD, eigentlich ohne ihr Zutun, als Folge der tiefen Kriegsmüdigkeit und Friedenssehnsucht in den Schoß gefallen.

Zwei Stunden später rief der Führer des Spartakusbundes, Karl Liebknecht, vom Balkon des Berliner Schlosses herab die Freie Sozialistische Republik aus. Damit waren die Pläne der SPD, die eine allzu große politische Beunruhigung der Bevölkerung vermeiden wollte, zur Errichtung einer Regentschaft durch einen Angehörigen des Hauses Hohenzollern als Übergangsform erledigt. Mit der Gegendemonstration des Spartakusbundes vor dem Berliner Schloss zeichnete sich freilich bereits die Spaltung der Revolution mit all ihren verhängnisvollen Folgen ab. Schon im Dezember 1918 sah sich die Regierung Ebert veranlasst, sich mit der Besetzung des Berliner Schlosses vor den Angriffen des radikalen

■ Der Sozialdemokrat Gustav Noske spricht am 5. November als Beauftragter der Reichsregierung zu meuternden U-Boot-Fahrern in Kiel.

Spartakusbundes zu schützen. Das war nur durch den Einsatz der Armee möglich gewesen, deren Unterstützung sich Ebert zuvor in einem Telefonat mit Groener gesichert hatte.

Ein Abkommen zwischen Armee und Regierung war auch aus einem anderen Grund dringend geboten: Eine der größten Aufgaben von Politik und Gesellschaft war die geordnete Rückführung von Millionen deutscher Soldaten in die Heimat. Diese Form der Fortsetzung militärischer Disziplin entsprach dem tiefen Ordnungsbedürfnis großer Teile der Gesellschaft, die nichts so sehr ablehnte wie ein allgemeines Chaos.

Die heimkehrenden Truppen wurden überall mit der Versicherung begrüßt, dass sie „im Felde unbesiegt" seien. Die Stichworte dazu hatte Hindenburg in seinem (letzten) Aufruf vom 12. November geliefert, als er den Soldaten versicherte: „Bis zum heutigen Tage haben wir unsere Waffen in Ehren geführt. In treuer Hingabe und Pflichterfüllung hat die Armee Gewaltiges vollbracht. In siegreichen Angriffsschlachten und zäher Abwehr [...] haben wir den Feind von unseren Grenzen ferngehalten und die Heimat vor den Schrecknissen und Verwüstungen des Krieges bewahrt. Bei der wachsenden Zahl unserer Gegner, bei dem Zusammenbruch der uns bis ans Ende ihrer Kraft zur Seite stehenden Verbündeten und bei den immer drückender werdenden Ernährungs- und Wirtschaftssorgen hat sich unsere Regierung zur Annahme harter Waffenstillstandsbedingungen entschließen müssen. Aber aufrecht und stolz gehen wir aus dem Kampfe, den wir über vier Jahre gegen eine Welt von Feinden bestanden." Das war eine Erzählung vom Krieg, die mit der sehr viel komplexeren Realität wenig zu tun hatte und in der über die militärische Niederlage kaum etwas ausgeführt wurde. Auch Ebert versicherte den ersten Einheiten, die am 10. Dezember von der Front nach Berlin zurückkehrten, ihre Tapferkeit und dass „kein Feind sie besiegt" hätte. Dass er damit unfreiwillig einen weiteren Baustein zur Legendenbildung um den Dolchstoß in den Rücken der Truppen legte, war vermutlich nicht abzusehen. Allerdings tat er auch nichts, um die Voraussetzungen und die Notwendigkeit des Waffenstillstandes zu erläutern. Die Enttäuschung der Öffentlichkeit über die Bedingungen des Waffenstillstandes und später des Friedensvertrages waren darum umso größer.

Dass die Niederlage auf diese Weise völlig ungerechtfertigt der Verantwortung der Revolution zugeschoben werden konnte, gehört zu den schweren Belastungen, mit denen die junge Republik zu kämpfen haben sollte. Gleichzeitig blieb der Versuch einer Transformation der Gesellschaft, der mit den politisch-sozialen Neuordnungsplänen der republikanischen Mehrheit zunächst eingeleitet wurde, in vielen Bereichen stecken, auch weil die alten Mächte sich nach dem ersten Schock der Niederlage und der Revolution bald wieder erholten und in ihren gesellschaftlichen Machtpositionen behaupteten. Unterstützt wurden langfristig die Kräfte der Beharrung. Das lag am Fortleben der Mentalitäten der Mehrheit der Gesellschaft, die im Kaiserreich geprägt und im Krieg verstärkt worden waren und sich nur langsam änderten.

In Frankreich wurde man vom deutschen Waffenstillstandsgesuch überrascht und wollte den Deutschen zunächst nicht trauen, weil man hinter der Erklärung Ludendorffs und auch der Reichsregierung einen Trick vermutete. Später herrschte Uneinigkeit darüber, wie man sich gegenüber dem besiegten Deutschland verhalten sollte. Die einen waren gegen jede Form des Entgegenkommens und für eine harte Linie bei den Waffenstillstandsverhandlungen, um die Deutschen die schwere Niederlage wirklich spüren zu lassen und den Krieg womöglich noch fortsetzen zu können. Die anderen waren vor allem erleichtert darüber, dass das Gemetzel ein Ende hatte, und wollten zum Frieden kommen. Unabhängig davon löste die endgültige Nachricht vom Waffenstillstand und dem französischen Sieg in Parlament und Öffentlichkeit großen Jubel aus und stärkte die Legitimation der politischen Verfassung. Das änderte jedoch nichts daran, dass sich in den Jubel überall, vor allem in den vom Krieg besonders verwüsteten Gebieten sowie bei den Frontsoldaten, die überlebt hatten, auch Ernst und Trauer mischten: Zu groß war die kaum vorstellbare Dimension der Millionen Toten und Verwundeten. Dieses Gefühl der Trauer konnte aber die nationalen Grenzen nicht überwinden, um auch das „Vaterland der Feinde" einzubeziehen.

■ Das DDR-Propagandagemälde von 1954 zeigt Karl Liebknecht, der am 9. November 1918 vom Balkon des Berliner Stadtschlosses die Freie Sozialistische Republik ausruft. Damit erhoben plötzlich zwei Regierungen Anspruch auf die Macht.

OUR HEROES
WELCOME HOME

Kapitel 7

DIE FOLGEN DES ERSTEN WELTKRIEGS

DER ERSTE WELTKRIEG WAR FÜR ALLE KRIEG FÜHRENDEN STAATEN UND VÖLKER EIN „GROSSER KRIEG", FÜR DIE EINEN MEHR ALS FÜR DIE ANDEREN. FRANKREICH UND BELGIEN ERLEBTEN EINE VIER JAHRE ANDAUERNDE BESETZUNG IHRES LANDES DURCH DEUTSCHE TRUPPEN, DIE ZERSTÖRUNG DER LANDSCHAFT, VIELER KIRCHEN UND HÄUSER. RIESIGE KRATER BLIEBEN ZURÜCK. DER KRIEG FORDERTE MILLIONEN TOTE UND HINTERLIESS AUSGEDEHNTE GRÄBERFELDER, DIE NOCH HEUTE DIE EBENEN DER PICARDIE, FLANDERNS UND ANDERER KAMPFZONEN PRÄGEN.

Insgesamt zehn französische Departements waren von den Kriegseinwirkungen unmittelbar betroffen: 350 000 Wohnhäuser waren zerstört, dazu 11 000 öffentliche Gebäude. Mehr als 2,5 Millionen Hektar Land eigneten sich zunächst nicht mehr für die landwirtschaftliche Nutzung. Ein 500 Kilometer langes, 10 bis 25 Kilometer breites Band der totalen Zerstörung zog sich durch das Land, das anfangs (fälschlicherweise) als für ewig unbewohnbar galt und als „rote Zone" bezeichnet wurde.

In ganz Europa löste der Krieg die alte Ordnung auf, sowohl die vertraute Lebensordnung vieler Menschen als auch wichtige Elemente der europäischen Staaten- und Verfassungsordnung. Am Ende, so schien es, war nichts oder fast nichts mehr so wie vorher. Der „Große Krieg", wie er noch bis heute in Frankreich genannt wird, war die „große Urkatastrophe dieses Jahrhunderts", wie es der Diplomat und Historiker Georg F. Kennan ausdrückte. Seine Folgen belasteten die Politik und die Gesellschaftsordnungen der Zwischenkriegszeit in einem außerordentlichen Maße.

■ New York feierte die heimkehrenden US-Soldaten 1919 mit einer großen Parade.

Die Erfahrungen des Krieges, vor allem die Entgrenzung von Gewalt und Propaganda, der kriegsentscheidende Einsatz gewaltiger Massen von Munition und großem Kriegsgerät und die umfassende Mobilisierung von Politik und Gesellschaft einzig für den Krieg, sollten nach dem Willen von Ludendorff und anderen Militärtheoretikern für die Vorbereitung eines neuen Krieges genutzt werden. Bis zu dessen Ausbruch sollte die technisch-militärische Überlegenheit gesichert und die Gesellschaft im Inneren als Volks- und Kampfgemeinschaft organisiert bzw. mobilisiert werden. Das NS-Regime setzte diese Maßgaben später radikal und ohne Rücksicht auf die menschlichen und sozialen Kosten um. Der Erste Weltkrieg wurde nicht nur aus diesem Grund zum Vorspiel für den Zweiten Weltkrieg. Seine Auswirkungen reichen daher bis in das Jahr 1989, auch wenn gerade in Deutschland die Erinnerung an den Zweiten Weltkrieg alles überlagerte. Der Erste Weltkrieg rückte erst wieder ins allgemeine Bewusstsein, als der innere Zusammenhang der Epoche der Weltkriege deutlicher wurde.

Die politische Hinterlassenschaft des Ersten Weltkrieges war gewaltig und wirkt bis in die Gegenwart. Europa verlor seine Stellung als Zentrum einer globalen Kultur, große monarchische Rei-

■ Rund 400 000 der von der Front zurückkehrenden Soldaten schlossen sich Freikorps an, die vom Rat der Volksbeauftragten in Absprache mit der OHL aufgestellt wurden. In diesen Freiwilligenverbänden sammelten sich zunehmend rechtskonservative und monarchistische Kräfte.

che in Mittel-, Südost- und Osteuropa zerbrachen, die christlich bestimmte Politik und Kultur löste sich mehr und mehr auf und wurde teilweise durch atheistische Diktaturen ersetzt. Zunächst blieben, gerade in Deutschland, viele soziale und ökonomische Strukturen und auch Ordnungsmuster aus der Kaiserzeit erhalten, vor allem weil die nun regierenden Sozialdemokraten einen Bürgerkrieg vermeiden und die öffentliche Daseinsvorsorge sicherstellen wollten. Doch führten die Erlebnisse des Krieges und der Nachkriegsrevolutionen zu einer Brutalisierung und Ideologisierung der Politik, zu einer menschenverachtenden Praxis der Verfolgung und Vertreibung von Minderheiten. Millionen von Menschen wurden im Namen einer angeblich heilbringenden Weltanschauung unterdrückt.

Nach dem Kriegsende bevölkerten demobilisierte, heimatlose Soldaten die Straßen Deutschlands, und viele schlossen sich Freikorps, Wehrverbänden und Bürgerkriegstruppen an. Der politische Gegner wurde zum Feind, der Hass gegen andere drang in alle Poren der Gesellschaft. Die Erfahrung der Gewalt im Krieg und in der revolutionären Nachkriegskrise ließ Gewalt zum Mittel der Politik werden.

Die überall in Europa entstehenden faschistischen Bewegungen zogen die radikalsten Konsequenzen aus dem Krieg und wollten ihn als Bürgerkrieg fortsetzen. Den größten Zulauf hatten sie in den Verliererstaaten. Das waren nicht nur Deutschland und Österreich, sondern auch Italien, wo sich fast die gesamte Nation, besonders die nationale Rechte, um ihren verlustreichen Sieg im Krieg betrogen fühlte.

Faschismus und Nationalsozialismus waren Produkte des Ersten Weltkrieges, und ihre Chancen, die Massen zu mobilisieren und schlussendlich die Macht zu übernehmen, erwuchsen aus der von schweren ökonomischen und sozialen Krisen bzw. von mentalen Verwerfungen gekennzeichneten Zwischenkriegszeit, die radikalnationalistischen und autoritären, gewaltverherrlichenden Bewegungen Zulauf gab. Benito Mussolini und – noch sehr viel erfolgreicher – Adolf Hitler verstanden es, sich als Repräsentanten der Frontkämpfer und des Unbekannten Soldaten zu inszenieren. Die Voraussetzungen für eine nationalsozialistische Machtübernahme bzw. Machtübertragung wurden freilich durch die Weltanschauungsherrschaft und durch die Vernichtungs- und Eroberungskriege des NS-Regimes selbst zerstört. Insofern bedeutete das Ende des Zweiten Weltkriegs, den man als Fortsetzung des Ersten verstehen kann, einen tieferen Epocheneinschnitt als das Jahr 1918.

OPFER UND VERLUSTE

Was über die Zeiten hinweg bleibt, sind die Friedhöfe. Dabei konnten viele derjenigen, die im Kampf gefallen waren, nie bestattet werden, oder nur in Massengräbern. Bei Kriegsende war fast die Hälfte

BENITO MUSSOLINI
* 29. JULI 1883 DOVIA DI PREDAPPIO (PROVINZ FORLI)
† 28. APRIL 1945 GIULINO DI MEZZEGRA (PROVINZ COMO)

Der Sozialist Mussolini forderte zu Kriegsbeginn noch eine neutrale, internationalistisch orientierte Politik Italiens, wechselte aber bald in das Lager der Interventionisten. Mit seiner Tageszeitung „Il Popolo d'Italia" vertrat er eine nationalistische Politik und erhielt trotz aller Bekenntnisse zum Sozialismus massive finanzielle Unterstützungen von Unternehmerseite. Im September 1915 wurde er zum Militärdienst einberufen und im Spätherbst 1917 als Gefreiter entlassen. Seine Zeitung führte nun die Angriffe gegen die Regierung an und machte diese für die Niederlage bei Caporetto verantwortlich. Die verbreitete Empörung über den „verstümmelten Sieg" nutzte Mussolini zur heftigen Agitation gegen die etablierten Parteien und die Alliierten. Mit der Gründung seiner „Fasci di Combattimento", den faschistischen Kampfverbänden, im Jahr 1919 trat er als Parteiführer einer radikalen und gewaltbereiten national-revolutionären Bewegung mit einer eigenen Parteiarmee ins Rampenlicht. Aufstieg und Machtergreifung von Mussolinis „Fasci di Combattimento", die sich bald als faschistische Partei PNF organisierten, zeigen deutliche Parallelen zum Aufstieg der NSDAP.

der Gefallenen unbekannt oder ihre Überreste galten als vermisst. An den Fronten im Osten und Südosten waren Begräbnisse kaum möglich. Russische wie osmanische Soldaten erhielten selten ein Begräbnis, ein ähnliches Schicksal traf auch viele deutsche und österreichische Gefallene. Von einer Million britischer Kriegstoter, die meist auf den Schlachtfeldern in Frankreich und Belgien gefallen waren, wurden rund 500 000 nie gefunden oder identifiziert. Ähnlich groß war die Zahl der französischen unbekannten Soldaten.

Insgesamt betrug die Zahl der gefallenen Soldaten nahezu neun Millionen, das waren rund 14 Prozent der insgesamt 60 Millionen Soldaten, die in den Krieg geschickt worden waren. Auf Seiten der Mittelmächte, die mit ca. 25 Millionen Mann insgesamt weniger Soldaten einsetzten als die Entente, die rund 40 Millionen in den Kampf schickte, starben ca. 3,5 Millionen Uniformierte. Bei den Entente-Mächten betrug die Zahl der getöteten Soldaten mehr als fünf Millionen. In absoluten Zahlen hatte Deutschland mit 2,037 Millionen die meisten Gefallenen zu beklagen, bezogen auf die Bevölkerungsgröße wiegen die französischen Verluste von 1,3 Millionen schwerer. Sie entsprachen 16 Prozent der eingesetzten Streitkräfte und 13 Prozent der wehrfähigen Männer, während der Anteil der Gefallenen an der Gesamtzahl der eingesetzten Streitkräfte in Deutschland 15 Prozent betrug, das waren 12 Prozent der wehrfähigen Männer. Unter den französischen Kriegstoten befanden sich auch 72 000 Soldaten der Kolonialtruppen, vorwiegend aus Schwarz- und Nordafrika. Das entsprach 17 Prozent der 449 000 eingesetzten afrikanischen Soldaten. Den britischen Truppen gehörten 2,28 Millionen Soldaten aus den Kolonien an, davon starben 180 000 im Einsatz, also sechs Prozent der eingesetzten Kräfte.

ADOLF HITLER

*20. APRIL 1889 BRAUNAU AM INN
†30. APRIL 1945 BERLIN

Für den späteren Reichskanzler und nationalsozialistischen „Führer" Adolf Hitler war der Erste Weltkrieg die prägende und entscheidende Phase seiner politischen Sozialisation. Hitler hatte sich als staatenloser Gelegenheits-Kunstmaler bereits am 5. August 1914 in München als Kriegsfreiwilliger gemeldet. Am 1. September wurde er dem Reserveinfanterieregiment List zugewiesen und seit Oktober 1914 in Flandern eingesetzt. Sein Regiment erlitt bei den Kämpfen bei Ypern schwere Verluste. Hitler wurde rückwirkend zum Gefreiten befördert (seine einzige Beförderung im Krieg) und dem Regimentsstab als Meldegänger zugeordnet. Nach einem britischen Gasangriff bei Ypern am 14. Oktober 1918 erblindete Hitler für kurze Zeit und erfuhr im Lazarett in Pasewalk (Uckermark) vom Waffenstillstand und vom Ausbruch der Revolution, für die er „die Juden" und Sozialdemokraten verantwortlich machte. Seine spätere Behauptung, in diesem Moment beschlossen zu haben, Politiker zu werden, ist eine der vielen unrichtigen Selbstinszenierungen Hitlers, der erst nach der Reduktion der Reichswehr auf 100 000 Mann 1920, ohne Schulabschluss und ohne Ausbildung, nach einem neuen Auskommen suchen musste und dieses als Propagandaredner der völkisch-nationalsozialistischen DAP (später NSDAP) fand.

Der Anteil der im Krieg oder in Gefangenschaft ums Leben gekommenen Soldaten war bei den beteiligten Armeen sehr unterschiedlich und schwankte zwischen 6 und 30 Prozent. Dass die Quote bei den Armeen kleinerer und unterentwickelterer Staaten oft höher war als bei den Armeen derjenigen Staaten, die die größten Rekrutierungszahlen und absolut betrachtet die höchsten Verluste aufwiesen, lag an der besseren medizinischen Versorgung der Soldaten der Industrieländer und an der Verbesserung der Transportmittel auf dem Schlachtfeld. Auch konnte durch große Impfaktionen im Westen die Bedrohung durch tödliche Seuchen verringert werden, ausgenommen die letale Grippeepidemie des Jahres 1918. Umgekehrt führten die großen Schlachten an der Westfront, die mit modernstem Kriegsgerät geführt wurden, dazu, dass dort die Krieg führenden Staaten Deutschland, Frankreich und Großbritannien die höchsten Verluste erleben mussten. Das lag vor allem an der deutlichen Zunahme tödlicher Verwundungen durch die drastische Zunahme des Artilleriebeschusses, einhergehend mit der Verwendung von Geschossen mit Sprengwirkung. Durch ihre verheerende Wirkung wurde die moderne Artillerie zur kriegsentscheidenden Waffe.

Nur grob schätzen lässt sich die Zahl der Kriegsgefangenen. Ihre Zahl lag zwischen 6,6 Millionen und 8 Millionen, was einem Anteil von etwa zehn Prozent aller eingesetzten Soldaten entspricht. Ende 1918 befanden sich 328 000 Soldaten in britischer, 350 000 in französischer und 916 000 Soldaten in österreichisch-ungarischer Gefangenschaft. Das Deutsche Reich hielt im Oktober 1918 sogar 2,4 Millionen Kriegsgefangene in seinem Gewahrsam, davon waren 1,4 Millionen Angehörige der russischen

Armee und etwa 500 000 Franzosen. Die Sterberate der Kriegsgefangenen lag zwischen fünf und zehn Prozent und war damit niedriger als bei früheren Konflikten. Im Ersten Weltkrieg entsprach die Praxis der Gefangenenbehandlung in vielen Ländern und Bereichen noch mehr der militärischen Tradition und den humanitären Normen des 19. Jahrhunderts, als dies später im Zweiten Weltkrieg der Fall war. Doch zeigten sich im Bereich von Ernährung und Arbeitseinsatz der Kriegsgefangenen Verhaltensformen, die auf die gestiegenen ökonomischen Anforderungen des industriellen Massenkriegs zurückzuführen waren: Kriegsgefangene waren weniger ein militärisches Sicherheitsproblem, sondern in erster Linie eine wichtige und billige Arbeitskraft und Kriegsressource. Darin deuteten sich Praktiken an, die im Zweiten Weltkrieg zu einem grausamen Massenphänomen werden sollten.

KRIEGSFOLGEN IN DER HEIMAT

Bezeichnend für die fortschreitende Totalisierung des Krieges, durch die die Trennlinien zwischen Front und Heimatfront schrittweise aufgehoben wurden, war die Zahl der zivilen Opfer, die bei schätzungsweise sechs Millionen lag. Allerdings lassen sich diese Zahlen oft nur schwer ermitteln, auch weil der Krieg – beispielsweise in Russland – unmittelbar in eine Revolution und einen Bürgerkrieg überging, die ebenfalls hohe Opfer forderten. Die meisten zivilen Opfer starben infolge von Unterernährung und einer generell schlechten Versorgungslage, da der überwiegende Teil der nationalen Ressourcen für die Kriegführung eingesetzt wurde und die Zivilbevölkerung zurückstehen musste. In Deutschland und Deutsch-Österreich wurde die Mangelversorgung noch durch die Folgen der al-

■ Ein deutscher Pilot wird im nordfranzösischen Besny zu Grabe getragen. Vielen Gefallenen des Ersten Weltkrieges wurde kein feierliches Begräbnis zuteil, ihre sterblichen Überreste wurden in Massengräbern bestattet oder oftmals erst gar nicht geborgen.

■ Das Kriegsgefangenenlager für muslimische Soldaten in Wünsdorf-Zossen bei Berlin verfügte über eine Moschee.

liierten Blockade verstärkt, die sich vor allem im Hungerwinter 1916/17 verheerend auswirkte.

Zu den dramatischen Versorgungsproblemen, die gerade in Deutschland die soziale und politische Situation unmittelbar am Kriegsende belasteten, kam die Rückkehr und die Integration der mehr als sechs Millionen Soldaten, die auf Druck der siegreichen Alliierten sofort von der Front nach Deutschland verlegt wurden. Ihre Rückführung stellte die Armeeführung und das im November 1918 gegründete Reichsamt für Wirtschaftliche Demobilmachung vor beträchtliche logistische Herausforderungen. Diese konnten jedoch relativ rasch gelöst werden, da schon im November 1918 eine Million Soldaten auf eigene Faust von der Westfront nach Hause zurückgekehrt waren. Bereits im Januar 1919 befanden sich sämtliche Soldaten des Westheeres, im März 1919 auch des Ostheeres wieder auf Reichsgebiet und das Westheer zählte nun nur noch rund 300 000 Mann. Schwieriger war die soziale und mentale Rückkehr in die Normalität. Zwar wurden die Soldaten überall von Bürgermeistern und Regierungschefs mit der Versicherung empfangen, dass sie „im Felde unbesiegt“ seien und dass ihr Opfer nicht umsonst gewesen sei, doch stellte ihre Rückkehr in den Alltag und die gleichzeitige Auflösung bzw. Rückführung der Rüstungsbetriebe auf Friedenswirtschaft die Armee und ihre Soldaten – aber auch die Heimat – vor nicht geringe ökonomische und sozialpsychologische Probleme: Die demobilisierten Soldaten forderten ihr Recht auf Dankbarkeit und Anerkennung, aber auch auf Arbeit und Brot. Die Demobilisierungsausschüsse organisierten (und finanzierten) in Absprache mit den Arbeitsämtern Notstandsarbeiten für die zurückkehrenden Soldaten und intervenierten bei den Arbeitgebern, um den ehemaligen Soldaten ihre alten Arbeitsplätze zurückzugeben. Das ging oft

nur zulasten der mittlerweile eingestellten Frauen, die nun wieder massenhaft entlassen wurden. Zwar wurde dadurch die Situation auf dem Arbeitsmarkt kurzfristig entspannt, aber die soziale Unzufriedenheit bei den gekündigten Frauen wie bei den, wenn überhaupt, nur provisorisch versorgten Soldaten war nicht gebannt, was bald zur allgemeinen Proteststimmung beitrug.

DIE SOZIALEN FOLGEN DES KRIEGES

Neben den unmittelbaren Folgen des Krieges, zu denen vor allem die Trauer um die Millionen Kriegstoten und die Reintegration der Kriegsveteranen gehörten, belastete der Große Krieg auch mittel- und langfristig die Nachkriegsgesellschaften: Die Zahl der Eheschließungen und Geburten sanken, in Frankreich noch stärker als in Deutschland. Hier rückten zwar einige geburtenstarke Jahrgänge nach, allerdings zählten diese sich angesichts der Nachkriegsnot zu einer „verratenen" Generation. In Frankreich wurden etwa 700 000 Kinder zu Kriegswaisen, 600 000 Frauen zu Witwen. Die riesige Zahl der Kriegsverwundeten, die auf den vermehrten Einsatz von Explosivgeschossen zurückzuführen war, veränderte nicht nur das Gesicht des Krieges, sondern auch das der Nachkriegszeit. Ein Heer von Versehrten, von Blinden, Amputierten und an Körper und Seele Zerschmetterten gehörte bei allen Kriegsparteien zum Straßenbild der Nachkriegszeit. Auch in der bildenden Kunst wurde das Thema von Otto Dix, Max Beckmann und anderen aufgegriffen.

Auf die massenhafte Verstümmelung der Körper reagierte die medizinische Wissenschaft und Medizintechnik zwar rasch und entwickelte zahlreiche Prothesen und Ersatzglieder, die die Versehrten auch wieder zum Arbeiten befähigen sollten, doch standen Behörden und Fürsorgeeinrichtungen dennoch vor einer massenhaften Herausforderung. Die Lage der Kriegsversehrten sollte durch die Einrichtung einer Kriegsbeschädigtenfürsorge verbessert werden, was der Entstehung des modernen Wohlfahrtsstaates einen anfangs zögerlichen, schließlich jedoch gewaltigen Schub gab. Doch waren die materiellen Ressourcen für die Kriegsfürsorge und die Wohlfahrtspolitik insgesamt zu keinem Zeitpunkt ausreichend, um die sozialen, gesundheitlichen, physischen und psychischen Folgen des Krieges für Leib und Seele der Soldaten wirklich zu beheben. Der pazifistische Bildband „Krieg dem Kriege" von Ernst Friedrich aus dem Jahr 1924 sollte der schrecklichen Fratze des Krieges Ausdruck verleihen und zur publizistischen Waffe werden, indem er wirkungsvoll Fotos der Verstümmelungen,

■ Im Verlauf des Krieges wurde die Versorgungslage vor allem in den Städten immer schwieriger.

der hilflosen, Licht suchenden Kriegsblinden und das Leid der Stummen und psychisch erkrankten „Kriegszitterer“ gegen die einsetzende öffentliche Heroisierung des Krieges und der Stilisierung seiner Opfer zu Helden in Kontrast setzte.

WIRTSCHAFTLICHE FOLGEN DES KRIEGES

Die materiellen Kosten des Krieges lassen sich nur schwer beziffern. Ihre Höhe hängt vor allem davon ab, welche Ausgaben man in die Rechnung einbezieht – in der Regel sind das die Aufwendungen für Material, Sold und Entschädigungen der Familien. Diese wurden für Frankreich mit 25,8 Milliarden US-Dollar beziffert, das entsprach 140 Milliarden Goldfrancs. Die deutschen Kosten für Material, Sold und soziale Aufwendungen beliefen sich auf 40,1 Milliarden US-Dollar, die britischen auf 44 Milliarden US-Dollar. Das waren für damalige Verhältnisse kaum vorstellbare Summen: Der reguläre französische Staatshaushalt betrug während der Kriegsjahre rund 9 Milliarden Francs pro Jahr, der US-amerikanische betrug 1914 726 Millionen Dollar. Die französischen Kriegskosten wurden durch Kriegsanleihen und vor allem durch Schulden in Höhe von 35 Milliarden Francs, die man bei den Bündnispartnern aufnahm, gedeckt. Auch wenn man die deutschen Reparationszahlungen von neun Milliarden Francs abrechnet und davon ausgeht,

■ Die Lebensverhältnisse waren wegen des Krieges, wie hier in Berlin, zunehmend durch Armut, Enge und Hunger geprägt.

dass die Franzosen ihre Schulden bei den Alliierten letztendlich nicht zurückzahlen mussten, blieben noch Kriegskosten von rund 80 Milliarden Francs. Der Krieg endete damit auch für Frankreich und seine Bevölkerung mit einer ungeheuren Verarmung, die ähnlich wie in Deutschland vor allem die Mittelschicht traf. Auch das Deutsche Reich versuchte, den Krieg durch die Ausgabe von Schatzanweisungen sowie durch öffentliche Anleihen zu finanzieren. Man schwächte die eigene Währung systematisch durch die Ausgabe von immer mehr Banknoten, in der Erwartung, dass die besiegten Gegner am Ende die Kosten zu übernehmen hätten. Ähnlich ging die österreichisch-ungarische Notenbank vor. Die gewaltige Nachkriegsinflation hatte ihre Wurzeln in der Logik dieser Kriegsfinanzierung und nicht in den Reparationen, die die alliierten Sieger den Deutschen am Ende auferlegten. Die enormen Schulden, die man in Deutschland in den vier Kriegsjahren angesammelt hatte, lösten sich Anfang der 1920er-Jahre in wenigen Jahren durch die Hyperinflation in Nichts auf. Allerdings hätte man zur Stabilisierung der Währung besser daran getan, die Schulden durch Steuererhöhungen abzubauen. Die Leidtragenden dieser Art der indirekten Kriegsfolgefinanzierung waren die deutschen Mittelschichten, die finanziell ruiniert wurden und darum auch kaum für eine Stabilisierung der neuen republikanischen Ordnung zu gewinnen waren.

Deutschland hatte – im Unterschied zu seinen westeuropäischen Gegnern, die sich auf amerikanische Kredite stützen konnten – die finanzielle Last des Krieges nicht nur alleine zu tragen, es hatte auch eine gewaltige Mobilisierungsleistung erbracht, die freilich in der völligen Erschöpfung der deutschen Gesellschaft und Wirtschaft im November 1918 endete. Bis dahin hatte, so der US-amerikanische Historiker Roger Chickering, das Deutsche Reich „eine bemerkenswerte militärische Leistung [aufrechterhalten], einen umfassenden nationalen Kraftakt, der sich länger als vier Jahre den schlechten materiellen Aussichten auf Erfolg widersetzte und ein weitaus überlegenes Bündnis von Feinden in Schach hielt". Zwar ähnelten sich die kriegsbedingten innenpolitischen und gesetzgeberischen Interventionsmechanismen und die Entwicklung der Mobilisierung in allen Staaten, besonders in den administrativ und industriell hoch entwickelten Staaten Frankreich, England und Deutschland, die alle durch eine wachsende Staatsintervention und eine öffentliche Steuerung der Kriegswirtschaft ihre Ressourcen zu bündeln und effektiver zu gestalten suchten, doch führten die unterschiedlichen politischen und kulturellen Bedingungen dazu, dass sich die Mobilisierungsanstrengungen unterschiedlich ausprägten und zu unterschiedlichen Praktiken politischer Kontrolle führten. Die größten Anstrengungen diesbezüglich hatte Großbritannien zu unternehmen. Dort musste man für die kriegswirtschaftlichen und sozialpolitischen Steuerungsmaßnahmen neue Institutionen schaffen, die sich jedoch bewährten, weil sie flexibler waren und auf große öffentliche Akzeptanz stießen. Unbeweglicher waren bestehende Institutionen wie das Militär, das vor allem in Deutschland mit neuen Kompetenzen ausgestattet wurde, worauf es nicht unbedingt vorbereitet gewesen war.

Die deutsche Bürokratie und die militärischen Einrichtungen, wie etwa die stellvertretenden Generalkommandos, die für die Steuerung der Rüstungswirtschaft und die Arbeitskräftelenkung sowie für die Innere Sicherheit an der Heimatfront zuständig waren, schafften es, die deutsche Gesellschaft bis zur äußersten Anstrengung zu mobilisieren, bis freilich ab 1917 die inneren Spannungen immer größer wurden und über die Legitimität des Krieges kein Konsens mehr herzustellen war. Das führte schließlich zu einer verschärften innenpolitischen Polarisierung: Auf der Linken nahmen die Forderungen nach einem raschen, bedingungslosen Waffenstillstand und die grundsätzliche, systemsprengende Kritik an Politik und Kriegführung deutlich zu. Umgekehrt waren die Soldaten und ihre zivilen Verbündeten dazu bereit, den Krieg umso aggressiver und rücksichtsloser zu führen, auch weil sie aus ihrer politisch-militärischen Logik heraus keinen andern Ausweg sahen.

Das Aufbäumen gegen die wirtschaftlichen und gesellschaftlichen Realitäten, gegen das materielle Übergewicht der Alliierten, das schon zu Kriegsbeginn aufgrund der stärkeren Handelsverflechtungen und -potenziale sowie der ungleichen Verteilung der zur Verfügung stehenden militärischen und rüstungswirtschaftlichen Ressourcen bestanden hatte (und später durch den Kriegseintritt der USA noch einmal drastisch verschärft wurde), war bis 1918 noch erfolgreich gewesen, hatte dann aber zum deutschen Zusammenbruch geführt. Dieses Ausschöpfen der letzten Kräfte sollte die deutsche Gesellschaft in den vier Kriegsjahren bis aufs Äußerste belasten. Hinzu kam die ohnehin bestehende krasse soziale Ungleichheit, die die Situation zusätzlich verschärfte. Mittelfristig hatte diese gesellschaftliche Überbeanspruchung in der Nachkriegszeit schwere soziale und psychologische Auswirkungen für die Deutschen, die nicht nur die anfallenden Kosten des Krieges zu erwirtschaften hatten, sondern auch mit der Erinnerung an die Kriegsleiden und mit dem politischen Streit um die Deutung von Krieg und Frieden zu leben hatten. Das sollte die Flucht zu politischen Fehlwahrnehmungen, zur Suche nach Sündenböcken und die Ideologisierung der Politik befördern.

Die unterschiedliche und teilweise auch gegensätzliche Wahrnehmung des Krieges in Frankreich und Deutschland erklärt sich auch aus der Tatsache, dass die Franzosen, vor allem im Norden, den Krieg im eigenen Land und in ihrem Alltag sehr nahe erleben mussten. Die Schlachtfelder des Krieges lagen auf französischem und belgischem Boden, von wenigen Ausnahmen abgesehen, nicht auf deutschem Territorium. Die Deutschen, sofern sie nicht Soldaten waren, kannten den Krieg meist nur vom Hörensagen, vom Schicksal männlicher Familienangehöriger und von deren Briefen, aus Erzählungen und aus der offiziellen Kriegsberichterstattung. Das führte dazu,

dass auch die deutsche Politik wenig Verständnis für die französischen Reparationsforderungen und Sicherheitsbedürfnisse aufbrachte und dass man die militärische Niederlage, die für die deutsche Öffentlichkeit völlig überraschend kam, nicht wahrhaben wollte. Stattdessen suchte man nach Hilfserklärungen, bei denen es sich meist, wie im Falle der Dolchstoßlegende, um Verschwörungstheorien handelte, die den Blick auf die Wirklichkeit für Jahre und Jahrzehnte verstellten und das innenpolitische Klima vergifteten.

TOTENGEDENKEN

Die unterschiedlichen Formen des Kriegserlebnisses, die je nach nationaler Zugehörigkeit, nach Alter, Geschlecht, Konfession, sozialer und regionaler Herkunft variierten, zeigten sich auch in der unterschiedlichen Form der Trauer. Dort, wo man gesiegt hatte, nahm die öffentliche Trauer monumentale Formen an. Unter dem Arc de Triomphe in Paris, wo man den Leichnam eines unbekannten Soldaten bestattete und eine Ewige Flamme entzündete, wur-

■ Der Soldatenfriedhof von Douaumont bei Verdun ist ein eindrucksvolles Zeugnis der französischen Gedenkkultur.

den Totenwachen gehalten. Die traditionelle Parade zum 14. Juli wurde 1919 von einem Schwerstkriegsverletzten angeführt. Die Präsentation von Veteranen mit schwersten Gesichtsverletzungen (gueules cassées) beim Auftritt der deutschen Delegation bei den Friedensverhandlungen in Versailles sollte allerdings weniger den Opfern des Krieges eine öffentliche Ehrung und Erinnerung zuteilwerden lassen, sondern vor allem den Deutschen die Folgen ihrer angeblichen Barbarei vor Augen führen und damit die Legitimität der französischen materiellen und politisch-militärischen Friedensbedingungen unterstreichen.

Nach dem Krieg setzten die Frontkämpfer durch, dass der Tag des Waffenstillstandes, der 11. November, als Feier- und Gedenktag des Krieges und seiner Opfer eingeführt wurde. Neben dem öffentlichen Trauern, dem ein breiter Raum eingeräumt wurde, findet sich bis heute fast in jedem französischen Dorf, vor allem im Norden, auf dem Friedhof, vor der Kirche oder dem Rathaus ein Denkmal für die Kriegsopfer und für das private Trauern. Die meisten Monumente sind sehr stark von christlichen Trauermotiven bestimmt und stellen meist in der figürlichen Gestaltung einer Pietà die Zusammengehörigkeit des Soldaten mit seiner Familie dar. Ein weiteres wichtiges Motiv war, dem Soldatentod durch den Verweis auf die Verteidigung von Heimat und Familie einen Sinn zu geben.

Anders war die Situation in Deutschland, wo man sich nie auf ein zentrales Gefallenenmal oder eine zentrale Gedenkfeier einigen konnte. Die deutsche Gesellschaft fand zu keinem Zeitpunkt ihren inneren Frieden oder zu einem gemeinsamen Totenkult. Dies wäre aber umso wichtiger gewesen, weil die übergroße Mehrheit der zwei Millionen deutschen Gefallenen nie in die Heimat überführt wurde und bis 1925 auch ein Besuch auf den Soldatenfriedhöfen in Frankreich nicht möglich war. Die Bestattung der deutschen Gefallenen hatte stellvertretend der „Volksbund Deutsche Kriegsgräberfürsorge" in Abstimmung mit den französischen Behörden vorgenommen und große Soldatenfriedhöfe angelegt, die sich in der bescheidenen und naturnah-romantisierenden Gestaltung deutlich von den benachbarten britischen Soldatenfriedhöfen mit ihren endlosen Reihen von weißen Grabsteinen und einem zentralen Mahnmal, oft in Form eines Triumphbogens, unterschieden. Die Trauer beschränkte sich in Deutschland zunächst auf den privaten Bereich und orientierte sich in ihrer visuellen Darstellung ähnlich wie in Frankreich an christlichen Trauermotiven und Denkmalsformen. Das sollte sich gegen Ende der 1920er-Jahre ändern, als nun auch im öffentlichen Raum Ehrenmale für die Gefallenen errichtet wurden. Sie erhoben den Soldatentod zum Heldentod, zum sinnvollen Opfer für das Vaterland. Die Heldenfiguren, die die Regimentsdenkmale zierten, symbolisierten oftmals den Dolchstoß gegen die im „Felde unbesiegten Soldaten" und forderten zur Revanche auf.

Die Ehrenmale und Gedenksteine bzw. -tafeln, die am Ende der 1920er-Jahre fast überall im Deutschen Reich errichtet wurden, mal in bescheidener, mal in trotzig-heroischer Form, waren nicht die einzigen Formen öffentlichen Gedenkens. Hinzu kamen zahlreiche Totenehrungen, die zum festen Bestandteil vieler öffentlicher Veranstaltungen gehörten, etwa die Langemarck-Feiern, die an den Universitäten und in Jugendbünden begangen wurden. Schließlich entstand eine Roman- und Sachbuchliteratur, die die Gegensätzlichkeit des Kriegserlebnisses spiegelte und zuspitzte. Das kritisch-negative oder das positiv-verklärende Kriegserlebnis wurde erst recht zum Gegenstand öffentlicher Auseinandersetzungen, wenn es einem größeren Publikum etwa als Film präsentiert und damit zum Gegenstand von Massenemotionen wurde. So versuchten die NS-Propagandisten wiederholt, Aufführungen der Verfilmung von Erich Maria Remarques kritischem Kriegsroman „Im Westen nichts Neues" zu benutzen, um das städtische Massenpublikum aufzuwiegeln und die Vorführung des Films zu verhindern. Möglich war diese Emotionalisierung und Skandalisierung, die auch bei der Einweihung von Gefallenendenkmalen mit kritisch-pazifistischem Tenor aufflammte, nur, weil bis in die 1930er-Jahre der Weltkrieg in der öffentlichen Erinnerung überall sehr präsent war und in Deutschland mehr als anderswo zum Thema heftiger innenpolitischer Kontroversen wurde. Längst hatten sich Trauer, Unzufriedenheit und Verelendung in politischen Protest und in eine politische Radikalisierung verwandelt. Vor allem der Nationalsozialismus stellte sich als eine Bewegung dar, die den Sinn des Krieges verteidigte und einen neuen Krieg zu führen entschlossen war.

DIE ABDANKUNG DES KAISERS UND DER FRIEDE VON VERSAILLES

Auslöser für diesen Prozess der politischen Polarisierung und Radikalisierung, der schwer auf der entstehenden und permanent gefährdeten Weimarer Republik lastete, waren die Waffenstillstands- und noch mehr die Friedensbedingungen, die im Versailler Vertrag den Deutschen aufgezwungen wurden. Sie machten die Deutschen unerbittlich mit einer machtpolitischen Realität bekannt, die sie während des Krieges und vor allem in den ersten Wochen nach dem Waffenstillstand nicht hatten wahrhaben wollen.

Das Deutschland, das am 11. November 1918 im Wald von Compiègne den Waffenstillstand unterzeichnete, war keine Monarchie mehr, sondern eine parlamentarische Republik. Der Kaiser hatte am 9. November abgedankt, nachdem ihm die Oberste Heeresleitung klargemacht hatte, dass sich eine große Mehrheit der Regimentskommandeure für einen sofortigen Waffenstillstand einsetzte und dass dieser nicht ohne die Abdankung des Kaisers zu bekommen wäre. Es blieb dem bürgerlichen Ersten Generalquartiermeister, Wilhelm Groener, vorbehalten, dem Kaiser zu erklären, dass dessen Vorstellung, er könne das Heer gegen das revoltierende Volk einsetzen, Illusion sei. „Fahneneid? Kriegsherr? Das sind heute nur noch Worte!“, hielt er dem Kaiser entgegen. Dann vollzog sich der politische Untergang der Hohenzollerndynastie ganz schnell. Den Vorschlag, er solle den Tod auf dem Schlachtfeld suchen, lehnte der Kaiser ab. Am 10. November begab sich Wilhelm II. mit dem Zug in die Niederlande, wo er auf Schloss Amerongen Gast des Grafen Godard Bentinck war, bevor er 1920 in Haus Doorn sein endgültiges Exil fand. Nachdem auch seine Söhne auf die

■ Unter dem Jubel der Bevölkerung reiten heimkehrende Truppen am 10. Dezember 1918 über den festlich geschmückten Pariser Platz in Berlin.

PRINZ MAX VON BADEN (MAXIMILIAN ALEXANDER FRIEDRICH WILHELM)

*10. JULI 1867 BADEN-BADEN
† 6. NOVEMBER 1925 SALEM

Als letzter deutscher Reichskanzler vor dem Zusammenbruch des wilhelminischen Kaiserreichs war der Sohn des Prinzen Wilhelm von Baden, der 1907 zum Nachfolger seines kinderlosen Vetters zum Großherzog von Baden bestimmt worden war, ein Mann des Ausgleichs, der mit dem Kaiserhaus eng verwandt und als hochgebildeter Aristokrat und ehemaliger Offizier sowie als Mitglied der Ersten Badischen Kammer mit dem schöngeistigen Leben wie mit politischen Dingen einigermaßen vertraut war. Er verkörperte eine seltene Verbindung von Tradition und Reformorientierung. Gleichwohl konnte Prinz Max diese gewaltige Herausforderung nur bedingt bestehen, weil er den Querschüssen aus dem Militär und der starren Haltung des Kaisers in den entscheidenden Novembertagen hilflos gegenüberstand. Sein Ziel, die Monarchie zu retten und einen gemäßigten Frieden zu erreichen, konnte er angesichts des Drucks der radikalen Linken und der sich verhärtenden Haltung der Alliierten nicht verwirklichen. Am Mittag des 9. November gab er die Abdankung des Kaisers bekannt und übergab – um Kontinuität und Legalität bemüht – die Regierungsgeschäfte an Friedrich Ebert. Nach seinem Rückzug aus der Politik bemühte er sich um eine Friedenspolitik auf der Basis des Völkerrechts.

Nachfolge verzichtet hatten, war auch der Gedanke einer Regentschaft durch einen Angehörigen des Hauses Hohenzollern und damit die Hoffnung auf eine Rettung der Monarchie gegenstandslos geworden. Zuvor hatte Wilhelms Schwager, Reichskanzler Max von Baden, in Berlin schon vollendete Tatsachen geschaffen: Nachdem er am Morgen des 9. November erfahren hatte, dass auch die als besonders kaisertreu geltenden Truppen die Seiten gewechselt hatten, was die Machtverhältnisse entscheidend veränderte, gab er die Nachricht vom Rücktritt des Kaisers, obwohl er aus Spa nur telefonisch von der Bereitschaft des Kaisers zur Abdankung erfahren, aber noch keine Bestätigung dafür erhalten hatte, eigenmächtig an das Wolffsche Telegrafenbüro, die größte deutsche Nachrichtenagentur, weiter und kündigte zugleich seinen eigenen Rücktritt als Kanzler an.

In Deutschland machte man sich daher Hoffnungen auf einen „gerechten", also maßvollen Frieden und meinte, diese Erwartungen würden von Wilson erfüllt werden. Die Bedingungen, die man der deutschen Waffenstillstandsdelegation unter Vorsitz des Zentrums-Abgeordneten Matthias Erzberger dann aber vorlegte, waren sehr viel härter, als sich das etwa Erich Ludendorff hatte vorstellen wollen, als er die deutsche Reichsleitung zur Aufnahme von Waffenstillstandsverhandlungen gedrängt hatte. Sein taktisches Kalkül war allerdings aufgegangen: Es blieb Zivilisten und zudem noch Vertretern der politischen Opposition überlassen, ihren Kopf für die überstürzte Beendigung des Krieges hinzuhalten, während die militärische Führung schon eifrig an der Legende strickte, dass im Herbst 1918 die Heimatfront zusammengebrochen sei, nicht aber das

Militär, das wohlgeordnet und siegreich bis zuletzt gekämpft hätte. Der neue Kanzler Friedrich Ebert sollte noch ungewollt zu dieser Legendenbildung beitragen, die bald mit dem Bild des „Dolchstoßes“ verbunden wurde, als er im Dezember 1918 den heimkehrenden Truppen, die mit Lorbeerkränzen und Blumensträußchen an den Gewehrläufen durch das Brandenburger Tor zogen, zurief: „Kein Feind hat euch überwunden.“
Schon im Notenwechsel, den Reichskanzler Max von Baden im Oktober mit dem US-amerikanischen Präsidenten geführt hatte, war deutlich geworden, dass die Sieger zwar nicht auf einer bedingungslosen Kapitulation, wohl aber auf der Sicherung einer dauerhaften militärischen Überlegenheit der Alliierten bestehen würden. Gegen die Position Wilsons, der eine bedingungslose Kapitulation und damit auch eine völlige Schwächung der deutschen Verhandlungsposition bei den Friedensverhandlungen vermeiden wollte, setzten die europäischen Verbündeten ihre Forderung nach harten Waffenstillstandsbedingungen durch, die de facto einer deutschen Kapitulation gleichkamen. Die Bedingungen des Waffenstillstandes für die Landstreitkräfte hatte der alliierte Oberbefehlshaber Ferdinand Foch ausgearbeitet: Die deutschen Truppen sollten die noch von ihnen besetzten Gebiete Frankreichs und Belgiens sofort räumen, danach sollten die alliierten Truppen das linksrheinische Gebiet und mehrere rechtsrheinische Brückenköpfe, unter anderem bei Mainz, Koblenz und Köln, besetzen. Elsass-Lothringen sollte wieder an Frankreich abgetreten und die Waffenbestände sowie das rollende Material, vor allem Geschütze, Lastwagen und gepanzerte Fahrzeuge und Flugzeuge, ausgeliefert werden. Auch mussten die Deutschen die besetzten Gebiete in Ost- und Südosteuropa räumen, in Russland wegen des dort noch herrschenden Bürgerkriegs allerdings erst nach einer entsprechenden Anordnung der Siegermächte, die die deutschen Truppen als Ordnungskräfte gegen

FRIEDRICH EBERT
*4. FEBRUAR 1871 HEIDELBERG
†28. FEBRUAR 1925 BERLIN

Seit 1913 war Ebert einer der beiden Vorsitzenden der SPD und bemühte sich als Mann der Parteimitte, die Politik des „Burgfriedens“ gegen die innerparteiliche Opposition zu verteidigen. Er setzte sich im Krieg für politische Verfassungsreformen ein und suchte die Kooperation mit den bürgerlichen Parteien. Ebert wirkte an der Friedensresolution der Reichstagsmehrheit mit und versuchte bei den Streiks im Januar 1918 zu vermitteln, was ihm den erbitterten Hass der radikalen Linken einbrachte. Im Oktober 1918 drängte er seine Partei zum Eintritt in die Regierung des Prinzen Max von Baden, der ihm schließlich am 9. November die Kanzlerschaft übertrug. Zusammen mit USPD-Vertretern bildete er den „Rat der Volksbeauftragten“, ohne die Spaltung der Arbeiterbewegung in schließlich drei Parteien verhindern zu können. Am 11. Februar wurde er vom Reichstag zum Reichspräsidenten gewählt, 1922 wurde vor dem Hintergrund der schweren politischen Krisen seine Amtszeit um weitere drei Jahre verlängert. Bis zu seinem plötzlichen Tod 1925 war er Zielscheibe heftiger politischer Anfeindungen.

■ Gebietsverluste des Deutschen Reiches nach dem Ersten Weltkrieg

Verluste des Deutschen Reiches 1919–1921
besetztes Gebiet innerhalb der entmilitarisierten Zone im Rheinland
Abstimmungsgebiete
Saargebiet unter Verwaltung des Völkerbundes (bis 1920)
Memel unter alliierter Verwaltung (ohne Volksabstimmung) 1923 an Litauen
Freistadt Danzig unter dem Schutz des Völkerbundes
Grenzen des Deutschen Reiches 1914
Ostgrenze der entmilitarisierten Zone

den Bolschewismus einzusetzen gedachten. Schließlich sollten die Deutschen „Schadenersatz" in einer noch zu bestimmenden Höhe leisten. Die britische Marineführung fügte noch die Forderung nach Auslieferung und Internierung des größten Teils der deutschen Hochsee- und Unterseeflotte hinzu und ordnete die Fortsetzung der Blockade an.

Die deutsche Öffentlichkeit reagierte enttäuscht und bestürzt auf die Waffenstillstandsbedingungen, vor allem weil sie nicht wahrhaben wollte, dass das Deutsche Heer den Krieg auf dem Schlachtfeld verloren hatte. Die Verlängerung der Blockade, die für die deutsche Gesellschaft einen weiteren Hungerwinter bedeuten konnte und so den Druck auf die deutsche Verhandlungsdelegation noch einmal erhöhte, verschärfte die Verbitterung zusätzlich. Die deutsche

Delegation konnte an den Waffenstillstandsbedingungen nur geringfügige Änderungen durchsetzen und musste hinnehmen, dass dadurch eine Wiederaufnahme der Kampfhandlungen ausgeschlossen war. Die Besetzung der linksrheinischen Gebiete wurde zudem als eine Vorwegnahme französischer Territorial- und Kontrollansprüche wahrgenommen. Die Bedingungen der Siegermächte basierten nicht auf den Vierzehn Punkten Wilsons, auf deren Umsetzung die Deutschen so gehofft hatten.

Die neuen machtpolitischen Gewichtungen mussten auch die Verbündeten des Deutschen Reiches erfahren: Dem Habsburger-Reich wurde abgesprochen, noch über den künftigen Status von Tschechen, Slowaken und Jugoslawen zu verhandeln, deren Unabhängigkeitswünsche von Wilson akzeptiert worden waren. Auch mit dem italienischen Oberkommando konnten die Österreicher nur noch über die Modalitäten der Räumung Südtirols bis zur Brennergrenze verhandeln. Die Türkei musste schließlich die sofortige Besetzung der Meerengen und anderer türkischer Gebiete hinnehmen. Die Konturen der künftigen Friedensordnung zeichneten sich damit bereits ab.

Am 18. Januar 1919, dem 48. Jahrestag der Proklamation Wilhelms I. von Preußen zum Deutschen Kaiser in Versailles, begann am selben Ort die Friedenskonferenz. Es war viel Symbolpolitik bei diesem Friedensschluss im Spiel, was schon damit zu tun hatte, dass der Krieg durch die Mobilisierung ganzer Gesellschaften und die gewaltigen Opfer auf allen Seiten die Öffentlichkeit der Krieg führenden Staaten in einem bis dahin unbekannten Maße aufgewühlt und auch politisiert hatte. Gerade die französische Gesellschaft, die nun die Verhandlungen über Schuld und Unschuld, zu denen man die Friedenskonferenz machen wollte, im eigenen Land erlebte, hatte den Waffenstillstand mit Erleichterung und Genugtuung und teilweise auch mit Enthusiasmus beobachtet. Sie war aber darüber gespalten, wie man mit den „Boches“ umgehen sollte. Die Deutschen müssten, meinten die einen, bevor man mit ihnen einen Friedensvertrag vereinbaren könnte, erst im eigenen Land erfahren, was Krieg bedeutet. Die anderen wollten den Krieg möglichst bald beenden. Auch in den politischen und militärischen Führungskreisen herrschte Uneinigkeit darüber, wie man den Krieg und den Frieden definieren sollte. Man stritt darüber, ob man, wie Marschall Foch forderte, den Sieg vervollständigen und den Gegner endgültig klein halten und als Nationalstaat zerstückeln sollte, wofür sich auch Staatspräsident Raymond Poincaré einsetzte, oder ob es besser sei, einem sofortigen Waffenstillstand zuzustimmen.

Der Konflikt über den Zeitpunkt des Waffenstillstandes, der vor allem zwischen Poincaré und Ministerpräsident Georges Clemenceau ausgetragen wurde, war auch ein Konflikt über die künftige Ordnung Europas und die Rolle Frankreichs, und er zog sich durch das gesamte Vorfeld der Friedensverhandlungen. Einstweilen war Clemenceau der Mann der Stunde, als er in der Nationalversammlung nach Abschluss des Waffenstillstands verkündete: „Ehre unseren großen Toten, die diesen Sieg errungen haben. […] Dank ihnen wird Frankreich, gestern Soldat Gottes, heute Soldat der Menschheit, immer Soldat des Ideals sein.“ Das waren pathetische Worte, ganz in der Tradition des neojakobinischen Nationalismus und des universalen Sendungsbewusstseins der Französischen Revolution gedacht, und angesichts der Schrecken und Opfer des Krieges nachvollziehbar. Sie kündigten aber auch an, welchen politischen Druck die Öffentlichkeit in ihrer Mehrheit auf die französischen Diplomaten bei der Friedenskonferenz ausüben würde und welches die politischen Maximen der künftigen französischen Außenpolitik sein würden. Mit dem Rechtsruck der kommenden Jahre sollten diese sich sogar noch weiter verschärfen.

Meinungsverschiedenheiten über die Behandlung Deutschlands, was ein zentrales Thema der Versailler Konferenz war, gab es aber auch zwischen Großbritannien und Frankreich, gelegentlich auch zwischen London und Washington. Um die Konflikte zwischen den Siegermächten nicht zu offenbaren, durften die Verlierer nicht mit am Verhandlungstisch sitzen. Clemenceau verlangte, wenn auch nicht so kompromisslos wie Foch, die Abtrennung des Saarlandes und der linksrheinischen Gebiete Deutschlands, die einen eigenen, von Frankreich abhängigen Staat bilden sollten. Der englische Premier David Lloyd George wollte, um das machtpolitische Gleichgewicht auf dem Kontinent nicht völlig durcheinanderzubringen, Frankreich hingegen nicht übermäßig stark werden lassen. Darum widersetzte er sich allen französischen Expansionsbestrebungen. Wilson wollte die Deutschen ebenfalls schwächen, auch nachdem sich der Kaiser ins Exil begeben hatte. Andererseits versuchte er, den von ihm verfochtenen Grundsatz des Selbstbestimmungsrechts der Völker nicht vollständig von den machtpolitisch-nationalistischen und ethnischen Gegebenheiten und Interessen der Europäer infrage stellen zu lassen. Allein deswegen musste er sich den französischen Maximalforderungen wiedersetzen.

Am Ende fand man nach zähen Verhandlungen zu einem Kompromiss, der dem französischen Sicherheitsbedürfnis wie den englischen und amerikanischen Interessen ansatzweise gerecht wurde.

■ Am 28. Juni 1919 wurde im Spiegelsaal des Schlosses von Versailles der Friedensvertrag unterzeichnet, der den Ersten Weltkrieg beendete.

■ Die Aufteilung Österreich-Ungarns durch den Vertrag von Saint-Germain

Großbritannien und die USA sicherten Frankreich in einem Garantievertrag ihre Unterstützung für den Fall eines deutschen Angriffs zu. Elsass-Lothringen wurde ohne Volksabstimmung an Frankreich zurückgegeben. Das Saargebiet wurde für 15 Jahre unter Völkerbundverwaltung gestellt und sollte anschließend per Volksabstimmung selbst über seine Zugehörigkeit zu Deutschland oder Frankreich entscheiden. Das linksrheinische Gebiet wurde nicht wie von Frankreich gefordert vom Deutschen Reich abgetrennt, sondern zusammen mit einigen Brückenköpfen auf dem rechten Rheinufer für 5 bis 15 Jahre, nach Zonen gestaffelt, entmilitarisiert. Sehr viel einschneidender waren die Gebietsverluste, die das Deutsche Reich im Osten hinnehmen musste. Neben Posen sollte ein Großteil von Westpreußen und Oberschlesien an Polen fallen, Danzig wurde zur Freien Stadt unter Völkerbundverwaltung gestellt, das Memelgebiet sollte der Kontrolle der Entente unterstehen. Das Gebiet um Eupen-Malmedy sollte Belgien als Entschädigung zugeschlagen werden, allerdings erst

■ Mit dem Handels-U-Boot „Deutschland" wurde bis zum Kriegseintritt der USA versucht, die britische Seeblockade zu umgehen. Dass die Blockade nach dem Waffenstillstand fortbestand, führte auf deutscher Seite zu großer Bestürzung.

nach einer fünfjährigen Übergangfrist, während der es unter internationaler Kontrolle stand. Die für 1925 angesetzte Volksabstimmung verlief unter sehr fragwürdigen Bedingungen, so dass viele Bürger unter belgischem Druck für einen Anschluss an den belgischen Staatsverband optierten, der dann im März 1925 vollzogen wurde. Im Falle einiger kleinerer Gebietsstreifen in den Masuren um Marienburg und Marienwerder sollte es ebenfalls Volksabstimmungen geben, wie auch in Nordschleswig. Empörung in Deutschland wie in Österreich löste schließlich das Verbot eines Anschlusses von Deutsch-Österreich aus, das nach der Zerschlagung des Habsburger-Reiches von dem einstigen Vielvölkerstaat übrig geblieben war. Deutschland musste im Versailler Vertrag die Unabhängigkeit Österreichs akzeptieren. Die deutschen Kolonien in Übersee wurden als Mandatsgebiete dem Völkerbund unterstellt.

So gravierend die territorialen, wirtschaftlichen und demografischen Folgen des Friedensvertrags waren (Deutschland büßte ein Siebtel seines Territoriums, ein Zehntel seiner Bevölkerung sowie ein Drittel seiner Kohlevorkommen und drei Viertel seiner Erzvorkommen ein), katastrophaler und folgenreicher waren die politisch-mentalen und ideologischen Folgen der Gebietsverluste, weil sie mit Verlusten an nationaler Souveränität und dem Gefühl der nationalen Demütigung einhergingen. Die künftige deutsche Reichswehr, die sich nicht mehr auf eine Allgemeine Wehrpflicht stützen durfte, wurde auf eine Stärke von 100 000 Mann beschränkt, die Bewaffnung mit schwerem Kriegsgerät wie Panzern, Flugzeugen oder U-Booten wurde ihr untersagt. Das traf den Nationalstolz und die lange militärische Tradition. Auch musste Deutschland den Siegermächten für fünf Jahre Sonderkonditionen im Handel einräumen. Die nationalen Leidenschaften und die nie abreißenden Proteste rich-

teten sich aber vor allem gegen den Artikel 231, der in Deutschland als „Kriegsschuldparagraf" verstanden wurde, obwohl es sich eigentlich nur um die juristische Formulierung eines alliierten Rechtsanspruchs auf Entschädigungen und Reparationen handelte. Auch wenn eine moralische Verurteilung von den amerikanischen Juristen, die den Artikel formuliert hatten, nicht beabsichtigt gewesen sein mag, konnte man ihn doch als Vorwurf der Kriegsschuld verstehen, vor allem wenn man den Artikel 231 in Verbindung mit der These las, der Krieg sei ein von Deutschland und seinen Verbündeten geführter Angriffskrieg gewesen und folglich müsse Deutschland alle dafür verantwortlichen Staatsmänner, vor allem den Kaiser, sowie alle Kriegsverbrecher ausliefern.
Offen blieb vorerst die Höhe der von Deutschland als Entschädigung zu erbringenden Reparationsleistungen, da sich die Alliierten hierüber zunächst nicht einigen konnten. So blieb es bis 1921 bei Sachleistungen und der Abgabe von Goldvorräten von insgesamt 20 Milliarden Goldmark. Als dann auf einer Konferenz in Paris im Januar 1921 die astronomische Summe von 269 Milliarden Goldmark festgelegt wurde, sollte die nationale Empörung in Deutschland einen weiteren Höhepunkt erreichen und vor allem der politischen Rechten Zündstoff gegen den angeblichen „nationalen Verrat" der „Verzichtspolitiker" von der demokratischen Mitte und sozialdemokratischen Linken liefern.

DIE UNTERZEICHNUNG DES VERSAILLER VERTRAGS UND IHRE FOLGEN

Zunächst hatte der Entwurf des Friedensvertrags, wie er der deutschen Delegation am 7. Mai 1919 vorgelegt wurde, in der deutschen Öffentlichkeit ei-

WILHELM GROENER
*22. NOVEMBER 1867 LUDWIGSBURG
†3. MAI 1939 BORNSTEDT (HEUTE POTSDAM)

Wilhelm Groeners bemerkenswerte militärische Karriere liegt in seinen außerordentlichen Fähigkeiten begründet, die den Sohn eines Unteroffiziers zum führenden „Techniker", kultivierten Soldaten und schließlich zu einem der entscheidenden Offiziere im Generalstab machten. Als Chef der Eisenbahnabteilung war er vor dem Krieg für die Planung und Durchführung des Aufmarsches zuständig. In der dritten OHL unter Hindenburg und Ludendorff stieg er mit seinem Organisationstalent und seinem Verhandlungsgeschick zum Chef des Kriegsamtes auf, dem die Leitung und Kontrolle aller kriegswichtigen Wirtschaftsbereiche oblag. Das bedeutete permanente Gespräche und Verhandlungen mit Unternehmern und Gewerkschaften. Nach der Entlassung von Ludendorff am 26. Oktober 1918 übernahm Groener dessen Position als Erster Generalquartiermeister, was ihn vor allem vor die Aufgabe stellte, die Einheit des Offizierskorps und die Disziplin der geschlagenen Armee zu wahren. Groener überzeugte den Kaiser am 9. November 1918 von der Abdankung und überführte in Gesprächen mit Friedrich Ebert die Armee in das neue politische System.

■ Die alliierten Verhandlungsführer (v. l. n. r.) Vittorio Emmanuele Orlando (Italien), David Lloyd George (Großbritannien), Georges Clemenceau (Frankreich) und Woodrow Wilson (USA) posieren während der Verhandlungen von Versailles für den Fotografen.

nen einhelligen Aufschrei der Empörung ausgelöst, auch weil man sich noch immer an die Hoffnung auf einen „gerechten" und moderaten „Wilson-Frieden" geklammert hatte. Bei den Parteien der regierenden „Weimarer Koalition" aus Mehrheitssozialdemokraten, Zentrum und Deutscher Demokratischer Partei wollte man zunächst die Bedingungen für unannehmbar erklären und fand starke Worte des Protests. Ministerpräsident Philipp Scheidemann fragte erregt: „Welche Hand müsste nicht verdorren, die sich und uns in diese Fesseln legt?"

Die deutschen Unterhändler konnten mit der Unterstützung von Lloyd George lediglich noch bescheidene Veränderungen in den Vertragsbestimmungen erreichen. So sollte über die Zugehörigkeit von Oberschlesien zu Deutschland oder Polen in einer Volksabstimmung entschieden werden und bei deutschem Wohlverhalten wurde eine vorzeitige Aufhebung der Besatzung des Rheinlands in Aussicht gestellt. Diese Zugeständnisse bewirkten immerhin, dass sich in der Weimarer Nationalversammlung eine Mehrheit fand, die am 22. Juni 1919 mit 237 zu 138 Stimmen der Unterzeichnung des Friedensvertrags unter dem Vorbehalt zustimmte, dass der Kriegsschuldartikel und die Verpflichtung zur Auslieferung von Kriegsverbrechern keine bindende Wirkung hätten. Die alliierten Siegermächte reagierten prompt und forderten in einem Ultimatum, das auf 24 Stunden befristet war, den Vertrag ohne Vorbehalte zu unterzeichnen. Es blieb der deutschen Delegation keine andere Wahl als nachzugeben, denn die Gefahr einer militärischen Intervention der Alliierten war nicht gering. Das ließ sich die Reichsregierung auch von Groener bestätigen. Schließlich versicherten die Vertreter der rechten Opposition im Parlament, dass sie die patriotischen Motive auch der Abgeordneten, die für eine Annahme stimmen wollten, anerkennen würden. So stimmte schlussendlich eine Mehrheit von Mehrheitssozialdemokraten, Zentrumsabgeordneten und der linksliberalen DDP für die Unterzeichnung des Vertrags, die am 28. Juni 1919 im Spiegelsaal von Versailles stattfand.

Dieser schwache nationale politische Konsens sollte nicht lange halten. Die breite Ablehnung des Versailler Vertrages taugte nicht, um aus dieser vorübergehenden Einigkeit eine dauerhafte innenpolitische Kooperation im Sinne gemeinsam vertretener revisionistischer Forderungen zu machen. Im Gegenteil,

■ Propagandaplakate wie dieses aus dem Jahr 1920 und Demonstrationen gegen den „Schandfrieden von Versailles" waren Alltag in der Weimarer Republik.

die scharfe Polemik gegen den Versailler Vertrag, der als „Schandfrieden“ die öffentliche politische Diskussion beherrschte, wurde von der politischen Rechten als Waffe gegen die angeblichen Verzichtpolitiker der Linken und der Mitte eingesetzt. Die Chancen, die die internationale politische Situation im Laufe der Jahre für eine schrittweise Veränderung und Lockerung der Vertragsbedingungen bot, wurden nur von wenigen klug kalkulierenden Beobachtern erkannt.

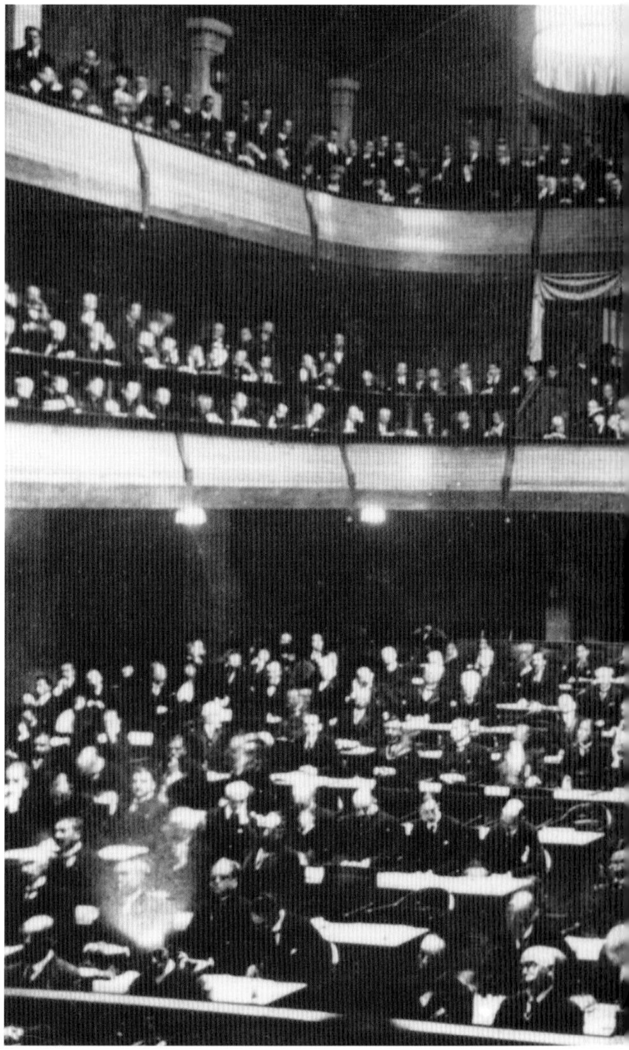

DER VÖLKERBUND

Wilson, der aus innenpolitischen Gründen in der entscheidenden Verhandlungsphase nicht in Versailles anwesend sein konnte und sich von seinem Außenminister vertreten lassen musste, wollte das Vertragswerk trotz aller Widersprüche auf jeden Fall durchbringen. Dabei ging es ihm primär um die Einrichtung des Völkerbundes, von dem er sich ein neues demokratisches Element in der internationalen Politik und ein zukunftsweisendes Instrument zur kollektiven Konfliktregelung und zur Gewährleistung der internationalen Sicherheit versprach. Mit Hilfe des Völkerbundes sollte der Frieden auf der Welt langfristig organisiert und institutionell gesichert werden. Doch auch dieser zweite Pfeiler einer neuen Ordnung, der neben die Bildung neuer Staaten auf der vermeintlichen Basis des Selbstbestimmungsrechtes der Völker trat und sich auch gegen Lenins weltrevolutionäre Programmatik und Bedrohung richten sollte, war von inneren Widersprüchen begleitet und belastet. Allein schon sein eigentlicher Name „Liga der Nationen“ deutete an, dass neben der neuen Weltordnung das nationalstaatliche Souveränitätsprinzip weiterhin Fortbestand haben sollte, was die Autorität dieses Weltgremiums erheblich minderte. Der Sprung in die „Weltgesellschaft der Staaten“ blieb im Dickicht machtpolitischer nationalstaatlicher Realitäten hängen, weil weder die Grundidee einer Beteiligung aller Staaten noch die Gleichberechtigung aller Mitgliedstaaten erreicht wurde. Die besiegten Staaten Deutschland, Österreich, Ungarn, Bulgarien und die Türkei, aber auch die revolutionäre Sowjetunion blieben zunächst ausgeschlossen und konnten nur auf ihre baldige Aufnahme hoffen. Das machte den Völkerbund für viele zu einer Versammlung der Sieger, zumal im Völkerbundsrat, dem eigentlichen Macht- und Entscheidungsgremium, lediglich die Groß- bzw. Siegermächte USA, Großbritannien, Frankreich, Italien und Japan einen ständigen Sitz hatten. Auch verfügte der Völkerbund über nur wenige Möglichkeiten, um mit Sanktionen seine Beschlüsse zur Konfliktregelung auch durchzusetzen. Die große Vision des US-amerikanischen Präsidenten, durch eine offene Diplomatie den Frieden zu sichern, musste sich als Illusion erweisen. Durch die starken und antagonistischen nationalistischen Tendenzen in den Staaten der Nachkriegszeit blieb die Hoffnung auf die Ent-

■ Am 11. November 1920 trat die Völkerbundversammlung erstmals in Genf zusammen.

wicklung demokratischer Verfassungsordnungen sowie einer freien, marktorientierten Wirtschaft mit einer internationalen demokratischen und kollektiven Friedenssicherung allenfalls visionär.

KRITIK AM VERTRAGSWERK

Wilson wurde für viele Deutsche in kurzer Zeit von einem ersehnten Friedensbringer, der mit der Berufung auf das Prinzip des Selbstbestimmungsrechtes der Völker die Hoffnung auf einen maßvollen Frieden genährt hatte, zu einer Figur des nationalen Hasses und Ziel heftiger Vorwürfe des Verrats. Für die nationale Rechte bot sich nun die Chance, der Demokratie im Inneren wie in der Außenpolitik den Kampf anzusagen und dem Versailler Vertrag sowie der angeblichen sozialistisch-revolutionären innenpolitischen Bedrohung in einem permanenten Propagandafeldzug die Schuld für die Nachkriegskrise zu geben. Der Friedensschluss wurde zum Gegenstand ihrer Fundamentalopposition.

Auch in den Siegerstaaten gab es Kritik am Versailler Vertrag. Die Ablehnung kam dort von den Vertretern der linken Parteien und Zeitungen, die die Verletzung vieler Verheißungen anprangerten. Auch die politische Rechte kritisierte das Vertragswerk, weil es zu weich sei. Er gebe Deutschland die Chance, in einem oder spätestens in zwei Jahrzehnten wieder als Großmacht zu erstehen. Einer der prominentesten Kritiker, dessen Stimme in Deutschland mit Zustimmung gehört wurde, war der Öko-

■ Die geplante Neuordnung des Osmanischen Reiches nach dem Vertrag von Sèvres. Bis 1923 konnten viele Gebietsabtretungen revidiert werden

nom John Maynard Keynes, der als Vertreter des britischen Schatzkanzlers an den Verhandlungen in Versailles teilgenommen und dann aus Protest gegen den Vertrag sein Amt aufgegeben hatte. In seinem Buch über die „Ökonomischen Folgen des Friedens" charakterisierte er nicht nur die einzelnen Verhandlungsführer voller Sarkasmus als unfähig und weltfremd, sondern stellte auch den Vertrag als einen „Karthago-Frieden" dar. Er könne seine Ziele nicht verwirklichen, weil er einerseits Deutschland seiner wirtschaftlichen Ressourcen beraube und das Land zahlungsunfähig mache, andererseits von den Deutschen Unsummen an Reparationszahlungen etc. verlange. Diese Forderungen seien von reinem Wunschdenken und nicht von der Einsicht in die Wirklichkeit einer Wirtschaftsordnung geprägt. Die Auswirkungen dieser ökonomisch verfehlten Reparationspolitik träfen nicht nur die Besiegten, sondern eines Tages auch die Sieger, die sich daran gewöhnten, von den deutschen Transferleistungen zu leben und die eigenen Kriegskosten nicht durch höhere Steuern einzutreiben, was schließlich zu einer Entwertung des Francs führen müsse.

Seine Prophezeiungen sollten sich bald als zutreffend erweisen: „Vor uns steht ein leistungsunfähiges, arbeitsloses, desintegriertes Europa, zerrissen vom Hass der Völker und innerem Aufruhr, kämpfend, hungernd, plündernd und schwindelnd – wo soll man weniger düstere Farben hernehmen?" Die Gegenvorschläge von Keynes waren ökonomisch und auch aus internationaler wirtschaftlicher Perspektive sicherlich sinnvoll, aber politisch in einer Welt schärfster nationalistischer Aggressions- und Rachegefühle nicht durchführbar: Die deutschen Reparationsleistungen sollten mit einer Summe von 40 Milliarden Goldmark abgegolten sein und die internationalen Kriegsschulden sollten gestrichen werden. Stattdessen sollte eine internationale Anleihe geschaffen werden, um im gemeinsamen Bestreben der Alliierten und der Deutschen den Wiederaufbau in Russland zu fördern.

DIE WEITEREN FRIEDENSSCHLÜSSE VON PARIS

Auch die vier weiteren Friedensverträge zwischen den Siegermächten und Österreich, Bulgarien, Ungarn und dem Osmanischen Reich trugen den kritischen Anmerkungen von Keynes keine Rechnung. Im Gegenteil, die Aufgaben waren noch größer und noch schwieriger zu lösen, und die Konzepte waren der komplexen nationalpolitischen und wirtschaftlichen Situation in Südosteuropa noch weniger angemessen. In den Verträgen, die mit Österreich in Saint-Germain, mit Ungarn im Palais Grand Trianon, mit Bulgarien in Neuilly-sur-Seine und später mit dem Osmanischen Reich in Sèvres geschlossen wurden, sollte der gesamte südosteuropäische Raum neu geordnet werden.

Die besiegten Staaten wurden amputiert, die neuen Staaten, die teilweise aus der Konkursmasse Österreich-Ungarns und des Osmanischen Reiches hervorgegangen waren, sollten eine Grenzziehung nach den Regeln der Selbstbestimmung der Völker bekommen – was jedoch angesichts der Gemengelage der Nationalitäten und Ethnien auf dem Balkan eine geschlossene Territorialbildung unmöglich machte. So wurden entweder Grenzen über Ethnien hinweg bewegt oder Ethnien wurden verpflanzt. Beides schuf nationale Ressentiments bei den Betroffenen, es entstanden unfertige und konfliktreiche Staaten mit ethnischen Minderheiten und voller ökonomischer Probleme, weil oft alte Handelsverbindungen zerrissen wurden und auf allem die materielle Not der Nachkriegszeit lastete. Die Minderheitensituationen in den neuen Staaten und die territorialen Verluste bei den Besiegten schufen neuen politischen Zündstoff. Die Folgen reichen teilweise – wie der Jugoslawienkonflikt der 1990er Jahre zeigte – bis in die Gegenwart. Zu den ethnischen Gegensätzen kamen viele andere innenpolitische Krisenherde der neuen Staaten, die daher keine stabilen demokratischen Regimes entwickeln konnten. Sie waren zudem sehr bald zwischen der kommunistisch-revolutionären Bedrohung und autoritär-militärischen Diktaturbewegungen eingezwängt.

Verstärkt wurden diese Konflikte von heftigen nationalpolitischen und internationalen Gegensätzen. Der gesamte Raum zerfiel in Status-quo-orientierte und in revisionistische Staaten, die sozioökonomischen Strukturschwächen wurden durch diese Zersplitterung noch verstärkt. Auch Teil-Allianzen, wie die Kleine Entente der Status-quo-Länder Tschechoslowakei, Rumänien und Jugoslawien, die alle von den Pariser Vorortverträgen profitiert hatten, ermöglichten unter diesen Umständen keine konstruktive Außenpolitik. Die jungen Staaten konnten weder die Erwartungen der westlichen Siegermächte auf Stabilisierung und Abschirmung gegenüber der kommunistischen Revolutionsdrohung aus Moskau einlösen, noch die Sicherheitsinteressen Frankreichs gegenüber Deutschland mit unterstützen.

Der problematische Charakter der Neuregelungsversuche von Paris zeigte sich sehr schnell und eindringlich beim Vertrag von Sèvres mit dem Osmanischen Reich. Vor allem hatten sich die Westmächte England und Frankreich, aber auch Italien und Griechenland aus bündnis- und machtpolitischen Überlegungen bzw. Interessen in Geheimabkommen bereits im Vorfeld auf eine Aufteilung der Türkei festgelegt, was sich nun mit den Versprechungen Wilsons auf Errichtung von Völkerbundmandaten vor allem bezüglich Palästinas und anderen nichttürkischen Gebieten, die damit auf Selbstständigkeit hoffen konnten, kaum in Übereinstimmung bringen ließ. Der Vertrag, den die türkische Regierung in Sèvres unter Zwang unterschreiben musste, wurde zwar nie umgesetzt, führte aber in der Türkei zum Sturz des Sultans und zum Aufstieg einer türkisch-nationalistischen Massenbewegung unter dem Kriegshelden Mustafa Kemal (Atatürk), der schließlich einen neuen autoritären Staat gründete. Dies wurde zum Vorbild für andere autoritäre Regime, die an die Stelle der schwachen Nachkriegsdemokratien traten. Damit sollte eine der Verheißungen, mit denen Wilson und andere den Krieg gerechtfertigt hatten, nämlich ein neues Zeitalter der Demokratie und der nationalen Selbstbestimmung zu begründen, spätestens 10 bzw. 15 Jahre nach Kriegsende gescheitert sein.

1914

- 28. Juni: In Sarajevo werden der österreichische Thronfolger Franz Ferdinand und seine Gattin ermordet.
- 6. Juli: „Blankovollmacht". Deutschland versichert Österreich-Ungarn seine Bündnistreue.
- 28. Juli: Österreich-Ungarn erklärt Serbien den Krieg.
- 30. Juli: Mobilmachung Russlands
- 31. Juli: Wien gibt die Generalmobilmachung bekannt.
- 1. August: Berlin ordnet ebenfalls die Mobilmachung seiner Streitkräfte an.
- 1. August: Mobilmachung Frankreichs
- 1. August: Das Deutsche Reich erklärt Russland den Krieg.
- 2. August: Berlin schließt ein Bündnis mit dem Osmanischen Reich.
- 2. August: Eroberung Luxemburgs durch deutsche Truppen.
- 3. August: Deutschland erklärt Frankreich den Krieg.
- 4. August: Deutschland überfällt das neutrale Belgien.
- 4. August: Großbritannien erklärt Deutschland wegen des völkerrechtswidrigen Einfalls in Belgien den Krieg.
- 4. August: Wilhelm II. beschwört in einer Rede vor dem Reichstag die „Burgfriedenspolitik". Nachdem die Sozialdemokraten Ende Juli noch in vielen deutschen Städten zu Antikriegsdemonstrationen aufgerufen hatten, stimmen sie nun den Kriegskrediten zu.
- 6. August: Serbien erklärt dem Deutschen Reich den Krieg.
- 6. August: Österreich-Ungarn erklärt Russland den Krieg.
- 9. August: Britische Truppen erreichen Frankreich.
- 11. August: Die Armee Österreich-Ungarns attackiert Serbien, weicht nach einer Niederlage jedoch bis hinter die Donau zurück.
- 12. August: Großbritannien erklärt Österreich-Ungarn den Krieg.
- 12. August: Russland beginnt seinen Angriff an der Ostfront.
- 13. August: Frankreich erklärt Österreich-Ungarn den Krieg.
- 19./20. August: Die Schlacht bei Gumbinnen endet mit einer deutschen Niederlage. Die deutschen Truppen ziehen sich bis zur Weichsel zurück.
- 20. August: Deutsche Truppen besetzen Brüssel.
- 20.–22. August: Schlacht in Lothringen. Den deutschen Kräften gelingt es, die französischen Truppen weit zurückzudrängen.
- 22. August: Paul von Hindenburg übernimmt die Führung der 8. Armee an der Ostfront.
- 23. August: Deutsche Einheiten nehmen das belgische Namur ein.
- 23. August: Kriegserklärung Japans an Deutschland. Österreich-Ungarn erklärt Japan den Krieg.
- 26.–31. August: In der Schlacht von Tannenberg gelingt es der deutschen Armee trotz zahlenmäßiger Unterlegenheit, die Russen zu schlagen.
- 2. September: Angesichts des deutschen Vormarschs weicht die französische Regierung nach Bordeaux aus.
- 6.–9. September: Marneschlacht. Eine erfolgreiche Gegenoffensive der Entente stoppt den deutschen Vormarsch und markiert einen Wendepunkt im Kriegsverlauf, der nun zum Stellungskrieg wird. Der Versuch der OHL, einen Zweifrontenkrieg zu vermeiden, scheitert.
- 6.–11. September: Schlacht von Lemberg. Nach der Niederlage gegen die Russen ziehen sich die österreichisch-ungarischen Truppen in die Karpaten zurück.
- 6.–14. September: Schlacht an den Masurischen Seen. Deutsche Truppen zwingen die russischen Armeen zum Rückzug.
- 9. September: Reichskanzler Theobald von Bethmann Hollweg beschließt das „Septemberprogramm", Pläne für einen Waffenstillstand zu deutschen Bedingungen.
- 14. September: Erich von Falkenhayn löst Moltke als Chef des Generalstabs ab.
- 20. Oktober–17. November: Erste Flandernschlacht. Der „Wettlauf zum Meer" verbleibt zwar ohne eindeutigen Sieger, der Entente gelingt es jedoch, taktisch wichtige Häfen zu verteidigen.
- 29. Oktober: Osmanische Schiffe beschießen den Hafen von Odessa. Zugleich erfolgt eine Kriegserklärung an Russland und Frankreich.
- 29. Oktober: Serbien erklärt dem Osmanischen Reich den Krieg.
- 1. November: Ernennung Paul von Hindenburgs zum Oberbefehlshaber Ost
- 2.–6. November: Die Mitgliedsstaaten der Entente erklären dem Osmanischen Reich den Krieg.
- 17.–25. November: Schlacht um Lodz. Deutschen Truppen gelingt es durch eine Offensive, russische Korps bei Lodz einzukreisen und deren Vormarsch auf Ostpreußen zu stoppen.
- 11. November: Sultan Mohammed V., Oberhaupt des muslimischen Kalifats, ruft zum „Heiligen Krieg" auf.
- 8. Dezember: In der Seeschlacht bei den Falklandinseln wird das deutsche Ostasiengeschwader von der britischen Marine vernichtend geschlagen.
- 24. Dezember: An Teilen der Westfront kommt es zu Verbrüderungen zwischen deutschen und britischen Soldaten, dem sogenannten „Weihnachtsfrieden".

1915

- 25. Januar: Einführung von Brotmarken in Deutschland
- 7.–27. Februar: Winterschlacht in den Masuren. Die deutsche Armee unter Hindenburg schlägt die russischen Truppen.
- 16. Februar–19. März: In der Winterschlacht in der Champagne versuchen französische und britische Truppen vergeblich, die Verteidigungslinien der deutschen Armee zu durchbrechen.
- 22. Februar: Die Oberste Heeresleitung verkündet zum ersten Mal den uneingeschränkten U-Boot-Krieg.
- 21. März: Deutscher Luftangriff auf Paris
- 22. April–24. Mai: Zweite Flandernschlacht. Den deutschen Truppen gelingt es nicht, den alliierten Frontbogen bei Ypern zu durchbrechen.
- 22. April: Deutsche Truppen setzen bei Ypern erstmals großflächig Chlorgas ein.
- 26. April: Italien schließt einen Geheimvertrag mit Großbritannien, Frankreich und Russland und verpflichtet sich zum Kriegseintritt auf Seiten der Entente.
- 7. Mai: Ein deutsches U-Boot versenkt das britische Passagierschiff „Lusitania".
- 9. Mai–18. Juni: Lorettoschlacht. Die französisch-britische Großoffensive im Artois scheitert und muss aufgrund der hohen Verluste schließlich abgebrochen werden.
- 23. Mai: Italien schließt sich der Entente an und erklärt Österreich-Ungarn den Krieg.
- 27. Mai: Das Osmanische Reich verabschiedet ein Deportationsgesetz, das zum Völkermord an der armenischen Bevölkerung führt.
- 23. Juni: Die Italiener eröffnen die Erste Isonzo-Schlacht. Bis 1917 versuchen die italienischen Truppen in insgesamt zwölf Schlachten vergeblich, die österreichisch-ungarischen Stellungen am Isonzo zu durchbrechen.
- 4. August: Deutsche Truppen besetzen Warschau.
- 7. August: Zar Nikolaus II. entlässt den Großfürsten Nikolaus als Oberkommandierenden und übernimmt wenig später selbst den Oberbefehl.
- 21. August: Italien erklärt dem Osmanischen Reich den Krieg.
- 6. September: Bulgarien schließt sich den Mittelmächten an.
- 22. September–14. Oktober: Herbstschlacht im Artois und in der Champagne. Der französisch-britische Versuch, die deutsche Abwehrfront zu durchstoßen, scheitert erneut.
- 14. Oktober: Bulgarien erklärt Serbien den Krieg.
- 15. Oktober: Großbritannien erklärt Bulgarien den Krieg.
- 16. Oktober: Frankreich erklärt Bulgarien den Krieg.
- 6.–8. Dezember: Auf einer Konferenz in Chantilly beschließen die Alliierten eine Generaloffensive an allen Fronten.

1916

- 21. Februar–21. Juli: Schlacht bei Verdun. Die deutsche Offensive im Norden von Verdun führt zu großen Verlusten auf beiden Seiten (insgesamt fallen etwa 700 000 Soldaten).
- 1. Mai: Karl Liebknecht wird auf einer von ihm mitorganisierten illegalen Antikriegsdemonstration in Berlin verhaftet.
- 27. Mai: US-Präsident Woodrow Wilson spricht sich in einer Rede in Washington für Frieden aus.
- 31. Mai–1. Juni: In der Seeschlacht am Skagerrak erzielt die deutsche Hochseeflotte taktische Erfolge. Trotz doppelt so hoher Verluste bleibt die britische Flotte jedoch überlegen und hält die Seeblockade aufrecht.
- 7. Juni: Deutsche Truppen erobern die Festung Fort Vaux bei Verdun.
- 24. Juni–19. November: Schlacht an der Somme. Eine britisch-französische Großoffensive führt zu monatelangen Kämpfen, die ergebnislos bleiben und zu hohen Verlusten auf beiden Seiten führen.
- 17. August: Rumänien schließt sich als letztes neutrales Land auf dem Balkan den Alliierten an.
- 29. August: Paul von Hindenburg wird als Nachfolger Falkenhayns Chef des Generalstabs.
- 29. August: Erich Ludendorff wird als Generalquartiermeister in die 3. OHL unter Hindenburg berufen.
- 31. August: Hindenburg und Ludendorff fordern das Preußische Kriegsministerium zu einer Mobilisierung aller verfügbaren Ressourcen auf („Hindenburg-Programm“).
- 3. September: Der Feldzug der Mittelmächte gegen Rumänien beginnt.
- 15. September: Großbritannien setzt an der Somme erstmals Panzer ein.
- 24. Oktober: Französische Gegenoffensive bei Verdun
- 5. November: Die Mittelmächte proklamieren das Königreich Polen.
- 21. November: Franz Joseph, Kaiser von Österreich und König von Ungarn, stirbt. Seine Nachfolge tritt sein Großneffe Karl I. an.
- 3. Dezember: Nach verheerenden Verlusten bei Verdun und an der Somme wird der französische Oberbefehlshaber Joseph Joffre durch Robert Nivelle ersetzt.
- 5. Dezember: Deutsche Truppen erobern die rumänische Hauptstadt Bukarest.
- 5. Dezember: In Deutschland tritt ein Hilfsdienstgesetz in Kraft, das alle männlichen Personen zwischen 17 und 60 Jahren zum Arbeitsdienst verpflichtet.
- 5. Dezember: Der britische Premierminister Herbert Henry Asquith tritt zurück.
- 10. Dezember: David Lloyd George wird britischer Premierminister.
- 12. Dezember: Reichskanzler Bethmann Hollweg legt in einer Rede vor dem Reichstag ein Friedensangebot vor, um die Wiederaufnahme des uneingeschränkten U-Boot-Krieges zu verhindern.
- 26. Dezember: Das Deutsche Reich willigt in die Teilnahme an einer Friedenskonferenz ein.
- 30. Dezember: Die Alliierten weisen die deutsche Friedensinitiative zurück.

1917

- 9. Januar: Kaiser Wilhelm II. ordnet an, zum 1. Februar den uneingeschränkten U-Boot-Krieg wiederaufzunehmen.
- 12. Januar: Hungerprotest vor dem Rathaus in Hamburg
- 3. Februar: Der amerikanische Präsident bricht die diplomatischen Beziehungen zum Deutschen Reich ab.
- 10. März (25. Februar nach julianischem Kalender): Im Zentrum Petrograds demonstrieren rund 200 000 Arbeiter. Die Proteste weiten sich zur „Februarrevolution" aus.
- 11. März: Britische Truppen erobern Bagdad.
- 13. März (28. Februar): Die gesamte Petrograder Garnison läuft auf die Seite der Demonstranten über.
- 15. März: Zar Nikolaus II. dankt ab.
- 17. März: Der französische Ministerpräsident Aristide Briand tritt zurück. Sein Nachfolger wird Alexandre Ribot.
- 18. März: Die im Januar begonnene Verlegung der deutschen Truppen in die „Hindenburg-Linie" ist abgeschlossen.
- 5. April: Die USA erklären dem Deutschen Reich den Krieg.
- 7. April: „Osterbotschaft" Kaiser Wilhelms II. (Reform des preußischen Dreiklassenwahlrechts)
- 9. April: Wladimir Iljitsch Lenin verlässt die Schweiz, um über Deutschland nach Russland zurückzukehren.
- 9. April: Amerikanische Seestreitkräfte landen in Großbritannien und eröffnen den Kampf im U-Boot-Gebiet.
- 11. April: In Gotha wird die „Unabhängige Sozialdemokratische Partei Deutschlands" (USPD) gegründet.
- 23. April: Auf einer Konferenz in Bad Kreuznach erheben die Mittelmächte Gebietsforderungen, die einen Verständigungsfrieden unmöglich machen.
- 18. Juni: Beginn der russischen „Kerenskij-Offensive", deren Scheitern den Mittelmächten eine Gegenoffensive ermöglicht.
- 27. Juni: Griechenland tritt auf der Seite der Entente in den Krieg ein.
- 29. Juni: Griechenland erklärt dem Deutschen Reich, Österreich-Ungarn, dem Osmanischen Reich und Bulgarien den Krieg.
- 12. Juli: Deutsche Truppen setzen bei Ypern erstmals Senfgas ein.
- 13. Juli: Reichskanzler Bethmann Hollweg wird auf Betreiben der OHL gestürzt. Sein Nachfolger wird Georg Michaelis.
- 19. Juli: Zentrum, Fortschrittspartei und Sozialdemokraten fordern im Reichstag einen Verhandlungsfrieden ohne Annexionen und Kontributionen.
- 31. Juli–6. November: Dritte Flandernschlacht. Nach einer Offensive kann die britische Armee nur geringe Gebietsgewinne erzielen und muss ebenso wie die deutschen Truppen große Verluste hinnehmen.
- 1. August: Friedensnote Papst Benedikts XV.
- 14. August: China erklärt dem Deutschen Reich und Österreich-Ungarn den Krieg.
- 2. September: Die „Vaterlandspartei" bildet sich und zielt im Gegensatz zur Friedensresolution vom 19. Juli auf einen Siegfrieden („Hindenburg-Frieden") ab.
- 3. September: Deutsche Truppen besetzen Riga.
- 25. Oktober: Im Zuge der Zwölften Isonzo-Schlacht durchbrechen österreichisch-ungarische Truppen mit deutscher Unterstützung die feindlichen Stellungen bei Caporetto und drängen die Italiener hinter den Piave zurück.
- 1. November: Graf Georg von Hertling löst Michaelis als Reichskanzler ab.
- 7. November (25. Oktober): Ausbruch der Oktoberrevolution in Russland
- 8. November (26. Oktober): Lenin verkündet die Bildung einer neuen Regierung, dem „Rat der Volkskommissare".
- 20. November–6. Dezember: Panzerschlacht von Cambrai.
- 3. Dezember: In Brest-Litowsk finden zwischen den Mittelmächten und Russland Friedensverhandlungen statt.

1918

- 8. Januar: US-Präsident Wilson legt dem Kongress sein Vierzehn-Punkte-Programm vor.
- 9. Februar: In Brest-Litowsk wird ein Separatfrieden zwischen den Mittelmächten und der Ukraine geschlossen („Brotfrieden").
- 17. Februar: Deutsche Truppen besetzen weiteres russisches Territorium, nachdem die Bolschewiki die Annexionsforderungen der Mittelmächte abgelehnt haben.
- 24. Februar: Rumänien verhandelt mit den Mittelmächten über einen Friedensschluss.
- 3. März: Die Mittelmächte und Russland unterzeichnen den Friedensvertrag von Brest-Litowsk.
- 7. März: Finnland schließt einen Sonderfrieden mit dem Deutschen Reich.
- 21. März–5. April: Vierte Flandernschlacht. Deutsche Truppen durchdringen im Zuge der „Operation Michael" die britische Frontlinie, müssen die Offensive jedoch aufgrund französischer Gegenangriffe abbrechen.
- 1. Mai: Die ersten amerikanischen Bodentruppen werden an der Westfront eingesetzt.
- 7. Mai: Friede von Bukarest. Rumänien und die Mittelmächte unterzeichnen einen Friedensvertrag.
- 27. Mai: Auf Anordnung Ludendorffs beginnt die „Operation Blücher". Nach erfolgreichem Verlauf der Offensive nähern sich die deutschen Einheiten Paris und besetzen die Stadt Soissons.
- 9. Juni: Ludendorff ordnet am Matz, einem Nebenfluss der Oise, eine weitere Offensive an. Die Franzosen können mit amerikanischer Unterstützung den Vorstoß der Deutschen aufhalten.
- 15. Juni: Die militärische Führung Österreich-Ungarns schickt ihre geschwächten Truppen noch einmal in eine Offensive an der italienischen Front.
- 13. Juli: Der Reichstag bewilligt abermals neue Kriegskredite.
- 15.–17. Juli: In der Zweiten Marneschlacht kommt die deutsche Offensive endgültig zum Stehen.
- 16. Juli: Nikolaus II. und seine Familie werden ermordet.
- 8. August: Tankangriff von Amiens („Schwarzer Tag des deutschen Heeres")
- 14. August: Die politische Führung Deutschlands trifft sich zum Kronrat in Spa.
- 3. September: Der französische Oberbefehlshaber Foch ordnet eine weitere Offensive der Alliierten an allen Fronten an.
- 16. September: Der österreichische Kaiser Karl I. fordert den amerikanischen Präsidenten Wilson dazu auf, Friedensbedingungen zu nennen.
- 19.–21. September: In der Schlacht von Megiddo („Palästinaschlacht") schlagen britische Truppen unter General Edmund Allenby die osmanische Armee vernichtend.
- 29. September: Ludendorff unterrichtet Kaiser Wilhelm II. und Reichskanzler Hertling über die bevorstehende Kriegsniederlage und spricht sich für einen sofortigen Waffenstillstand aus.
- 29. September: Bulgarien kapituliert nach einer militärischen Niederlage gegen französische und serbische Truppen.
- 30. September: Hertling tritt nach knapp einem Jahr Amtszeit als Reichskanzler zurück.
- 3. Oktober: Prinz Max von Baden wird zum neuen Reichskanzler ernannt.
- 4. Oktober: In der Nacht vom 3. auf den 4. Oktober wird ein deutsches Friedensangebot an US-Präsident Wilson abgesandt.
- 14. Oktober: US-Präsident Wilson lehnt das deutsche Friedensangebot ab und fordert in zwei Noten (die zweite folgt am 23. Oktober) indirekt die deutsche Kapitulation.
- 24. Oktober: Hindenburg und Ludendorff verlangen die Wiederaufnahme der Kampfhandlungen.
- 26. Oktober: Ludendorff wird aus seinem Amt entlassen. Wilhelm Groener übernimmt dessen Position als Erster Generalquartiermeister.
- 28. Oktober: Die Alliierten durchbrechen die österreichisch-ungarische Front am Piave.
- 28. Oktober: Die Tschechoslowakei wird gegründet.
- 29. Oktober: In Wilhelmshaven (später auch in Kiel) weigern sich Matrosen, dem Befehl der Admiralität zum Auslaufen zu folgen.
- 30. Oktober: Das Osmanische Reich schließt einen Waffenstillstand mit den Alliierten.
- 31. Oktober: In Wien und Budapest bricht die Revolution aus.
- 3. November: Kapitulation Österreich-Ungarns
- 8. November: Beginn der Waffenstillstandsverhandlungen in Compiègne
- 9. November: Reichskanzler Max von Baden verkündet die Abdankung Kaiser Wilhelms II. und überträgt sein Amt an Friedrich Ebert (SPD).
- 9. November: Philipp Scheidemann (SPD) ruft die Deutsche Republik aus.
- 9. November: Karl Liebknecht (Spartakusbund) ruft die „Freie Sozialistische Republik" aus.
- 10. November: Kaiser Wilhelm II. flieht ins niederländische Exil.
- 11. November: In Europa wird ein Waffenstillstand geschlossen. Der Friedensvertrag, der die alleinige Kriegsschuld Deutschlands festhält, wird am 28. Juni 1919 im Schloss von Versailles unterzeichnet.
- 12. November: In Deutschland wird das Frauenwahlrecht eingeführt.
- 12. November: Österreich wird zur Republik.
- 16. November: Ungarn wird zur Republik.

BIBLIOGRAFIE

Die Bibliografie stellt eine systematisch gegliederte Auswahl aus der umfangreichen wissenschaftlichen Literatur dar und legt den Schwerpunkt auf deutschsprachige Veröffentlichungen. Bei den genannten Titeln handelt es sich zugleich um die Veröffentlichungen, die der vorliegenden Darstellung als Grundlage dienten. Der Charakter eines Sachbuchs ließ einen unmittelbaren Beleg der verwendeten Literatur nicht zu.

1. Der Erste Weltkrieg im Zusammenhang der deutschen und europäischen Geschichte des 19./20. Jahrhunderts.

Modris Eksteins: Tanz über den Gräbern. Die Geburt der Moderne und der Erste Weltkrieg, Hamburg 1990.
Niall Ferguson: Der falsche Krieg. Der Erste Weltkrieg und das 20. Jahrhundert, Stuttgart 1999.
Stig Förster: Der doppelte Militarismus. Die deutsche Kriegsrüstung zwischen Status-quo-Sicherung und Aggression 1890–1913, Stuttgart 1985.
Klaus Hildebrand: Das vergangene Reich. Deutsche Außenpolitik von Bismarck bis Hitler, Stuttgart 1995.
Andreas Hillgruber: Deutschlands Rolle bei der Vorgeschichte der beiden Weltkriege, Göttingen 1979.
Eric Hobsbawm: Das Zeitalter der Extreme. Weltgeschichte des 20. Jahrhunderts, München 1998.
James Joll: Die Ursprünge des Ersten Weltkrieges, München 1988.
Lutz Raphael: Imperiale Gewalt und mobilisierte Nation. Europa 1914–1945. (C.H. Beck Geschichte Europas), München 2010.
Michael Stürmer: Das ruhelose Reich. Deutschland 1866–1918 (Siedler Deutsche Geschichte, Abt. 2: Die Deutschen und ihre Nation, Bd. 3), Berlin 1986.
Hans-Ulrich Thamer (Hg.): Globalisierung. 1880 bis heute. (WBG-Weltgeschichte. Hg. W. Demel u.a., Bd. 6), Darmstadt 2010.
Hans-Ulrich Wehler: Deutsche Gesellschaftsgeschichte, Bd. 4: Vom Beginn des Ersten Weltkriegs bis zur Gründung der beiden deutschen Staaten 1914–1949, München 2003.
Emily S. Rosenberg (Hg.): Weltmärkte und Weltkriege 1870–1945. (C.H. Beck/Harvard UP–Geschichte der Welt. Hg. A. Iriye/J. Osterhammel, Bd. 5), München 2012.

2. Gesamtdarstellungen mit europäischer Perspektive, vor allem zur politischen und militärischen Geschichte.

Holger Afflerbach: Falkenhayn. Politisches Denken und Handeln im Kaiserreich, München 1994.
Jean-Jacques Becker/Stéphane Audoins-Rouzeau (Hg.): Encyclopédie de la Grande Guerre, Paris 2004.
Jean-Jacques Becker/Gerd Krumeich: Der Große Krieg. Deutschland und Frankreich im Ersten Weltkrieg 1914–1918, Essen 2010.
Volker Berghahn: Der Erste Weltkrieg, München 2003.
Wolfdieter Bihl: Der Erste Weltkrieg 1914–1918.Chronik, Daten, Fakten, Wien/Köln/Weimar 2010.
Roger Chickering: Das Deutsche Reich und der Erste Weltkrieg, München 2005.
Peter Englund: Schönheit und Schrecken. Eine Geschichte des Ersten Weltkriegs erzählt in neunzehn Schicksalen, Berlin 2011
Christian Geinitz: Kriegsfurcht und Kampfbereitschaft. Das Augusterlebnis in Freiburg 1914, Essen 1998.
Gerhard P. Groß (Hg.): Die vergessene Front–der Osten 1914/15. Ereignis, Wirkung, Nachwirkung, Paderborn 2006.
Gerhard Hirschfeld/Gerd Krumeich/Irina Renz (Hg.): Enzyklopädie Erster Weltkrieg, Paderborn 2009.
Gerhard Hirschfeld/Gerd Krumeich/Dieter Langewiesche/Hans-Peter Ullmann (Hg.): Kriegserfahrungen. Studien zur Sozial- und Mentalitätsgeschichte des Ersten Weltkriegs, Essen 1997.
Gerhard Hirschfeld/Gerd Krumeich/Irina Renz (Hg.): Die Deutschen an der Somme 1914–1918. Krieg, Besatzung, Verbrannte Erde, Essen 2006.
Michael Howard: Kurze Geschichte des Ersten Weltkriegs, München/Zürich 2004.
John Keegan: Der Erste Weltkrieg. Eine europäische Tragödie, Reinbek bei Hamburg 2000.
Peter Graf Kielmansegg: Deutschland und der Erste Weltkrieg, Stuttgart 1980.
Vejas Gabriel Liulevicius: Kriegsland im Osten. Eroberung, Kolonisierung und Militärherrschaft im Ersten Weltkrieg, Hamburg 2002.
Gunther Mai: Das Ende des Kaiserreichs. Politik und Kriegführung im Ersten Weltkrieg, München 1987.
Wolfgang J. Mommsen: Die Urkatastrophe Deutschlands. Der Erste Weltkrieg 1914–1918, Stuttgart 2002.
Sven Oliver Müller: Die Nation als Waffe und Vorstellung. Nationalismus in Deutschland und Großbritannien im Ersten Weltkrieg, Göttingen 2002.
Sönke Neitzel: Blut und Eisen. Deutschland im ersten Weltkrieg, Zürich 2002.
Jochen Oltmer (Hg.): Kriegsgefangene im Europa des Ersten Weltkriegs, Paderborn 2006.
Manfred Rauchensteiner: Der Tod des Doppeladlers: Österreich-Ungarn und der Erste Weltkrieg, Graz 1993.
Michael Salewski: Der Erste Weltkrieg, Paderborn 2003.
Daniel Marc Segesser: Der Erste Weltkrieg in globaler Perspektive, Wiesbaden 2010.
Bruno Thoß/Hans-Erich Volkmann (Hg.): Erster Weltkrieg. Zweiter Weltkrieg. Ein Vergleich. Krieg, Kriegserlebnis, Kriegserfahrung in Deutschland, Paderborn 2002.
Hugh Strachan: Der Erste Weltkrieg. Eine neue illustrierte Geschichte, 2. Aufl. München 2006.

3. Politik, Wirtschaft und Gesellschaft im Krieg.

Jean-Jacques Becker: The Great War and the French People, Leamingston Spa 1985.
Jean-Jacques Becker/Stéphane Audoin-Rouzeau (Hg.): Les sociétés européennes et la guerre de 1914–1918, Paris 1999.
Udo Bermbach: Vorformen parlamentarischer Kabinettsbildung in Deutschland. Der Interfraktionelle Ausschuß 1917/18 und die Parlamentarisierung der Reichsregierung, Köln 1967.
Stefan Bruendel: Volksgemeinschaft oder Volksstaat. Die „Ideen von 1914" und die Neuordnung Deutschlands im Ersten Weltkrieg, Berlin 2003.
Roger Chickering: Freiburg im Ersten Weltkrieg. Totaler Krieg und städtischer Alltag 1914–1918, Paderborn 2009.
Ute Daniel: Arbeiterfrauen in der Kriegsgesellschaft. Beruf, Familie und Politik im Ersten Weltkrieg, Göttingen 1989.
Wilhelm Deist (Hg.): Militär und Innenpolitik im Weltkrieg 1914–1918, 2 Bde., Düsseldorf 1970.
Gerald Feldman: Armee, Industrie und Arbeiterschaft in Deutschland 1914–1918, Berlin 1985.
Gudrun Fiedler: Jugend im Krieg. Bürgerliche Jugendbewegung, Erster Weltkrieg und sozialer Wandel 1914–1923, Köln 1989.
Jens Flemming/Klaus Saul/Peter- Christian Witt (Hg.): Lebenswelten im Ausnahmezustand. Die Deutschen, der Alltag und der Krieg 1914–1918, Frankfurt/Main 2011.
Hein Hagenlücke: Deutsche Vaterlandspartei. Die nationale Rechte am Ende des Kaiserreichs, Düsseldorf 1997.
Gerd Hardach: Der Erste Weltkrieg, München 1978.
Carl-Ludwig Holtfrerich: Die deutsche Inflation 1914–1923. Ursachen und Folgen in internationaler Perspektive, Berlin 1980.
Peter Hoeres: Der Krieg der Philosophen. Deutsche und britische Philosophie im Ersten Weltkrieg, Paderborn 2004.
Christian Jahr: Gewöhnliche Soldaten. Desertion und Deserteure im deutschen und britischen Heer 1914–1918, Göttingen 1998.
Jürgen Kocka: Klassengesellschaft im Krieg. Deutsche Sozialgeschichte 1914–1918, Göttingen 1973.
Gerd Krumeich/Jean-Jacque Becker/Jay M. Winter/Annette Becker/Stéphane Audoin-Rouzeau (Hg.): Guerre et culture 1914–1918, Paris 1994.
Wolfgang Kruse (Hg.): Eine Welt von Feinden. Der große Krieg 1914–1918, Frankfurt/Main 2000.
Anne Lipp: Meinungslenkung im Krieg. Kriegserfahrung deutscher Soldaten und ihre Deutung 1914–1918, Göttingen 2003.
Gunther Mai: Arbeiterschaft in Deutschland, 1914–1918, Düsseldorf 1985.
Erich Matthias (Hg.): Der interfraktionelle Ausschuß 1917/18, 2 Bde., Düsseldorf 1959.
Jürgen Reulecke: Wirtschaft und Bevölkerung ausgewählter Städte im Ersten Weltkrieg (Barmen, Düsseldorf, Essen, Krefeld), In: Ders. (Hg.): Die deutsche Stadt im Industriezeitalter. Beiträge zur modernen Stadtgeschichte, Wuppertal 1978, S. 114–126.
Anne Roerkohl: Hungerblockade und Heimatfront. Die kommunale Lebensmittelversorgung in Westfalen während des Ersten Weltkriegs, Stuttgart 1991.
Rainer Rother (Hg.): Der Weltkrieg 1914–1918. Ereignis und Erinnerung. Im Auftrag des Deutschen Historischen Museums, Berlin 2004.
Wolfram Wette (Hg.): Der Krieg des kleinen Mannes, München 1992.
Benjamin Ziemann: Front und Heimatfron. Ländliche Kriegserfahrung im südlichen Bayern 1914–1923, Essen 1997.

4. Kriegsende und Zeit der Revolutionen.

Peter Baumgart: Deutsche Ostpolitik 1918. Von Brest-Litowsk bis zum Ende des Ersten Weltkriegs, München 1966.
Francis L. Carsten: Revolution in Mitteleuropa, Köln 1973.
Jörg Duppler/Gerhard P. Groß (Hg.): Kriegsende 1918. Ereignis, Wirkung, Nachwirkung, München 1999.
Dietrich Geyer: Die russische Revolution, Göttingen 1985.
Werner Hahlweg (Hg.): Der Diktatfriede von Brest-Litovsk und die bolschewistische Weltrevolution, Münster 1960.
Ulrich Kluge: Die deutsche Revolution 1918/19, Frankfurt/Main 1985.
Klaus Schwabe: Deutsche Revolution und Wilson-Frieden, Düsseldorf 1971.
Wolfgang Steglich (Hg.): Der Friedensappell Papst Benedikts XV. vom 1. August 1917 und die Mittelmächte, Stuttgart 1970.

5. Friedensschluss und Nachkrieg.

Boris Barth: Dolchstoßlegenden und politische Desintegration. Das Trauma der deutschen Niederlage im Ersten Weltkrieg 1914–1933, Düsseldorf 2003.
Annette Becker: La guerre et la foi. De la mort à la mémoire 1914–19130, Paris 1994.
Volker Berghahn: Der Untergang des alten Europas, München 1997.
Richard Bessel: Germany after the First World War, Oxford 1995.
Manfred Boemeke/Gerald Feldman/Elisabeth Glaser (Hg.): The Treaty of Versailles. A Reassesment after 75 Years, Cambridge 1998.
Jost Dülffer/Gerd Krumeich (Hg.): Der verlorene Frieden. Politik und Kriegskultur nach 1918, Essen 2002.
Stig Förster (Hg.): An der Schwelle zum Totalen Krieg. Die militärische Debatte über den Krieg der Zukunft 1919–1939, Paderborn 2002.
Paul Fussell: The Great War and Modern Memory, London 1975.
Ulrich Heinemann: Die verdrängte Niederlage. Politische Öffentlichkeit und Kriegsschuldfrage in der Weimarer Republik, Göttingen 1983.
Eberhard Kolb: Der Frieden von Versailles, München 2005.
Gerd Krumeich (Hg.): Versailles 1919. Ziele, Wirkung, Wahrnehmung, Essen 2001.
Hans Mommsen (Hg.): Der Erste Weltkrieg und die europäische Nachkriegsordnung. Sozialer Wandel und Formveränderungen der Politik, Köln 2001.
George Mosse: Gefallen für das Vaterland. Nationales Heldentum und namenloses Sterben, Stuttgart 1993.
Bernd Ulrich/Benjamin Ziemann (Hg.): Krieg im Frieden. Die umkämpfte Erinnerung an den Ersten Weltkrieg, Frankfurt/Main 1997.
Jay M. Winter: Remembering War. The Great War between Memory and History in the Twentieth Century, New Haven 2006.
Jay Winter: Sites of Memory. The Great War in European Cultural History, Cambridge 1995.
Eva Zwach: Deutsche und englische Militärmuseen im 20. Jahrhundert. Eine kulturgeschichtliche Analyse des gesellschaftlichen Umgangs mit Krieg, Münster 1999.

IMPRESSUM

Lizenzausgabe 2017 für den Elsengold Verlag, Berlin.
Der Palm Verlag ist ein Imprint des Elsengold Verlages.

Gestaltung und Satz: Felgner & Zierke, Berlin
Printed in Slovenia
ISBN 978-3-944594-61-3

www.palmverlag.de